U0026379

牟宗三先生全集⑫

理則學

牟宗三　著

《理則學》全集本編校說明

鄺錦倫

　　牟宗三先生的《理則學》為應教育部之邀而撰寫，列為部定大學用書。該書於1955年由臺北正中書局出版。1971年該書重印時，在第38至41頁作了較大幅度的修訂（頁碼未更動），本《全集》本之校訂工作即以此新版為依據。

序

　　本書是應教育部之約，作教科書用的。吾前有《邏輯典範》一書，由商務印書館出版。該書開荒之意重，雕琢之工少。故錯亂不審之處甚多。一由於自己之魯鈍，一由於工夫之不熟。苦思孤學，蓋甚悔其提前出書之孟浪。今藉此機，用以補過。

　　又該書於邏輯系統之講述外，理論的討論獨多。其意是想扭轉近時邏輯家對於邏輯數學之解析，使吾人之思想接上康德的途徑，重開哲學之門。此部工作，可名曰邏輯哲學。該書中實以此意為重。其大體規模雖不變，然仍嫌粗疏不透。本書只就邏輯系統，作內部的講述，不牽涉理論的討論，以符教科書之旨。至於邏輯哲學方面，則吾將另寫一書以備之。

　　本書分三部：第一部傳統邏輯，第二部符號邏輯，第三部方法學。如從邏輯系統方面說，除傳統邏輯一系統外，近代所發展的符號邏輯大體不過三個系統：一是邏輯代數，二是羅素的真值函蘊系統，三是路易士的嚴格函蘊系統。本書對於此三系統，俱有講述。在以前，一本普通教科書裏，很可以不講及此，認為這是高級的，或以其表面符號的緣故，認為與傳統邏輯根本不同，完全是兩回事。但是邏輯學發展至今日，這些都已經成為普遍通行的了，而且

與傳統邏輯亦並不是根本不同，完全兩回事。我們不要為表面的符號與其表現的形式所隔住。它們的基本概念實已蘊藏在傳統邏輯裏，所以我們可以把這些看成是一個大系統底發展，而就傳統邏輯言，則亦不過是這個大系統底一部門，或較為普遍的符號邏輯之一部門。以此之故，我們站在邏輯學為一完整的學問之立場來看，其基本的一套，當該包括這一些發展。我們這樣看，是把傳統邏輯提升了，融攝到一個較為普遍的符號邏輯這一概念裏去，不為它的二千年歷史所隔住。本書只把這基本的一套表出，再向前進，當該屬於「數理邏輯」（mathematical logic）範圍內。為此之故，命題函值論（theory of propositional functions）、類型說（theory of types）、摹狀論（theory of descriptions）等，本書皆不涉及。故 Quine 寫《數理邏輯》即從命題函值起，而於本書所講者皆從略。

寫書與教、學皆不同。寫書是就這一門學問底完整性言，須對這門學問負責。無論是高級的或是初級的，都有一定的終始。至於教與學，則有時間性，而且亦須顧及對方底程度。這當然須有斟酌遷就的餘地。所以在一部書裏，雖把這基本的一套都具備了，而自教學上說，卻不必限一時都教完、學完。試就大學一二年級言，據我個人教書的經驗，此課程每週兩小時，一年修完。但是一年每週兩小時，實講不了這麼多。大體只有第一部與第三部中的歸納法就很夠了。第二部可以說完全講不到。而就普通一般人言，如不想讀哲學，亦不想再繼續進修邏輯，則在常識上與運用上，亦只有第一部與第三部中的歸納法就很夠了。可是一個人的興趣亦隨時有轉向，而一部書也不能完全為教學的時間所限，亦不能完全為一般人的只求常識與實際運用所限，總得有相當的持久性，以備一個人的

興趣之來臨，以及教學時間以後的繼續自修。以此之故，第二部是必要的。而且講這第二部，也不能只簡單地介紹幾個符號，因為這完全沒有用，徒增加一個人的糊塗。或者完全不講，要講，即須有相當的足夠性與完整性。因此，一個人他或者完全不讀，他要讀，即須使他有所得。

　　個人，如想讀哲學，譬如哲學系的學生，則無論在一時或不同時期裏，把這全書仔細讀過，是需要的，這對於他是有用的。如讀哲學，不想走數理哲學或科學底哲學之路，則本書所備亦儘夠了。當然一個人，無論在那方面的知識，都是愈多愈好。我這裏是就最低限度說。如果想走數理哲學或科學底哲學之路，或是想繼續專研邏輯，則對於第二部弄熟了，他也很容易進到數理邏輯底範圍去，很容易使他接得上。

　　本書從頭講起，從與傳統邏輯相干的基本概念一個一個地講下去，一直發展至路易士的嚴格函蘊系統止。翻開一看，因為符號的緣故，好像很麻煩，其實很簡單。只要從頭逐章逐節，每步不要隨便放過，往復幾遍，即可無師自通。一個初學的人，開頭兩章是個難題。只要這兩章通得過了，以下便都通得過。試想一個青年人，剛從高中進到大學，雖然他已經有了演算數學與幾何的智力，但是運用思想以思考問題，這是一竅未開。因為數學究竟是比較機械的，這與邏輯的思想或是運用思想以學邏輯，畢竟不同。所以從運用思想以思考問題上說，一個剛進大學的青年人還是在混沌狀態中。即是說，他的覺識與聰明尚是在感覺狀態中：他可以有很豐富的想像力，他也可以有世俗的聰明，但這些都是具體的、感覺的、野馬式的，尚未進到「思想」的境界。所以叫他突然從感覺狀態進

到思想境界，這一步是很吃力的。他如果能衝破感覺狀態，進到能對於一個對象施以思想上的分解，能把握其中什麼是共理（共相），知道什麼是概念，會運用概念去思考，使自己的心靈成爲概念的，這個難關就算通得過。但是這一步並非容易。頭兩章所講，就是訓練他這一步。這對他以往所知的說，完全是陌生的。按說，開頭來這一悶棍，好像不應該。但這卻是必須的，而且從這裏起，比任何其他起點都恰當，都比較容易接近。所以這開頭的一難關是不可免的。只要那裏面幾個基本概念，如共相、殊相、類、抽象、具體、定義、內容、外延等，都能把握住了，此後就可看下去。

傳統邏輯與符號邏輯雙方各有其難易。前者比較實際，好像是容易，但正因其較實際，牽連的多，頭緒多，所以比較難。後者較單純，好像是易，但它的單純正由於它的形式化、工巧化，更抽象而遠於實際，所以它又難。因爲它本身是由傳統邏輯中提煉出來的。近時中國方面學邏輯的，常不免好高鶩遠，忽略傳統邏輯，直接從符號邏輯入，對初學者亦常以符號邏輯中的概念來講授，這只有增加糊塗，使人摸不著邊，望而生畏。吾未見其可。「學然後知不足，教然後知困。」在教學底過程中，可以使人終始條理，步步落實。我們不能一味趨新奇，好高遠。所以還應當回過頭來把傳統邏輯步步弄清楚確定了才行。又，講符號邏輯的，又大都直接自羅素的「眞值函蘊系統」起，而對于其前身之「邏輯代數」，則又略而不講，而又因爲某種偏見，對於路易士的「嚴格函蘊系統」，亦忽而不顧。吾嘗躬自蹈之，今始知其不可。

邏輯學有它自身獨立的領域，獨具的題材，不能隨意氾濫。它就是這些「故實」，只須順著它一個一個講下去，都經歷過了，也

自然知道它的意義與本性。因此，本書並沒有開頭討論它的範圍、意義與定義等問題，也並沒有開頭先給它下一個定義擺在那裏。

關於方法學方面，也應當說幾句。歸納法是科學方法。這在獲得科學知識上說，當然是重要的。但它本身卻是簡單的。這不是邏輯學的主文。它的重要是在你實際去作科學研究，並不是它本身有什麼奧妙。現在人們以為在這科學時代，科學重要，所以講邏輯當該多注意多講科學方法。多注意可以，多注意是叫你實際去用，並不是在邏輯學裏要多佔篇幅，所以，說多講是外行話。在思想訓練上說，它遠不及傳統邏輯與符號邏輯。在邏輯學裏，要多講歸納法，這須要牽連到兩方面：一是因果律方面的問題，這是哲學的討論；一是概然方面的問題，這是「概然邏輯」中事。這都不是歸納法本身的事。就是概然邏輯也要以符號邏輯為基礎，這是邏輯學中很專門的一個部門。我承認我並不能講這方面。

當年培根與米爾都重視歸納法。培根有《新工具》一書，力反亞里士多德的形式邏輯，認為它無用，不能使吾人獲得科學知識。米爾的《邏輯系統》（ *System of Logic* ），即嚴復所譯的穆勒名學，以歸納為主。他想把演繹推理都吸納到歸納過程裏面去，他認為數學命題也是由經驗普遍化而成的。這些見解早成過去，現在無人承認。這表示他對於邏輯數學的認識很不夠。還是傳統邏輯有其顛仆不破處。不過由於他兩人，把歸納法湧現出來，在普通邏輯裏佔一席地，這也是很有功的。佔一席地是說它是方法學，這與純邏輯不是一回事。而且它也不是邏輯學裏的主文。要想提倡科學，科學方法固然重要，但邏輯數學更重要。而且這後兩者更是西方文化希臘精神底主脈。吾人不可太淺近。

　　辯證法是玄學方法，在邏輯學裏本可不涉及，但為社會需要，時代的關係，亦有弄清楚的必要。共產黨大講辯證法（他們的唯物辯證法），力反形式邏輯，影響社會人心甚大。所以我們也不能置諸不理。我的斷定是如此：辯證法，作為玄學方法看，它足以使吾人開闢價值之源，樹立精神主體，肯定人文世界。而「唯物辯證法」則不可通。人們一見說辯證法是玄學方法（即形而上學的方法），一定大不高興。共黨加上唯物二字，便認為它的唯物辯證法是科學的。其實科學並不等於唯物，而無論如何，辯證法總不會是科學的，亦不會是科學方法。唯物辯證法亦並不是「辯證法」。說辯證法是玄學方法，不是科學方法，並不函有劣義。凡事各有所當。關於辯證法的兩章，是本書底附錄，以示其並非邏輯學之正文。

　　普通寫教科書，每章末都附有習題。我以為這是不必要的，只要把邏輯系統內部的物事弄熟，自然會事理分明，條理清楚。習題亦不過是重複系統內部所講的東西。在學習時，反復推敲，審思明辨，亦就行了。

中華民國四十四年元月 牟宗三 序于台北

目　次

第一部　傳統邏輯

第一章　論概念

第一節　概念底意義

傳統邏輯（traditional logic）以概念論爲起點。傳統邏輯亦曰亞氏邏輯（Aristotelian logic）。這是因爲這個系統是由希臘大哲學家亞里士多德開始把它的規模造成的。後來經過中世紀的發展，遂形成一完整的系統。這個系統，依照傳統的講法，總是先講概念的。本書採用這個講法。

概念（concept），在這個系統內，開始雖曰概念，後來亦曰「詞」（term），「端」或「項」俱是這同一字的翻譯。古典一點，亦可以譯作「名」。但是在這個系統內，詞（或端或項）俱是以概念爲底子。由概念轉爲詞是一步「外在化」或「形式化」。現在爲明其切實原義，先曰概念。

邏輯中的概念與心理學的「觀念」（idea）不同。後者表示主觀的態度，前者則代表客觀的義理。觀念是動態的，表示主體對於外物的反應或聯想，由之以引起指點未來的行動。譬如見橘子引起「可以吃」的觀念，見筆引起「可以寫字」的觀念等等。它不必表

示外物「是什麼」的確定認識。概念則表示外物「是什麼」的確定認識，它是靜態的，它表示認識的對象，是客觀的義理。對於外物有了概念，即表示有了確定的認識，認識了一個客觀的義理。譬如：這顏色是「紅的」、這圖形是「方的」、人是「有理性的」、「可死亡的」等等。這裏所謂「紅的」、「方的」、「有理性的」、「可死亡的」，都是概念，都代表客觀的義理。因爲由「紅的」一性質透示一「紅性」，由「方的」一性質透示一「方性」，由「有理性的」一性質透示一「理性性」（rationality），由「可死亡的」一性質透示一「可死亡性」或「可變滅性」（mortality），這「紅性」、「方性」、「理性性」、「可變滅性」，依柏拉圖（Plato），都叫做是「理型」（idea, form）。所以都是義理或型式。故嚴格講，「紅的」轉爲「紅」，方是概念。「方的」等亦然。

當然，心理學的觀念亦可逐漸轉化而爲概念，即，在主觀的態度、反應或聯想中漸漸透露出「客觀的義理」。但這一層，在邏輯範圍內可不討論。這表示兩點意思：(1)邏輯中的概念與主觀的態度無關；(2)討論邏輯中的概念可以截斷它的心理學的牽連，認識論的牽連，乃至於形而上學的牽連。心理學的牽連是說：在主觀的態度、反應、聯想中，如何生長發展而爲概念。認識論的牽連是說：依據一些什麼條件，確定的認識始能形成，客觀的義理始能出現。形而上學的牽連是說：這種客觀的義理有沒有體性學上的根源或眞實性。凡這些牽連中的問題，在討論邏輯中的概念時，都可不問。

現在特就邏輯言，對於概念的相干的討論，大體可以把概念分成兩類，藉以限定這裏所說的概念之何所指。一類是虛概念，一類

是實概念。前者如：任何（any）、每一（every）、一個（泛說的a, an）、有些（some）、一切（all）、肯定（is）、否定（is not）、或者（or）、而且（and）、「如－則」（if-then）等。這些都是虛觀念。羅素曾名曰「邏輯字」（logic-words）。我們也可以叫它們是「形式字」（form-words）。因爲在後我們將見這些字都代表「虛架子」，它們可以決定一個命題底邏輯形式（logical form）。一個句子是否具備邏輯形式，單看它們是否具有這一類的字。所以這些字，在邏輯上，是非常重要的。不過本章所講的概念，卻不指這一類虛概念言。〔這些虛概念，好像似修辭學上的虛字：之、乎、者、也、矣、焉、哉等。但是這些虛字使我們形成修辭學的句法，或文章的句法，而那些邏輯字，則使我們形成「邏輯句法」（logical syntax）。邏輯句法即是具備「邏輯形式」的命題。邏輯中當然不講那些修辭學上的虛字。〕

　　本章所講的概念是指「實概念」言。紅、方、白馬、桌子、理性性、可變滅性等，都是實概念。羅素曾名曰「物象字」（object-words）。不過此「物象字」一名，也許稍狹。因爲「理性性」、「可變滅性」等字，是論謂物象底「意義」的，不是指示物象的。所以實概念可以說是包含物象字以及關於論謂物象底意義與關係的字。依是，實概念可以分爲以下三目：

　　⑴量概念：如大小、多少、數目。

　　⑵質概念：如紅、軟、粗、滑、理性性、可變滅性等。

　　⑶關係概念：如左右、上下、因果、與動、被動、父子、朋友等。

　　又可以分爲以下兩目：

(1)個體概念：如孔子、泰山、這棵草、這塊石頭等。

(2)類概念：如人、馬、石頭、草木等。

又可以分爲以下兩目：

(1)具體概念：此指指示具體事物的名詞言，不是說「概念」尚可以是具體的。

(2)抽象概念：此指表示義理的名詞言，如人性、理性性、可變滅性、仁、義、道德等。

本章所講的概念，後來可以形式化或外在化而名曰詞、端或項（term）者，皆指實概念言。（關係概念可以除外）。是則實概念即中國名家所謂「名」也。

虛概念預備說明命題底邏輯形式，實概念預備說明命題中所連結的「項」。

關於實概念的邏輯討論，則如以下各節所述。

第二節　共相、殊相、類

上節所說的實概念，縱然是個體概念，或類概念，如就其爲一概念而言之，則亦必有其「客觀的義理」一面。例如「孔子」，雖表示一個體，但若它不只是一符號，而是一概念，則亦必能表示孔子所以爲此個體之「性」。此「性」一面就是客觀的義理。又如「人」，雖是一個類概念，它代表「人類」，但若它不只是一符號，而是一個有意義的概念，則亦必表示人之所以爲人之「人性」（humanity）。此「人性」亦是一個客觀的義理。此客觀的義理一面，就是這裏所謂「共相」（universal）。

　　共相意即「普遍的東西」，即「具有普遍性的東西」。什麼是「具有普遍性的東西」？「普遍性的東西」指什麼言？我們不能從具體的物件上說這個是普遍的，那個是普遍的。來布尼茲（Leibniz）說：「天下無兩滴水是相同的。」這是眞理。依此，普遍性的東西決定不從「具體的物件」上說，亦不指具體的物件言。它必須是指「義理」言，必須是從「義理」上說。義理亦可簡稱曰理。「方的物件」個個不同，這不是「普遍的」，而由「方的」一形容詞所意指的「方性」，則是普遍的，此就是「方的」之所以爲「方的」之「理」。此理在邏輯上即曰「共相」即「普遍的東西」，亦曰「共理」。共相是普通的譯名。「紅的」、「圓的」、「有理性的」、「可死亡的」等，都可如此解，亦即都透示一共理。依此，我們可說共相有以下三種特性：

　　⑴它是「抽象的」：抽象（abstract）是說從具體的物件中單提出其特性之某一面。譬如從「方物」中單說其「方性」之一面，即爲抽象。故抽象有將一具體物打開之意。所謂打開，當然不是用手去打開，而是用「思想」（thought）去分解。依此，抽象是思想上的事。抽象的共理即是所思的對象。因爲它是抽象的，所以是掛空的。它原是附著於具體物中因爲用抽象把它提出來，所以它掛空。（剋實而言，附著於具體物上的，只是些具體而變化的性質或特性。由此所指點到的共相或共理，究竟是否在具體物中，則有待於哲學的討論。此處只簡單如此說。）

　　⑵它是「普遍的」：普遍是說它不爲某一具體物所限。譬如「方的」一形容詞，不只可用來形容某一方物，所有的方物都可用它來形容。「有死的」一形容詞，不只可用來形容孔子，所有具有

此性的存在都可用它來形容。由方的、有死的,諸形容詞,之可一般的應用,即可顯示出「方性」、「有死性」(可變滅性)諸共理之普遍性。故「因明」(印度的邏輯)說共相云:「如縷貫華,義通於他。」意即謂:如一條線將眾華貫穿起來,其義不只為某物所限,而且可以通於他物。因為它有普遍性,所以它不為空間所限,它無空間性。這亦正因為它是抽象的、掛空的之故。

(3)它是「永恆的」:永恆是說它不會變化、變動。具體的物件會變,理不會變。具體的物件會動,理不會動。具體的個人有生老病死的變化,而人的「性」(即理)則永在那裏不會變動。縱使沒有人類了,而曾經存在過的人類所依以成其為人類的「人性」仍然在那裏不變不動,不過沒有具體的人來表現它就是了。假若現在的人類變成另一個樣子,則亦必有其成為另一個樣子的人類之「理」,而現在這個樣子的人類所依以成之「理」亦不過無具體的人來表現它就是了。再如「太陽繞地球轉」這一句話所表示的理,人們都說它變了。其實它本身不會變,乃是我們對於它的態度變了,我們不信它了,它是個假理。故理無論真假,一成永成,一在永在,永不會變。因為不會變,故亦無時間性。

上述三種特性是共相的特徵。明白了共相,反而即可了解「殊相」(particular)。殊相即「特殊的東西」,此即指「具體的物件」言。具體的個人、具體的紅顏色、具體的方形,乃至一切具體而現實的物理現象、心理現象,都是殊相。此則無有相同者,故曰殊相。依此,殊相的特性如下:

(1)它是「具體的」(concrete):此與「抽象的」相反。凡是「具體的」,都是現實存在的完整的個體,而「抽象的」則是單提

某一面，故是偏離的。

(2)它是「特殊的」：此與「普遍的」相反。凡是特殊的，皆指「事」言；凡是普遍的，皆指「理」言。

(3)它是「變化的」：此與「永恆的」相反。凡是變化的，俱在時空中有現實的存在。凡是「永恆的」，俱是不在時空中的「自存」或「潛存」，可以說是「有」（being），而不是存在的（existent）。（譬如數學中的0或$\sqrt{2}$，以及幾何學中的「點」，皆是「有」，而不是現實存在的。）

如是，殊相可定爲：在時空中存在而可變化的具體特殊物。共相則定爲：無時空性而永恆自存的抽象的理。

現在我們再說「類」（class）。類當然不是殊相。因爲殊相個個不同，不能是類。類必有分子（member）。一說分子，則必在分子以上有一個足以把它們團聚起來，使我們可以說分子的標準。光是散殊的事件或個體（一個或多過一個，空的或實的），擺在那裏，並不足以成爲分子。事件或個體之成爲分子似乎是增加了一種特性。事件或個體之增加這種特性而成爲分子是由於分子以上的一個標準。如是，當我們說類的時候，至少有兩個要素：(1)事件或個體之成爲分子，(2)分子以上的一個標準。因爲有這兩個要素，所以類是比事件或個體（殊相）高一層的東西。這高一層的東西之類是一個「抽象的構造品」（abstract construction，logical construction）。

其所以爲抽象的構造品，主要的關鍵是在分子以上的那個標準。這個標準便是「共相」。有一個共相作標準，我們始能把散殊的事件或個體團聚起來，使它們成爲這標準下的些分子。如是，類

既不是殊相，因為它比殊相高一層；亦不就是共相，因為它比共相多一點。如是，我們可以定類如下：

類等於「以共相貫穿殊相而使其成為分子」的一個「抽象的構造品」。

照這個定義看，類似乎總不免是「集和」（collection）或羣（group）這一類的意思。但我們馬上亦可以想到，有時亦有無分子集和乃至無分子的類。無分子集和的類，這裏我們可以想為只否定集和，而不否定分子。這就是說，這個類只有一個分子。此譬如「孔子」這一個體所成的類。孔子，若從殊相方面看，則他只是一個獨一無二的個體；若從類方面看，則「孔子」這一個概念只包含孔子這一個個體於其下而為其一分子，故這個類只有一個分子。此可曰個體類。因為只有一分子，當然無所謂「集和」。但是，凡說類，對他而言，有界限的意思；對自而言，有概括的意思。只有一分子的類，它只概括一個分子而已。從其「概括的意思」方面說，它有「集和」的意思。從其「只概括一個分子」方面說，它除此以外，無所集，故是一個「個體類」。

至於無分子的類，則根本無分子，當然更說不上「分子底集和」。此如「圓的方」（round square）。「圓的方」當然是一個概念。既有「圓的方」這個概念，就有非「圓的方」那個概念。這是它的界限的意思。而「圓的方」一概念自身亦有它的概括性。不過在這個例子上，它所概括的分子都不存在。即是說，它沒有分子，它無所概括。從它的「概括性」方面說，它有集和的意思。從它「所概括的分子都不存在」方面說，它沒有分子，所以它是個「空類」（null class）。

　　空類，從成之之概念方面說，有兩種不同的意思：(1)自相矛盾的概念所成的空類，此如適所說的「圓的方」以及「不是白的白馬」。自相矛盾的概念根本「不可能」。所以它沒有分子而為空類，是因為它的概念自相矛盾。(2)不矛盾的概念所成的空類，此如龜毛、兔角、金山、獨角獸、飛翼馬、美國的皇帝、華盛頓被刺等。這些概念，因為不矛盾，所以是可能的。但它所概括的分子沒有現實的存在，或者說，沒有實現出來，所以它所成的類也是空類。如果前一種空類是絕對的空類，則這一種空類，我們可叫它是相對的空類。其所以為絕對的空類，是因為它的概念是絕對假（因矛盾故）。而後一種所以為相對的空類，則是因為它的概念相對假或事實上假。（因為其概念可能，而其分子未實現。）

　　類的基本意義既明，我們可以綜結類有以下五種：

　　(1)個體類（individual class）：其概念所概括的分子只有一個。從類方面看，我們可以說：每一個體皆可成一類。

　　(2)有限類（finite class）：其概念所概括的分子數目為有限。此如「國家」一概念所成的類。

　　(3)無限類（infinite class）：其概念所概括的分子數目為無限。此如「萬物」的物字一概念所成的類。（假設宇宙為無窮時。）

　　(4)空類（null class）：其概念所概括的分子不存在，絕對地不存在，或事實上不存在。

　　(5)全類（universal class）：包括一切的類為全類。這種類亦叫做「宇」（universe）。不過這個「宇」不指現實的宇宙言。現實的宇宙，既有空間，亦有時間。「至大無外」的宇是空間，往古來

今，兩頭無窮的宙是時間。合起來即表示現實的宇宙。我們現在這個「宇」，把時間去掉了，所以沒有宙字。去掉宙字的「宇」也喪失了空間的意義，只轉成一個廣度的意義。這個只有廣度意義的「宇」，我們叫它是「邏輯的宇」（logical universe）。也有人叫它是「辨解上的宇」（universe of discourse）。這個「邏輯的宇」所表示的「全類」就是「1」，乃由排斥而窮盡的相矛盾的兩項加起來（不是乘起來）而形成。例如「紅」加「非紅」等於「顏色之全」(1)。（如「非紅」不限於顏色，則爲一無限制的全。）「人」加「非人」亦等於一個「全」。用符號式子寫出來便是：

$$a + -a = 1$$

就是說，由「或者紅或者非紅」這個概念所概括的分子而成的類即叫做「全類」。

空類與全類這一對非常重要。後第二部我們還要詳講。本部後面幾章亦要隨時講到。又，排斥與窮盡的意義，「紅加非紅」中「加」的意義，都要在後面詳講。現在先簡單地說在這裏，只要記著就是了。

我們現在須要進而說明：依據什麼手續，我們可以把一個共相凸顯出來，再依據共相這個標準來概括分子而成類。這個手續就是「定義」。

第三節　五謂與定義

我們前節所講的共相都可以看成是對於殊相或個體的一種論謂，即，都是些「謂詞」。從個體抽離出來，我們便叫它是共相或

共理。落在具體的個體上，便是這具體個體的些性質或特性
（property, quality）。用一個句子陳述出來，便是「謂詞」
（predicate）。對於一個具體的個體能加一謂詞，便是陳述了它的
特徵。加一謂詞亦可以說是加一概念，這就表示謂詞代表一個共
理。

下定義便是用謂詞去規定一物之特徵並劃定它的類界。但是在
下定義時，可藉將謂詞分為五種形式以明定義之完成。此即亞里士
多德所謂「五謂」（five predicables）。五謂：(1)綱（genus），(2)
目（species），(3)差（differentia），(4)撰（property），(5)寓
（accident）。這五個譯名，從嚴復譯。其意義須在定義的說明中
說明。

「定義」（definition）底公式如下：

目＝差＋綱

「目」是所要界定的（definiendum），凡居在被界定的地位即為
「目謂」。差加綱是能界定（definiens）。凡能界定一面必須有一
個「差謂」與一個「綱謂」。在定義中，能界與所界必須相等，即
兩端有意義上的同一性。為表示這個公式的運用，我們可舉一例以
明之。如：

人＝理性的動物

「人」是所要界定的「目」。何以名之為目？即，下定義底手續，
第一步，首先須把所要界定的東西劃在一個類裏而為其一「目」。
如：把人劃在動物類裏而為其中之一目。依此，「動物」這個類名
即為「綱謂」，亦曰「類謂」。而「人」即為此綱下的一目。亦可
曰此類中的一「種屬」，故目謂亦曰種謂。圖示如下：

這圖即表示：「人是動物」。但這句話雖是眞的，卻不是人底定義。亦與「人是有死的」雖是眞的，卻不是人底定義同。因爲它缺少了一個「差」。所以定義的第二步手續便是：再用差將類中的目與目區別開。因爲旣先劃在一個類裏，則此類在原則上就不只包含一個目。上列定義中「理性的」一形容詞即表示「差」，故曰「差謂」。圖示如下：

這圖即表示：「人＝理性的動物」，是人底一個定義。「理性」這個差謂即區別開人與牛、馬等之不同。若對於牛或馬下定義時亦然。牛、馬或人尚都是一個概念或類名。對於一個個體下定義亦然。例如對於孔子，我們也可以下定義而說爲：「春秋時作《春秋》的那個聖人」。在此定義中，「聖人」是個綱謂，「春秋時作《春秋》」便是差謂。

　　下定義時，用差須恰當：旣不可太狹，亦不可太廣。如說「人＝會打球的動物」，便太狹。如說：「人＝有死的動物」，則太

廣。所以這兩個陳述，如視爲人底定義，都是錯誤的。

　　或曰：差與綱是謂詞，目何以亦說爲謂詞？曰：「人」這個概念，未下定義時，只是一個無意義的符號。下了定義，它的意義即是差與綱所表示的。它與差綱所表示的爲同義語。此時它不只是一個無意義的符號，它是一個概念、一個意義。我們拿這個概念或意義去論謂某一具體的存在，說「它是人」，或「這是人」。依此，凡概念俱是謂詞，而最後的主詞當即是「這」（this）。當然謂詞亦可作主詞，如「花是美的」、「人是有死的」。但層層下推，最後的主詞必只是「這」。而且作爲主詞概念如花與人，一經作爲主詞，即置於主詞的地位，便不是只作共相或概念看，而是作實物看。花是說的花概念下實物之花，而不是說的「花」概念本身，其意是：「是花的東西是美的」。人是說的人概念下的存在之人，而不是說的「人」概念本身，其意是：「是人的東西是有死的」。由此可解「目」何以爲謂。

　　綱目差是在下定義底程序中表示出。下定義時還有兩步警告，此即在說明五謂中之撰與寓。

　　(1)須分別本質（essence）與偶然（accident）。即，下定義時，須鑑別那是必具的特徵，那是偶有的特徵。下定義須把握事物之「本質」，用本質來規定它，不要用偶有特徵來規定它。本質即一物之「體性」，即此物之所以爲此物之理。故本質即是必具的特徵。如「人＝理性的動物」，此中「理性的動物」一複合謂詞即表示人之本質。如說：「人＝會打球的動物」，則「會打球」一差，不但如上面所說的太狹，而且亦不是「人」之本質，乃是偶然有的。偶有的特徵即名爲「寓」。寓者暫時寄寓之謂。差與綱必須表

示本質，不可表示寓。（惟須注意：何者爲本質，何者爲偶然，一須待審愼研究，亦看吾人知識之程度；二須看所界定之對象爲何，例如對「人」而言，「會打球」爲偶然，如對球類比賽員而言，則「會打球」不見得是偶然。）

(2)須分別根源特性（original property）與引申特性（derivative property）。下定義時要用根源特性，不要用引申特性。因爲所謂引申者是從根源特性中推出之謂。當然須用其根本的，不能用其後來的。如：「三角形＝三內角之和等於二直角」，此中「三內角之和等於二直角」固亦是三角形之本質，但卻不能成爲「三角形」之定義。因爲它是引申特性，由根本的特性而推出的特性。此推出的特性即名曰「撰」。撰者推撰之謂，由更根本的推撰而成。（何者爲根源，何者爲引申，此在數學系統或幾何系統內，比較顯明確定。但在普通事物的定義內，卻常不易把握。此亦須審愼研究，並看知識程度。）

以上五謂在下定義時的作用及意義，俱已說明。茲復有應知者，即，邏輯只告訴吾人如何下定義。至所下定義之實際內容，則須賴吾人之知識程度，而現實上亦常受思想立場之影響。此則非邏輯事。所以每一定義皆有可爭辯者。惟邏輯所告吾人之程序與所應警戒者，則不可爭辯。讀者試依此程序，以爲利器，則審思明辨，層層追問，即可以決疑似，摧邪謬，而顯正理。

亞里士多德當年除五謂外，還有「十範疇」。以與邏輯無直接的相干性，故略。

第四節　概念底內容與外延

　　內容（intension）即概念底意義（meaning）。一說概念，此概念本身就是一種意義，或就有一種意義。所以說它的意義或內容，只是就一概念再分解地言之。

　　意義底來源可就概念之不同而分別言之。此處所說概念之不同可依第一節所說的虛概念與實概念之不同而作分類。虛概念大體是指邏輯數學中的那些形式概念或運算符號言，實概念則大體可指關於外物的概念言。相應此兩類概念，其意義底來源亦可分為兩種。關於外物的概念，其意義之來源，粗略言之，可說由於「經驗」。關於運算符號或形式概念，其意義之來源，可說由於「約定的賦與」。這些符號或形式概念之意義純由吾人依照一定的規律而作界說（定義）所給與。亦即純由「約定」所成之定義而形成。依是，其意義之形成即其「內容」之形成。但是，關於外物的概念之意義，則光說來於經驗，尚不能即成為概念之內容。由經驗得來的意義，必須通過抽象的思考，定義底手續，始能確定為概念之內容。如是，暫就這類概念言，「內容」可定為：「它是概念底意義，來於經驗，通過定義底手續而確定」。或說：「通過定義底手續所確定的經驗意義即為概念之內容」。譬如「人」這個概念，它的內容即是定義中「理性的動物」所表示的。定義可有錯誤，但既經定義，即可說為概念之內容。若不通過定義，而只說來於經驗，則很可只是些零碎的感受，此不得說為概念之內容。故零碎的感受，通過定義，始轉化而為「意義」（或客觀化而為意義），始確定化而

為概念之內容。

外延（extension）即具有定義所確定的內容之概念所應用的範圍。每一概念有其所應用的「分子」。依是，範圍即指它所應用的分子之全體言。分子之全體，從外延立場上說，是含攝於此概念下，而不是包含於其中。含攝於此概念下，而為此概念所「覆及」，即形成此概念之外延。譬如「馬」，它的內容即它的由定義而成的意義，它的外延，即具有如此內容的「馬」一概念所應用的個個具體的馬之全體。

如果一個概念是可能的（即不矛盾），但事實上沒有分子為其所應用，則此概念即為相對假的概念，此如龜毛、兔角，乃至於「華盛頓被刺」。如果一個概念是不可能的（即自相矛盾），則根本（不只事實上），不可能有分子為其所應用，此時此概念即為「絕對假」。此如「圓方」，或「白馬不是白的」（即「非白的白馬」）。但無論那一種假，其為概念本質上是有外延的。不過其外延無所著，其所覆及的分子不存在而已。依是，外延可定為：「具有定義所確定的內容之概念所應用的分子之全體，存在的或不存在的」。有分子存在的，其外延為實；無分子存在的，其外延為虛。

由概念之外延，可以成類。如果一個概念所應用的分子只有一個，則為「單一類」或「個體類」。此如孔子一概念。如果沒有分子為其所應用，則為「空類」。此如上面所說相對假的概念或絕對假的概念。如果其分子為有限，則為有限類。如果其分子為無限，則為無限類。如果其分子為排斥而窮盡的兩相矛盾之項（如 a 與 $-a$，下雨與不下雨）之加和（$a+-a$，「下雨」＋「不下雨」），則為全類，即「宇」。（此全類之成，顯然不是由一個概念之外延

而成，而是由一正一負兩概念之外延之和而成，此如「馬」及「非馬」。）

　　概念之內容與外延俱有層次，其層次俱由定義而確定。即，由於定義，每一概念皆有一定之意義與一定之範圍。每一層皆止於其所當，而不可亂。譬如，孔子、人、動物、生物、物，其內容與外延皆依定義層層確定。由是言之，內容與外延的關係適成反比例：內容愈多，外延愈狹，此如孔子。內容愈少，外延愈廣，此如「物」。

第二章　論命題

第一節　命題底分類

命題（proposition）即是一個有眞假可言的句子（sentence）或陳述（statement），亦曰「辭」。其意爲斷定或置定。以前的講法，常用「判斷」（judgement），現在則通用命題。

傳統的講法，依量、質、關係、程態四綱領，將命題分爲十二種。每綱領下有三目，故爲十二種。

Ⅰ.屬於量的：

　　a.全稱命題（universal proposition）：「凡人是有死的」。

　　b.偏稱命題（particular proposition）：「有人是有死的」。

　　c.單稱命題（singular proposition）：「孔子是有死的」。

在此三種命題中，「凡」（all）代表全量，「有」（some）代表部分量，「孔子」代表單個量。在邏輯中，「凡」與「有」這兩個形式字是很重要的。

Ⅱ.屬於質的：

  a.肯 定 命 題（ affirmative proposition ）：「——是 紅
的」。

  b.否定命題（ negative proposition ）：「——不是紅的」。

  c.無定命題（ infinite or indefinite proposition ）：「——是
非紅的」。

在此，「是」代表肯定，「不是」代表否定，是「非紅」代表無
定，亦曰無限。蓋「非紅」一詞所指究竟是什麼，是不確定的，故
曰無定。從命題形式方面說，此仍是一肯定式，惟從「謂詞」方面
看，它才是無定的。故在這裏，只有肯定與否定兩種才是重要的。

Ⅲ.屬於關係的：

  a.定然命題（ categorical proposition ）：「凡是所作的皆是
無常的」。

  b.假然命題（ hypothetical proposition ）：「如是所作的，
則是無常的」。

  c.析取命題（ disjunctive proposition ）：「或是無常的，或
是永恆的」。

在此，定然式大體是主謂式的命題，即對於一個主詞加上一個謂詞
的斷定式。「定然」者「確定如此」之謂。這是可以平鋪得下，斷
定其是如此或不如此的。假然式即「如—則」（ if－then ）的形
式。這是一種虛擬的條件關係。從知識的證實方面說，假然式表示
一個「假設」或「原則」，證實以後，便是「定然式」。譬如，
「如果吃砒霜，則有致死的可能」，這是假然式；「凡吃砒霜的都
是要死的」，則是定然式。至於析取式亦曰選替式，此是「或」的

形式（either – or，簡單點，即是「or」）。「天地間的事物，或者是無常的，或者是永恆的」、「他或者是生而知之，或者是學而知之」皆是析取式。假然式與析取式，在邏輯裏是很重要的。

　　Ⅳ.屬於程態（modality）的：

　　　　a.「或然的」（problematical）：「明天或許要下雨」。

　　　　b.「實然的」（assertory）：「今天太陽從東方出」。

　　　　c.「必然的」（apodictic）：「2＋2＝4」。

在此，由「或然」可以引出「可能」，「不可能」一對概念；由「實然」可以引出「存在」，「不存在」（現實不現實）一對概念；由「必然」可以引出「必然」，「偶然」一對概念。簡言之，就是可能、現實與必然（possible, actual, necessary）。

　　以上四類十二目，是康德的分法，相當整齊完備。惟四類十二目，皆可分為從「命題形式」方面看，與從「存在學」方面看。從存在學方面看，即康德所說的十二範疇（category），亦如亞里士多德所說的十範疇，皆是辨識「存在」的基本概念。此可曰「體性學的概念」（ontological concepts）。從命題形式方面看，我們只注意構成命題的那些「形式字」，此可曰邏輯概念。試列如下：

Ⅰ.屬於量的

命題形式方面	存在學方面
全稱：凡、一切	單稱：一（unity）
偏稱：有、有些	偏稱：多（plurality）
單稱：一個、這個	全稱：綜（totality）

Ⅱ.屬於質的

肯定：是紅	肯定：實在（reality）
否定：不是紅	否定：虛無（negation）
無定：是「非紅」	無定：限制（limitation）

Ⅲ.屬於關係的

定然：主謂式	定然：本體—屬性（substance and attribute）
假然：「如果—則」式	假然：因與果（cause and effect）
析取：「或者」式	析取：共在，與動被動間的交互共在（community, reciprocity between the active and the passive）。

Ⅳ.屬於程態的

或然：命題之值是可能的	或然：事物之可能性與不可能性（possibility and impossibility）
實然：命題之值是眞的	實然：事物之存在與不存在（existence and non-existence）
必然：命題之值是必然的	必然：事物之必然性與偶然性（necessity and contingency）

在邏輯裏，只講命題形式一面，至於存在學方面，則應略而不論，一如亞里士多德之十範疇之略而不論。

關於程態方面，我們再說幾句。我們已說命題形式方面是注意構成命題的那些形式字。但是，或然、實然、必然，並不是構成命題的成分，而是估量命題之值（value）的些程態。所以這一類有其特殊性。復次，由或然，我們引出命題之值是「可能的」或「不可能的」。由實然，我們引出命題之值是「眞的」，或是「假的」。由必然，我們引出命題之值是「必然的」或「不必然的」。關於這一類，在邏輯裏亦很重要。我們在後面第二部第十一章裏，將見路易士（Lewis）的「嚴格函蘊」系統（system of strict implication）完全是以「程態」概念爲主而建立起的。

在以上的分類裏，我們把構成命題的些「形式字」以及估量命題之值的些「程態字」大體都舉出來了。以後隨各系統之形成，我們將能逐個討論到。

當然以上的分類並不是必然的。但無論從那個角度而來的分類的變換，大體總不外舉這些形式字與程態字。

我們再就以上所分出的命題進而作進一步區分上的討論，此如主謂式底命題與關係式底命題、分析命題與綜和命題、存在命題與非存在命題、內容命題與外延命題等。

第二節　主謂式底命題與關係式底命題

依亞氏邏輯，即傳統邏輯，謂詞表共相，主詞表殊相。拿共相去論謂殊相即是一個命題，此種命題名曰主謂式底命題（propositions of subject-predicate form）。亞氏邏輯中的命題以「主謂式」爲主。近代符號邏輯或數理邏輯興，始開始認識「關係

式底命題」（propositions of relational form）之重要。依是吾人先討論這一對區分。

主謂式底命題既是拿共相來論謂殊相的一種命題，則此中之「論謂」是有確定的意義的，即謂詞是表述了個體底一種「性質」（quality, property）。既表述了個體底性質，則此性質自然是隸屬於個體的。這其中有一種主從的關係。主謂式底命題實在是以事物之體與性底主從關係或隸屬關係爲其底子的。這不只是文法上有沒有「是」字（verb to be）的事。譬如：「這枝花是紅的」、「人是有死的」，都是主謂式底命題。若把「A 大於 B」改爲「A是大於 B」，這其中雖有個「是」字，亦不能算是主謂式底命題，而只能算是關係式底命題。上節屬於量與質兩類的命題當都是主謂式命題。

在適所舉的兩個主謂式命題中，花與人是主詞，「紅的」與「有死的」是謂詞。說主詞代表個體，謂詞隸屬於主詞，即隸屬於個體，這只是泛說。若分解地說，古典的講法是由主詞那裏意指一「本體」（substance）或曰「托體」（substratum），由謂詞那裏意指一「屬性」（attribute）。屬性者是隸屬於本體而爲其性之謂。屬性與本體合起來就是一個「個體」。以前的人偏愛「本體屬性」一概念，故認主謂式底命題是命題之最基本的形式，亦可以說是基礎形式（basic form）。他們想把一切形式的命題都化歸爲主謂式。他們所以有此意圖以及所以偏愛「本體屬性」一概念，是因爲傳統的形上學是以講「本體」爲主。但到來布尼茲（Leibniz），他雖然也仍是講本體底哲學，可是他已發現有不可化歸爲主謂式的關係命題，那就是數學中的命題。近代人講數理邏

輯，又偏愛關係，而深厭「本體屬性」一概念。這後面亦有一種關於形而上學的動機存在。在邏輯裏，我們可以不討論這些問題。我們只承認有主謂式底命題，有關係式底命題，就夠了。如果我們由概念之外延之必成類方面能看到類與類之間的「包含關係」，則關係式底命題是很容易被認識的。不必由那顯明的數學中的「關係形式」始能認識它的獨立性。

數學中如 a＞b，a＜b，a＝b，以及 b 居於 a 與 c 之間等，都是關係命題。不可以主謂論。大於、小於、等於、居間，都代表一種關係。因為我們不能說 b 是 a 的謂詞，亦不能說 a 是 b 主詞。因此，我們可以說，關係是 a, b 兩端形成的，而其所成的關係，吾人可符之以 R。依此，「aRb」就表示一種關係式。R 代表關係（relation），a, b 即表「關係者」（relata），或曰「關係項」。

現在我們略為介紹幾種重要的關係如下：

1.對稱的關係（symmetrical relation）：如果 aRb 函著 bRa，則此關係便是「對稱的」。「相等」、「異於」，便是此種關係。a＝b，b＝a；a 異於 b（a≠b），b 異於 a（b≠a）。

2.不對稱的關係（asymmetrical relation）：如果 aRb 與 bRa 不相容，便是不對稱的。小於、大於、重於等，便是不對稱的。a 小於 b，b 不能小於 a；a 大於 b，b 不能大於 a。又，a 是 b 的母親，b 不能是 a 的母親，所以這也是不對稱的。

3.非對稱的關係（non-symmetrical relation）：如果 aRb 與 bRa 相容，但卻不函著 bRa，便是「非對稱的」。a 是 b 的兄弟，b 也許是 a 的兄弟，也許不是 a 的兄弟，而是 a 的姊妹。a 愛 b，b 也許愛 a，也許不愛 a。恨亦然。a 函著 b，b 也許函著 a，也許不函

著 a。此皆為「非對稱的」。（此「非」字義，猶道德的，不道德
的，「非道德的」中之「非」。有道德的行為，有不道德的行為，
有無所謂道德不道德的行為，此如生理現象，此便是「非道德
的」。）

4.傳遞的關係（transitive relation）：如果 aRb，bRc，則 aRc
時，這關係便是傳遞的。如等於、大於、小於、包含等，都是「傳
遞的」。a＝b，b＝c，則 a＝c；a＞b，b＞c，則 a＞c；a＜b，b＜
c，則 a＜c；a 包含在 b 中，b 包含在 c 中，則 a 包含在 c 中。

5.不傳遞的關係（intransitive relation）：如果 aRb，bRc 然
而卻不能 aRc，這便是「不傳遞的」。a 是 b 的母親，b 是 c 的母
親，但 a 不是 c 的母親，而是 c 的祖母。

6.非傳遞的關係（non-transitive relation）：如果 aRb，bRc，
而有時 aRc，有時不 aRc，這關係便是「非傳遞的」。a 是 b 的朋
友，b 是 c 的朋友，然而 a 卻不一定是 c 的朋友，也許是，也許不
是。a 在 b 外，b 在 c 外，而 a 或在 c 外，或不在 c 外。

第三節　分析命題與綜和命題

分析命題（analytic proposition），如就主謂命題言，意即：
謂詞已含在主詞中，單從主詞中抽出來而置於謂詞之地位，故曰分
析。此如「白筆是白的」、「凡物體皆是有廣延的」、「三角形是
一圖形」等，皆是分析命題。蓋「白的」一謂詞即已顯明地含在
「白筆」一主詞中。三角形當然是一圖形。所謂當然是一圖形，即
表示「圖形」一概念即含在「三角形」一概念中。一說「物體」一

概念，即含有「廣延性」（extension）在內。不拘是什麼物體，它
必有廣延性。物體是方的，或是圓的，這不是分析命題，而「物體
是有廣延的」（all bodies are extended）則是分析命題。尚有一種
不是主謂式的分析命題，此如「a 是 a」，此為重言式的分析命題
（tautologically analytic）。此若自其為關係言之，則名曰反身的
關係（reflexive relation），即每一項目皆自身相含。若廣義言
之，凡分析命題皆是重言的，不但「a 是 a」是重言的，即「白筆
是白的」亦是重言的。

　　依以上，分析命題當有二特性：(1)不能增益新知識。因為謂詞
概念即含在主詞概念中，所以只要知道主詞概念即可直接知道謂詞
概念，不必要靠經驗觀察才可知道。譬如知道「白筆」一概念，即
可直接知道「白的」一概念；知道「物體」一概念，即可直接知道
「廣延」一概念。(2)其值（value）為「必然眞」（necessary）。
「必然眞」的意義是以「反面不可能」來規定，即「白筆而不是白
的」是不可能的。而「不可能」則以「自相矛盾」來規定。凡自相
矛盾的皆是不可能的。故「必然眞」即由其反面之自相矛盾之絕對
假而反顯。

　　綜和命題（synthetic proposition），如就主謂命題言，意即：
謂詞不含在主詞中，須靠經驗（experience）把它們放在一起，故
曰綜和。此如「粉筆是白的」、「物體是方的」等，都是綜和命
題。在這裏，「白的」一謂詞不含在主詞中，我們看見它是白的，
才說它是白的。「方的」亦然。此即須靠經驗把它們放在一起之
謂。尚有不是主謂式的，如表示「自然現象底關係」的命題亦是綜
和命題。此如「吃砒霜可以致死」、「水可以滅火」。此若自其為

關係言之，其所表示的即是「因果關係」（causal relation）。

依以上，綜和命題亦有二特性：(1)增加我們的新知識。因為須靠經驗把它們放在一起，所以知道「粉筆」一概念；並不能即知「白的」一概念；知道「水」一概念，並不能即知「火之滅」一概念。經驗把它們放在一起，即表示知道了一點，因經驗又知道了一點。此即所謂增加新知識。(2)其值不是必然真，乃是概然真，或實然真。因為它的反面是可能的，即並不是矛盾的。「物體不是方的」是可能的。眼前見它是方的，則「物體是方的」即實然真。從其指導未來之預測言，其值是概然真。「太陽不從東方出」是可能的。今天從東方出，則其為命題之值是實然真。從其指導未來之預測言，其為命題之值是概然真。

依是，分析命題亦曰先驗命題（apriori proposition），綜和命題亦曰經驗命題（empirical proposition）。分析命題底真假值以矛盾律（law of contradiction）來決定。綜和命題底真假值以「經驗」來決定。凡自然科學裏的命題都是經驗的綜和命題。此代表經驗知識，或嚴格言之，即代表知識。凡數學系統或邏輯系統中的推理式都是先驗的分析命題，此代表先驗知識，或嚴格言之，此不真是「知識」，而只是知識底「形式條件」。（關於這方面，牽連到許多知識論方面的問題。我們現在在邏輯範圍內，只講至此即夠。）

第四節 存在命題與非存在命題

命題，從主詞之量方面說，有一個、多個、全體之別。主詞所

指是一個，爲個體命題，或曰專稱命題（單稱亦可）。此如「孔子是聖人」、「這一塊石頭是方的」。主詞所指是多個，則爲偏稱命題（特稱亦可）。此如「有些人是哲學家」、「有些石頭是方的」。主詞所指的是全體，則爲全稱命題。此如「所有的人都是有死的」、「所有的石頭都是無機的」。在邏輯系統內，專稱命題不甚重要，重要的是偏稱命題與全稱命題。這裏所謂存在命題與非存在命題即指偏稱與全稱言。

存在命題（existential proposition）是說：一個偏稱命題的主詞有存在的意義，即其所指的東西須肯定其存在，如果主詞所指的東西無存在的意義（或說無存在的報告），或根本沒有這東西，則偏稱命題即假。不是因爲加謂詞加錯了爲假，而是因爲根本沒有這東西，故此語爲假。由此種假的意思。我們且可進而說，此時此命題根本無意義。無意義是說無眞假可言。例如：「有石頭是方的」，石頭必須存在，或現實上有石頭，此命題才可說眞說假，才有意義。假若根本沒有這種東西，則說方說圓、說有死無死、說有理性無理性，皆無不可，亦皆無意義。譬如對鬼、金山或圓方，作偏稱命題，假定鬼是沒有的，金山是事實上沒有的，而圓方則是不可能的，則此等偏稱命題即皆無意義。所以「有鬼是方的」這個偏稱命題如有意義，即對之可以說眞假，必須肯定「鬼」存在。凡偏稱命題的主詞皆須有存在的報告。依是，偏稱命題是指說事件的命題。「有石頭是方的」就等於說：「在某些 x 上，x 有『爲石頭』的特性而且有『方的』特性。」「有人是瘋子」亦同此解。（偏稱命題的主詞須有存在的報告，專稱命題自亦如此，此不待言。因在邏輯推理中，以全稱、偏稱爲主，故就偏稱而論之。）

　　非存在命題（non-existential proposition）是說：一個全稱命題的主詞無存在的意義，或不必肯定其存在，而此命題仍可有意義。此意是說：全稱命題是普遍命題，它陳說一個「原則」，不指說一個事件。我們也可以說，它是說「理」命題，不是說「事」命題。譬如：「殺人者死」，這句話代表一項法令，而法令都是一個原則。若翻為命題形式，則必是全稱命題，即：「凡是殺人者都要受死刑的處分」，而此命題即等於說：「不拘是誰，（或不拘 x 如何變化），如果 x 有『殺人』一特性，則它即有『受死刑的處分』一特性」。此表示「殺人」與「受死刑的處分」兩概念間有必然的連結（necessary connection），即表示一個原則。並不必肯定現實上非有「殺人者」不可。根本沒有殺人者，此命題仍有意義。不過它此時沒有它所應用的事例就是了。它是一個空懸的法令。法令是原則，而原則都是概念底必然連結，或說是義理底必然連結，只說理，不說事。「水到一百度沸騰」，並不是說這一點水，或那一點水，所以不管是那裏的水，只要它是水，到一百度，它就沸騰。這是說「水性」與「沸騰性」之間的必然連結。所以它陳說一個原則，不指說一個事件。故曰「非存在命題」，亦曰「原則命題」。「凡人是有死的」亦同此解。即：「不拘 x 如何變化，如果 x 有『是人』的特性，它即有『變滅』的特性」。是以凡全稱命題皆實是「如果－則」的假然命題，在後我們便知這也可以叫做是「函蘊」形式的命題。凡全稱命題始可翻為函蘊形式，而函蘊形式即是「如果－則」的假然式。而如果－則的假然式即為一普遍命題而表示一原則。

　　或者說，這是把全稱命題翻為假然式，但就「凡人是有死的」

一命題本身看，它是一個定然命題（categorical proposition）。若從定然命題的立場，而且把它視爲經過歸納後的普遍化的定然命題，則它的主詞實是有存在的意義，或有存在的報告；若自類而觀之，則它的主詞所代表之類不是空類，而是有分子的類。依是，凡定然式的全稱命題，實際上皆是偏稱命題，不眞是表示原則的普遍命題。眞正表示原則的普遍命題是假然式的命題。杜威即持此說。此自可成一說。惟此說乃歧出而自知識上言，故多紆曲。普通自邏輯上言之，全稱命題即是普遍命題，詳細解析出來，即是函蘊形式。寫爲主謂式，即是定然式；寫爲函蘊式，即是假然式。其意義總表示一原則，而其主詞總無存在的意義。如是，知識上歸納普遍化等牽連，可以截斷。若自類而觀之，則即爲空類。其爲空類是因爲它的主詞無存在的意義而爲空類，不是說它事實上有沒有分子而爲空類，如說龜毛、兔角、圓方、金山，事實上沒有分子，故爲空類；牛、馬有分子，故爲實類。若單自類而言，則「凡人是有死的」中之「人」一概念所成之類當然可以不空。但是這裏說它是類是套在全稱命題中說的，而說其爲類是空類（即不肯定主詞的存在）亦是順全稱命題的意義而說的。

第五節　內容命題與外延命題

我們在這一章第四節裏已論到概念之內容與外延，那裏所說的，雖是就概念而言，卻是這兩詞的原義或根本義。其他引伸的或變換的說法，都與此有關。在邏輯裏常常使用到這兩個字。這裏所說內容命題與外延命題就是這兩個字在命題上的引申使用或變換使

用。以下試就內容命題與外延命題比較而言以顯它們的意義。

內容命題（intensional proposition），其所以爲「內容的」，最基本的意義，可先從兩方面說：一是繫屬於主體，二是有實際內容或實際的意義。使其脫離主體而客觀化，便爲外延命題（extensional proposition）。再抽去它的實際內容或實際意義，而只剩下一命題形式（propositional form），亦是外延命題。

關於繫屬於主體方面的，羅素在其《數學原理》（*The Principles of Mathematics*）的〈導言〉中，曾舉例說明之，今節述如下：

(1)「X是人」函著「X有死」：這兩個簡單命題的連結是外延的連結，因此由這連結而成的這整個命題便是外延命題。因爲我們可以用「X是無毛兩足動物」來代替「X是人」，而那個連結，其真假值仍不變。若用其他與「X是人」指謂同一對象的陳述來代替「X是人」亦可，其真假值仍不變。但是，「A相信：X是人函著X有死」，這個命題所表示的連結卻是內容的連結，因此，它也是內容命題。因爲A或者可以從未想到「無毛兩足動物是否會死」的問題，或者他也可以有「是無毛兩足動物而卻不死」的錯信。如是，即令「X是無毛兩足動物」，在真假值上等於「X是人」，但也無法使我們說：一個人若相信一切人是有死的，也必相信一切無毛兩足動物是有死的。因爲他也許從未想到「無毛兩足動物」，或即想到，而又可設想「無毛兩足動物」不一定總是人。所以在無「相信」字樣的限制下（即不繫屬於「A相信」中），我們可以用與「X是人」指謂同一對象的陳述來代替「X是人」，但在有「相信」字樣的限制下，我們就不易用「無毛兩足動物」來代替「X是

人」中的「人」,而仍擔保其連結可不變值。這種情形即表示一個
人相信某某,乃是其主觀信仰中的連結,不是客觀的邏輯連結。
「A相信:火是熱的」、「A喊叫:有火」、「A想:世界有末
日」等,都是內容命題。其所以爲內容的,是因爲繫屬於主體。而
繫屬於主體的句子或命題,可不眞是客觀成立的命題,而或許只是
表示主觀的心理情態。關於此種「A想:P」,或「A信:P」,
羅素後來亦名曰「命題態度」(propositional attitude)。

　　(2)「滿足 øx 這個函值的目數是 n」,這個命題是外延命題。
(「函值」是 function 的譯語,在數學裏譯爲函數,在邏輯裏譯爲
「函值」。「øx」中的 ø 代表關係、特性或謂詞,x 是變項,可以
代之以任何個體,如 a、b、c 等。代之以 a,便爲「øa」,øa 就是
øx 的一個值。故 øx 名曰函值。「目數」是 argument 的譯語,即
項目的意思。)其所以爲外延命題,是因爲我們若用一個與 øx 之
值相等的其他函值來代替 øx,則此命題之眞假值仍不變。但是「A
主張滿足 øx 的目數是 n」,這命題便是內容命題。因爲假設 A 主
張這一個目數滿足 øx,他不必再能主張這一個目數滿足其他與 øx
相等的函值如 øx;或即能主張,也不能主張它滿足那一切與之相
等的函值。因爲他的生命是短促的,是有限的。他主張了時下與之
相等的函值,他不一定即能主張非時下與之相等的函值;他主張了
在他一生內與之相等的函值,但他不能主張他死後與之相等的函
值。所以一個人主張某某,與相信某某同。同是繫屬於主體的,不
能客觀地本此以推他。

　　(3)「兩個白種人聲言曾到北極」,這個命題是外延的。因爲此
命題是表示:兩個目數能滿足「X 是白種人,他聲言曾到北極」這

個函值。我們如果用其他具有同樣目數（即也是兩個而且是白種人）的陳述來代替「Ｘ是白種人，他聲言曾到北極」這個函值，則原命題之眞假值也毫不受影響。但是「兩個白種人聲言曾到北極是一種奇遇」，這個命題便是內容的。因爲這個命題是說：兩個目數滿足「Ｘ是白種人，他聲言曾到北極」這個函值，是一種奇遇。但此種有奇遇之感的陳述卻又不必同於：兩個目數滿足「Ｘ是庫克博士或培黎元帥」這個函值，是一種奇遇。因爲他在「兩個白種人聲言曾到北極」上有一種奇遇之感，但在「庫克博士與培黎元帥聲言曾到北極」上，卻又不必一定有奇遇之感。可是庫克博士與培黎元帥仍然也是兩個白種人。這種奇遇之感是一種主觀的感受，也表示那個命題繫屬於主體，與 Ａ 想某某，Ａ 信某某同。推之，有審美意義的命題，如：「因爲畫水，所以看起來似乎是濕」；有道德意義的命題，如：「不可誑語」；有宗教意義的命題，如：「上帝救我」；都是繫屬於主體的內容命題。嚴格講，這些不能算是命題。

關於有實際內容或實際意義方面的命題，我們可以進一步說，凡科學裏面的命題都是脫離主體而客觀化的外延命題，但是仍不免有實際內容或實際意義。邏輯裏的命題，則連實際內容或實際的意義都須抽去。如：「凡人是有死的」一命題，對「孔子有死」、「孟子有死」等個體命題言，固是外延命題，但對「凡 Ｓ 是 Ｐ」言，則又是內容命題。因爲孔子、孟子是由「人」而代出的，故「孔子有死」、「孟子有死」，就成爲一表示「具體的知識」之個體命題；而「人」與「有死」又是由 Ｓ 與 Ｐ 而代出的，故「凡人是有死的」就成爲一表示「一般性的知識」之普遍命題。但是邏輯裏並不討論「人」與「有死」，亦不須有這點知識，而「人」與

「有死」究竟亦是些有實際內容或實際意義的概念。故由之而成的命題也是內容命題。但是若把有實際內容或實際意義的概念統統抽去,而只代之以符號,則實在已不是命題,而只是命題架子,或命題形式,亦叫做「命題函值」(propositional function)。近人亦名之曰「邏輯句法」(logical syntax)。故「凡 S 是 P」之為外延命題,實在是經過抽象而又抽象後,所只剩下來的一個命題架子,而「凡人有死」則是從「凡 S 是 P」中套出的一個實際命題,而此實際命題即為該命題架子的一個值(value)。故命題架子即曰命題函值。邏輯裏只用命題架子,不用有實際內容(知識內容)的命題。

復次,「內容的」與「外延的」可有各層次與各方面的使用。一個命題,若從其概念之內容方面想,便是內容的;從其外延所指之分子或所成之類方面想,便是外延的。又,羅素的眞理值函蘊(material implication)「p⊃q」,只從眞假值方面定為「~pvq」(或 p 假或 q 眞),是外延的;而路易士(Lewis)的嚴格函蘊(strict implication)「p ≺q」,利用可能不可能的程態概念定為 ~◇(p‧~q)(p 眞而 q 假是不可能的),則是內容的。此又與繫屬於主體與有實際內容者之為內容的,不同。關此詳解見下第二部。

第三章　*AEIO* 底構造及其對當關係

第一節　AEIO 底構造及其說明

傳統邏輯是以主謂式的全稱偏稱兩類命題為其系統之骨幹。此兩類命題依以下兩組基本概念而構造成：

(1)量的概念：全體（凡、一切），部分（有、有些）。

(2)質的概念：肯定（是），否定（不是）。

茲以 S 代表主詞，P 代表謂詞，則配合上那兩組概念，即構成四種命題如下：

A：「凡 S 是 P」（全稱肯定 universal affirmative）。

E：「凡 S 不是 P」，或「無 S 是 P」（全稱否定 universal negative）。

I：「有 S 是 P」（偏稱肯定 particular affirmative）。

O：「有 S 不是 P」（偏稱否定 particular negative）。

此四種命題之簡稱為 AEIO，是自中世紀以來而已然。其中 S, P

為主、謂。名曰「變項」（variable），即有「可代之以任何東西」的變換。凡與有、是與不是，可名為「常項」（constant），此則定常不變，乃所以表示架子或形式者。

我們在第一章第一節已說凡與有、是與不是，皆是形式字（form-words），即表虛架子的字。故若視為概念，亦曰虛概念。此與「物象字」（object-words）相對而立。我們可先略說凡與有。

「凡」（all）之所以為形式字或虛概念，是因為外界並無一個東西叫做「凡」。外界存在的東西都散殊並立的。「物象字」即指謂這些散殊並立的東西，故曰物象字，或曰實概念。但外界卻並無一個東西叫做「凡」，所以它是無所指謂的。但它總表意。它表示思想上的推概作用，表示普遍化（generalization）。它表示我們的思想對於散殊並立的東西能提起來作總持地想。所以它只表示思想的總持作用，虛說而無實指。因為它虛而無實，所以它可化解。「凡」字，若連帶整個命題說，如「凡 S 是 P」，可化解為「無數個體命題底絜和」。譬如「凡人有死」就等於孔子有死，孟子有死，……這無窮數的個體命題之絜和（conjunction）。所謂「絜和」就是並積起來的意思，可類比於數學裏的乘積（×, a×b, 或 a·b）。如是，「凡」字即被化除。假若我們用「（x）·øx」表示「所有的 x 有 ø」（在所有的 x 上，x 有 ø 一特性），用 øa, øb 等表示某某個體有 ø，如是，則

$$（x）·øx ＝ øa·øb·øc……$$

如果以「人」代 x，以「有死」代 ø，以孔子、孟子等代 a, b 等，則上式即如下：

　　（人）·有死（人）＝有死（孔子）·有死（孟子）……

　　「有」（some）亦如此，它也表示思想上的推概作用。外界並無一個散殊的東西叫做有，或有些，或某一。所以它也是虛而無實。它既不同於零，亦不同於全，且當然不同於特指的一個（如「這一個」）。如是，「有」所表示的，最低不能爲零，最高不能爲全，乃是零與全之間的某一個。因爲它也是這樣的虛而無實的總持作用，所以也可化除。「有人是有死的」就等於「無窮數的個體命題之析取」。所謂「析取」（disjunction）就是「離析而可以任取其一」之意，用普通言語表示，就是「或」（or）字所表示的。此可類比於數學中的「加和」（＋，a＋b）。假若我們用「（∃x）.øx」表示「有 x 有 ø」（在有些 x 上，x 有 ø），用 øa，øb 等表示某某個體有 ø，如是，則

　　　　（∃x）·øx＝øa v øb v øc v……

此中的「∃」表示存在，至少有一個 x。「v」表示「或」，類比於數學中的「＋」號。如果以「人」代 x，以「有死」代 ø，以孔子、孟子等代 a, b 等，則上式即如下：

　　　　（∃人）·有死（人）＝有死（孔子）v 有死（孟子）v
　　　　　　　　　……

如是「有」字即被化除。

　　現在，我們再說「是」與「不是」。這一對概念何以說它是「質的」？因爲它們表示命題之質是肯定的或是否定的。「是」表示肯定，「不是」表示否定。肯定與否定，若從思想上說，是表示思想上的兩種作用。凡與有表示推概作用，這一對則表示斷定作

用。因為它們表示斷定作用，所以也是虛概念。因外物並沒有一個
東西叫做「是」或「不是」。這只是我們對於外物所加的斷定作
用。不過「是」一作用卻能撲著一個「實有」（ being ），而「不
是」則表示「遮撥」，無所撲著。此所以康德在知識論上講範疇的
時候，由「是」（肯定）引出「實有」或「眞實」（ reality ）一範
疇，由「不是」（否定）引出「非有」（ non-being ）或「虛無」
（ negation ）一範疇。從這方面想，「是」表示「在」，「不是」
表示「不在」。「A 存在」（ A exists ）與「A 是」（ A is ）是同
一意義的。笛卡爾（ Descartes ）說：「我思，故我在」（ I think,
therefore I am ），「我在」就是「我是」的譯語。我們從是與不
是之為斷定作用直接引出這個意義來。不過在邏輯內，則可以不牽
連到這個意義。

是與不是，從其為斷定作用落下來在句子（命題）中表示兩項
間的關係時，我們也說它們是表示關係的字，所以也是形式字，虛
概念。但是此時，它們可有以下四種函義：

(1)內容的論謂（ intensional predication ）：這是直接從「主謂
形式」引申出來的。「是」字表示謂詞概念與主詞概念之間的「意
義連結」。若主詞總是指散殊的個體，則「是」字即表示用謂詞概
念所表示的義理來論謂具體的個體。「不是」則表示主詞概念與謂
詞概念這兩個意義間沒有連結。或，謂詞概念所表示的義理不能論
謂主詞所指的個體。主謂式中的「是」字（「不是」亦在內），若
取這個意思，便是對於主謂命題從概念之內容上作「內容的解析」
（ intensional interpretation ）。但是，傳統邏輯亦講概念之外延。
從外延方面看，則又有「外延的解析」。在外延的解析下，「是」

以及「不是」又可表示以下三種函義：

(2)類與其分子間的隸屬關係（class-membership）：例如：「孔子是人」，即表示孔子這一個體是「人」一概念底外延所成之類中的一分子。表示這種關係的，大體是個體命題或單稱命題。

(3)類與類間的包含關係（class-inclusion）：例如：「凡人是有死的」，即表示人概念底外延所成之類包含在「有死的」一概念底外延所成之類中。

(4)任一項底自身同一或兩項間的同一關係：在自身同一方面，例如「a 是 a」，這個「是」字並不表示內容的論謂，這就是我們上章第二節裏所說的「反身的關係」。a 是 a，也可以寫爲 a＝a，或 a⊂a（a 含在 a 中）。兩項間的同一關係，則如隨定義而來的命題，例如：如果「人＝理性的動物」，則「人是理性的動物」，此中的「是」字即表示「人」類與「理性的動物」類有同一的外延。

在邏輯中，此後三義非常重要。就在傳統邏輯裏，於形成形式推理上，也是取外延的解析。（以(2)，(3)兩義爲主）。而「內容的論謂」一義倒不關重要了。(2)與(3)兩義就是亞里士多德「曲全公理」（*dictum de omni et nullo*，亦譯全偏公理）所由成的根據。曲全公理是說：凡論謂全體的亦論謂部分。三段推理就是以這個公理爲普遍的根據。此可見，在形成形式推理上，雖是主謂命題，亦當取外延的解析了。至於第(4)種函義，則我們可由之以論到二分法與思想律。（見下第六章）。而二分法與思想律又是籠罩全部邏輯系統的基本原理。「是」字底第四種函義實可提出來單獨成立一組概念，（即二分法與思想律），而不在主謂命題底關係解析中。因爲「是」字底這種函義實不表示主謂命題也。由是言之，在主謂命

題底關係解析中，惟(2)與(3)兩種函義為相干。

由以上對於凡與有、是與不是的說明，我們可以把 AEIO 重新解析如下：

A：「凡 S 是 P」＝「凡是 S 者是 P」（把 S 與 P 都視為謂詞，最後的主詞為「者」字所代表者．）＝「不拘 x 如何變換，或在所有 x 上，如果 x 有 S 一特性，則 x 有 P 一特性。」（此為肯定的非存在命題。）

E：「凡 S 不是 P」＝「凡是 S 者不是 P」＝「不拘 x 如何變換，或在所有 x 上，如果 x 有 S 一特性，則 x 無 P 一特性。」（此為否定的非存在命題。）

I：「有 S 是 P」＝「有是 S 者亦是 P」＝「在有些 x 上，x 有 S 一特性而且有 P 一特性。」（此為肯定的存在命題。）

O：「有 S 不是 P」＝「有是 S 者而不是 P」＝「在有些 x 上，x 有 S 一特性而無 P 一特性。」（此為否定的存在命題。）

關於這種解析，我們可以略為說明一下。在 A 與 E，我們是用「如果－則」來表示的，這表示「非存在命題」陳述一原則，不指謂一事件。在 I 與 O，我們是用「而且」或「而」字來表示的。這種陳述表示特稱命題是存在命題。存在命題是事件命題，意即：至少有一事件 x，在此事件上，S 與 P 兩特性並在或不並在。並在是 I，不並在是 O。

若從外延所成之類的包含關係方面看 AEIO，則我們可以用「邏輯代數」（algebra of logic，這個系統我們將在第二部中介紹）裏面的辦法符示如下（這在現在亦是很通常的一種表示法）：

在此種表示法裏，S, P 俱視作類，為照顧著第二部一律起

見，我們以 a 代 S，以 b 代 P，如是：

　　A：凡 a 是 b：　　　a−b＝0　　「a 而非 b 等於零」。

「凡 a 是 b」等於說：是 a 而又不是 b 是沒有的，也等於說：a 類
與非 b 類積在一起是沒有的，或：不是 b 的 a 是沒有的。用范恩
（Venn）的圖解法（Diagram）則如下：

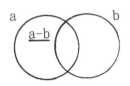

　　　　　　　　　　　　　　　　　　"−"號表示沒有，等於零。

　　E：凡 a 不是 b：　　　ab＝0　　「a 而是 b 等於零」。

凡 a 不是 b，或「無 a 是 b」等於說：是 a 而又是 b 是沒有的，也
等於說：a 類與 b 類積是沒有的，或是 b 的 a 是沒有的。

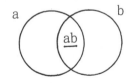

是 b 的 a 都抹去了，顯然所有的
a 都不是 b。

　　I：有 a 是 b：　　　ab≠0　　「a 而是 b 不等於零」。

「有 a 是 b」等於說：是 a 而又是 b 是有的，或 a 類與 b 類積不等
於零，至少有是 b 的 a。

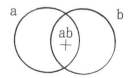

" + " 號表示存在，有，不等於零。

O：有 a 不是 b：　　a−b≠0　　「 a 而非 b 不等於零 」。

「 有 a 不是 b 」等於說：a 而非 b 是有的，a 類與非 b 類積不等於零，至少有不是 b 的 a。

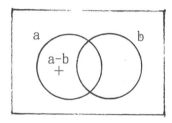

關於這種圖解，我也略爲說明一下。以前都用烏拉的圖解法（ Euler's Diagram ），如：

A: P　　E: S　P　　I: P　　0: P

這種圖解法看起來倒很簡單而且顯明，但事實上則不如范恩圖解法嚴整而周備。范恩圖解法的邏輯背景如下：

任何類 a 施以否定即是一負類，即「 −a 」。如是「 a＋ −a＝1 」，此「 1 」即是「 全 」，亦叫做「 論宇 」（ universe of discourse）。此「全」即以方形或矩形表之，而其中包括 a 類與「−a」類。如下：

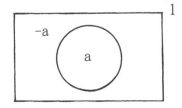

a 以外的就是−a，故
$$a + -a = 1$$

若是 a, b 兩個類，則又各有其負類。正負配合起來，共有四個積：（1）ab，（2）a−b，（3）−ab，（4）−a−b。這四個積加起來就是 a, b 兩個類底宇：ab＋a−b＋−ab＋−a−b＝1，圖如下：

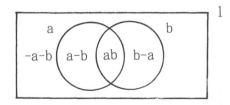

依此圖，ab＋a−b＋b−a 就等於 a, b 兩類之和（sum），即「a＋b」，而 a, b 兩類之和「a＋b」以外的就是「−a−b」，故
$$(ab + a - b + b - a) + (-a - b) = 1$$
$$亦即 (a + b) + (-a - b) = 1$$

此同於 a＋−a＝1，因為 a 底否定即是−a，−a 底否定即是 a，故 a 與−a 和起來（不是乘積）就是一個論宇，一個全。同理，依照類底演算，（a＋b）底否定就是−a−b，而−a−b，而−a−b 底否定就是 a＋b，故（a＋b）＋（−a−b）＝1。亦可寫為：（a＋b）＋−（a＋b）＝1。此更可類比於 a＋−a＝1。（詳見下第二部第

九章）。

　　若應用於 AEIO，照 a, b 兩類言，抹去「a－b」（即 a－b＝0）就是 A 命題；肯定「a－b」（即 a－b≠0）就是 O 命題。（稍後將見 A 與 O 是矛盾的一對）。抹去「ab」（即 ab＝0）就是 E 命題；肯定「ab」（即 ab≠0）就是 I 命題。（稍後將見 E 與 I 是矛盾的一對）。

第二節　存在公理與 AEIO 底對當關係

　　接著上節底說明，我們就講 AEIO 底對當關係。對當關係就是普通所叫做的「對當四角圖」（square of opposition），如下：

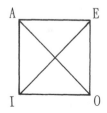

每一條線所連結的兩個命題就是一個對當。對當關係就是把各對間的真假關係說明。所謂真假當然不是說每一命題之知識上的真或假，而是就每一對當，例如 A 與 O，而說：如果 A 為真，則 O 如何？如果 A 為假，則 O 如何？這是一種邏輯推理關係。所以講每一對當間的真假關係，就是講每一對當間的邏輯推理關係，由之以確定某一對當是一種什麼對當，即，是一種什麼關係。

　　照傳統的講法，A 與 O、E 與 I，這兩對是矛盾關係。A 與 I、E 與 O，這兩對是差等關係。A 與 E 是大反對，I 與 O 是下反

對。（這些名稱，除矛盾以外，都欠確定。下文再說。）

惟講這些對當間的真假關係須受主詞類是否爲空的制約。我們即依主詞類是否爲空，而說「存在公理」（existence-theorem）。傳統的講法是不自覺地肯定主詞類都不空，無論是 AE 的，或是 IO 的。但是在上章第四節裏，我們講存在命題與非存在命題時，我們已指出：AE 是原則命題，其主詞不牽涉存在，如視爲類，則主詞類是空類（即 S＝0，此所謂等於零，即以 AE 底主詞本質上不涉存在而爲零，此與事實上是否爲空類，是兩回事）；而 IO 是事件命題，其主詞須牽涉存在，如視爲類，則主詞類不是空類。（即 S≠0，此所謂不等於零，即以 IO 底主詞本質上須以肯定存在爲定然條件而不等於零，此與事實上是否有 S，亦是兩回事）。

如照這個解析，則對當四角圖中只有 A 與 O，E 與 I 這兩個對當有關係可言，即皆是矛盾關係。餘則皆是獨立，無關係可言。圖如下：

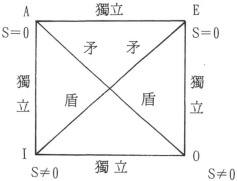

何以說四邊上那些對當都是獨立呢？先說 A 與 I。因爲在「凡 S 是 P」中，不肯定 S 存在（S＝0），而「有 S 是 P」（I）中的 S 須肯定存在（S≠0），則由 A 真即不能推知 I 如何。因爲有沒有 S 尙

不得而知，故由 A 不能推知以「S 存在」爲定然條件的 I 命題。如果有 S，則 A 眞，I 亦眞。如果沒有 S，則說「有 S 是 P」的 I 命題根本假。故當在 A 命題中 S＝0 時，則不能由其爲眞推知 I 如何，即表示說從 A 推不下來。故爲獨立。E 與 O 亦然。

再說 A 與 E。這兩個都是原則命題，其主詞都不涉存在。故兩者很可以獨立地各眞其所當眞，各假其所當假。譬如一條法令是說「殺人者死」，另一條是說「殺人者不死」。如果都只是一個原則（法令），而不肯定「殺人者」底存在，則可以獨立地自身俱眞，而沒有推理上的關係存在。所謂俱眞者，也只是空懸在那裏，自身各有其意義而已。

I 與 O 兩者俱是偏稱命題，亦即事件命題，俱須以主詞存在爲定然條件。兩個偏稱的事件命題，如「有花是紅的」與「有花不是紅的」，很可以俱眞，而無確定的邏輯關係。蓋各指一事件，而不必有關係。是以對於兩事件命題我們根本不能獨立地直接地講它們之間的關係。欲使其有確定的關係，須通過一媒介。而若通過一媒介，便不是直接推理。而 A 與 I、E 與 O 旣獨立，則我們現在又沒有一媒介。是以兩事件命題，若單獨地觀之，根本不能有若何確定的關係。

但是爲何單單 A 與 O、E 與 I 是矛盾關係呢？A 爲「凡 S 是 P」，O 爲「有 S 不是 P」，兩者量不同，質亦不同。如果原則命題眞，則其反面之事件命題即假。如果原則命題假，則其反面之事件命題即眞。反之，如果事件命題眞，則其反面之原則命題即假。如果事件命題假，則其反面之原則命題即眞。此種反面即爲矛盾之反面。故 A 與 O 爲矛盾關係。E 與 I 亦然。

　　茲舉一例以明之。如果「凡吃砒霜的都是要死的」眞，此即表示：天地間不能有「旣吃砒霜而又不死」，而此即爲「有吃砒霜而不死」是假的。如果「凡吃砒霜的都是要死的」假，則至少是「有一個吃砒霜而不死」。反之，如果「有吃砒霜而不死」眞，則「凡吃砒霜的都是要死的」一原則自然被推翻。如果「有吃砒霜而不死」假，即表示：天地間不能有「旣吃砒霜而又不死」，此即是「凡吃砒霜的都是要死的」。此種眞假關係由 A 與 O 間直接推理而成。故此一對當爲最基本而又直接的一種邏輯關係。E 與 I 亦然。

　　以上是就 AEIO 分爲「存在命題」與「非存在命題」兩者而成的對當四角圖。

　　以下再就 AE 底主詞類不空（即假定 S≠0）而言那些對當關係。此就是傳統的對當四角圖之建立。

　　在此，雖然各種對當皆有關係可言，然有兩點須注意：

　　⑴講這些對當關係須有次序上的先後：A 與 O、E 與 I，同爲「矛盾」關係，應先講。A 與 I、E 與 O，同爲「函蘊」關係（老名爲「差等」），應次講。A 與 E 爲「不相容」關係（老名爲「大反對」），I 與 O 爲「相容」關係（老名爲「下反對」），應最後講。（這兩者可不分先後。）

　　⑵其所以有此先後次序，是因爲函蘊、不相容、相容，三者皆爲間接推理。函蘊是因 S≠0 之加入而爲間接的，不相容與相容則因根據矛盾與函蘊而證明而爲間接的。

　　因以上兩點之故，我們不能因爲這些都是對當關係，就可以任就一個單獨地直接地看它們的對當關係。

如是，我們可以依次建立如下。

Ⅰ.A 與 O，E 與 I：此如上講，爲矛盾關係（contradictory）。不因 S＝0，或≠0而受影響。此爲最基本而直接的關係。故惟此可以單獨地直接地看。A 底否定（即 A 之假）就是 O，O 底否定就是 A。因此 A 眞，O 就假；O 眞，A 就假。故 AO 兩者

1.不能同眞。

2.不能同假。

3.因爲不能同眞，故一眞另一必假。

4.因爲不能同假，故一假另一必眞。

我們可以「眞理圖表」（truth-table）表之如下：

A	O	A≈O		A≈O
＋	＋	N	＋	－
－	＋	E	－	＋
＋	－	E		
－	－	N		

每一命題有眞假兩可能，兩個命題，把它們各自的眞假兩可能配合起來，有四可能，即同眞、同假、一眞一假、一假一眞。在此四可能中有那幾個可能，便決定此兩命題是何種關係。圖表中「N」表示沒有，不存在，「E」表示有或存在。照此表看來，A 假 O 眞，A 眞 O 假兩可能是有的，而有此兩可能即爲矛盾關係（≈表矛盾），故 A 與 O 爲矛盾關係也。E 與 I 同。

Ⅱ.A 與 I，E 與 O：A 本爲非存在命題，今旣肯定 S 存在，則

其主詞類不空。如是，從 A 推 I，則「凡 S 是 P」眞，而且有 S，則「有 S 是 P」當然也眞。但是，如果「凡 S 是 P」假，而且有 S，則「有 S 是 P」不必假，即眞假不定。反之，如果「有 S 是 P」眞，則「凡 S 是 P」（S≠0）不必眞，即眞假不定。可是，如果「有 S 是 P」假，則「凡 S 是 P」（S≠0）必假。

茲舉例以明之。如果「凡人都是說謊的」眞，而且有人（人存在），則「有人是說謊的」當然也眞。可是前者（A 命題）假，而後者不必假（眞假不定）。反之，如果後者眞，則前者不必眞（眞假不定）。如果後者假，則前者必假。

此種眞假關係，在 S≠0 的假定下，是根據曲全公理而形成的。因爲 AI 兩命題質同而量不同，一全一偏。「凡」表「全體」（whole），「有」表「部分」（part）。全體含部分，單注意於此，其間的關係當然是直接的。但 S＝0，或≠0，是就 A 或 I 之全命題所表示的意義而說的。這點傳統的觀點沒有意識到。它只就全體部分去想了。現在意識到，故說傳統的觀點是默許 S≠0。實則它也無所謂默許不默許，它只注意全體與部分，而未覺察到這方面。現在覺察到了，則立見這種推理是間接推理，即因 S≠0 之加入而爲間接。這種加入，並不能否決曲全公理，只是補充。如是 A 與 I 間的關係，亦可列爲四句如下：

1. 可以同眞。

2. 可以同假。

3. 由 A 假不能推知 I 必假。

4. 由 I 眞不能推知 A 必眞。

以「眞理表」表之如下；

A	I	A⊃I		A⊃I	
+	+	E		+	+
−	+	E		−	+
+	−	N		−	−
−	−	E			

即 AI 間之眞假關係實可收攝於那三個眞假可能中。而那三個眞假可能即決定兩命題間的關係爲「函蘊」（implication）。此爲「函蘊」之本義。今 AI 間亦具有此三個眞假可能，故亦可說 AI 的對當爲函蘊關係。「⊃」表函蘊。（此當然不是函蘊本身底意義，而是藉用此詞以名 AI 間的對當。）老名爲「差等」（subalterns），意義隱晦不確定。故改今名。（「函蘊」獨成一推演系統，其本身底意義很麻煩。詳解見下第二部第十章。今只藉用。）E 與 O 同。

Ⅲ.A 與 E：此兩命題本俱爲非存在命題，無確定的關係。今既肯定 S 存在而可以有關係，則其有關係似乎是由直接推理而見。在默許 S≠0時，似乎是如此。然當 S≠0自覺地被說出來時，則即因此 S≠0之肯定，彼即爲間接推理。此因 S≠0之加入而可以有關係，故亦爲間接的。否則無關係，當然亦無所謂間接不間接。復次，即因 S≠0之加入，始可以從 A 推 I，而從 A 推 I 一經可能，則通過最基本而直接之 I 與 E 之矛盾關係，則由 A 即可知 E。此尤可見 A 與 E 之對當是由間接推理而成。

先從 S≠0之加入而單獨地看 A 與 E 間之關係，則如此：如果「凡 S 是 P」（A）眞，而且 S≠0，則「凡 S 不是 P」（E）即假。如果「凡 S 是 P」假，而且 S≠0，則「凡 S 不是 P」不必即

眞。蓋只要有一 S 不是 P，則「凡 S 是 P」旣假，而亦未必就是
「凡 S 不是 P」，故 A 假 E 不定（可眞可假）。此即表示 AE 可同
假，不能同眞。從 E 推 A 亦然。

　　實則這種因 S≠0 之加入而單獨地看 AE 間之對當只是表面
的。其眞假關係之成立實因根據矛盾與函蘊而推得的。我們可根據
以下兩個三角形而推證 A 與 E 間之關係：

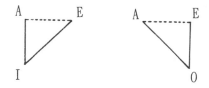

　　根據矛盾，已知 E 眞 I 假；根據函蘊，已知 I 假 A 假：故 E
眞 A 假。

　　又根據矛盾，已知 E 假 I 眞；根據函蘊，已知 I 眞 A 不定：故
E 假 A 不定。

　　若先根據函蘊，則知 A 眞 I 眞；根據矛盾，則知 I 眞 E 假：故
A 眞 E 假。

　　又根據函蘊，知 A 假 I 不定，如是，在矛盾方面 I 不定，E 亦
不定，故 A 假 E 不定。（此先根據函蘊不如先根據矛盾爲恰
當。）

　　以上是根據通過 I 那個三角形而成。根據通過 O 那個三角形
來證明，亦然。

　　如是，A 與 E 底對當關係亦可列四句如下：

　　1.不能同眞。

2.可以同假。

3.因爲不能同眞，故由一眞可知另一必假。

4.因爲可以同假，故由一假不能推知另一必眞。

以「眞理表」表之如下：

A	E	A｜E
+	+	N
−	+	E
+	−	E
−	−	E

A｜E	
−	+
+	−
−	−

即 A 與 E 間的眞假關係可收攝於有「E」所標識的那三個眞假可能中。而有這三個眞假可能的便爲「不相容」關係（incompatibility）。「｜」號表「不相容」。不相容即一眞一假，一假一眞，而且可以同假。此即兩虎相鬥必有一傷，而且至於兩敗俱傷。若只必有一傷，則爲矛盾。而此必兩敗俱傷，故不爲矛盾，而爲不相容。老名爲「大反對」（contrary），意義隱晦不顯，亦不確定。

Ⅳ.Ⅰ與Ｏ：此則根本不能單獨地直接講。我們可根據以下兩個三角形而推證之：

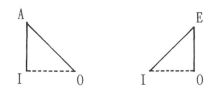

通過 A：−（O）→+（A），+（A）→+（I），

$$\therefore -(O) \to +(I) \quad +(O) \to -(A) \,,\, -(A)$$
$$\to \pm(I) \,,$$
$$\therefore +(O) \to \pm(I)$$

通過 E： $-(I) \to +(E) \,,\, +(E) \to +(O) \,,$

$$\therefore -(I) \to +(O)$$
$$+(I) \to -(E) \,,\, -(E) \to \pm(O) \,,$$
$$\therefore +(I) \to \pm(O)$$

以上通過 A 或 E，皆是先根據矛盾，後根據函蘊。若先根據函蘊亦可。但不若先根據矛盾爲恰當。

如是，I 與 O 間的對當關係，亦可列四句如下：

1. 可以同眞。
2. 不能同假。
3. 因爲可以同眞，故由一眞不能推知另一必假。
4. 因爲不能同假，故由一假可知另一必眞。

以「眞理表」表之如下：

I	O	I v E		I	v O
+	+	E		+	+
−	+	E		+	−
+	−	E		−	+
−	−	N			

即 IO 間的眞假關係可收攝於有「E」所標識的那三個眞假可能中。而有這三個眞假可能的便爲「相容」或「析取」關係（disjunction）。「v」號表相容或析取。普通語言讀爲「或」（or）。此與 AE 對當根本不同。老名爲「下反對」（subcontrary），意義甚晦。

由以上肯定 S 存在（S≠0），對當四角圖更如下：

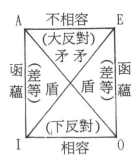

關於本節所講，須與第二部第九章第四節合觀，方能徹底明白，而且知其確然不可移。若不發展到第九章所講的邏輯代數，則對於 AEIO 底對當關係以及下面的直接推理、三段推理等，傳統的講法好像已經很夠了。人們或許認為 S＝0、≠0所表示的「存在公理」是不必要的。但若發展到邏輯代數，而且如果

A：a−b＝0
E：　ab　＝0
I：　ab　≠0
O：a−b≠0

這種表示法是無錯誤的，則便見出只有曲全公理是不夠的，存在公理是必要的，而且亦可知本節對於對當關係以及下面對於直接推理及三段推理的講法與修改，是確然不可移的。

第四章 周延原則與 *AEIO* 底直接推理

第一節 周延原則

「周延」（distribution）是說一個概念能不能周遍於或舉盡了它所應用的分子之全體。如能，則為周延；如不能，則為不周延。此若孤立地看一個概念，設若其定義恰當而無太廣太狹之弊，則它總是周延的。如果「人＝理性的動物」是一個恰當的定義，則「人」一概念即適用它的分子之全體，亦不「過」，亦不「不及」，它當然是周延的。如果說「人＝會打球的動物」，則「人」一概念即不能適用於「不會打球的人」。此定義所界定之概念即不能周遍於人之全體。從周延原則方面說，是不周延的；從定義方面說，此定義是錯誤的。如果說「人＝有死的動物」，則「人」一概念即與犬馬無以異。從周延原則方面說，是超過了「人」一概念所應用的範圍；從定義方面說，此定義還是錯的。

所以若孤立地看一個概念，則只有定義恰當不恰當，錯不錯底

問題。若恰當而不錯，則總是周延的：無過，亦無不及。本節所說的周延原則，不是從「孤立地看概念」方面想，而是從主謂命題中看主謂兩詞周延不周延。此與定義無關。兩個概念，只要套在主謂式的命題架子中，我們就可以看出它們周延不周延。此種周延不周延是因為套在命題架子中而被限制出的，故與定義無關。如是，在 AEIO 中 SP 之周延不周延如下：

A：「凡 S 是 P」：此中 S 為主詞，周延。因為明說「凡 S」，故舉盡了 S 一概念所應用的全體。P 為謂詞，不周延。因為 P 底外延廣，不只包括 S，而且亦可有其他。但在此命題中沒有盡舉出來，只舉出 S 這一部分。S 本身為一全體，但在 P 中則只是一部分。而 P 底全體在此命題中卻沒有全舉出來。故 S 周延，而 P 不周延。此如：「凡人是有死的」，「人」一概念周延，「有死的」一概念不周延。因為其他動物亦是「有死的」，而在此命題中卻並沒有說出來。在這裏我們可以用烏拉的圖解法把 A 命題表示一下，倒比較簡單而顯明：

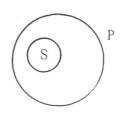

A 命題底謂詞在原則上總是不周延的。但直接以定義而作成的 A 命題，其謂詞周延。其所以周延，是因為此時主謂底外延相等，因為定義中的兩端必須相等。若無定義為條件，A 命題底謂詞總不周延。雖事實上謂詞底外延同於主詞，好像是周延的，然在邏輯上

則總把它看成是不周延的，其外延在原則上總大於主詞。例如「凡人是理性的動物」，此若前面無「人＝理性的動物」一定義爲其根據，則「理性的動物」一謂詞總是不周延的，其外延在原則上總大於主詞。我們不能因爲事實上只有人是理性的動物，除人以外再沒有其他存在是有理性的，所以就說此命題中「理性的動物」一謂詞是周延的。因爲邏輯是講理，以原則爲準，不以事實爲限。此點很重要，學者必須謹記。一個人的思考是不是進到邏輯的，於此亦可以徵之。

E：「凡 S 不是 P」：此中 S 與 P 俱周延。S 有「凡」以限之，其爲周延甚明。P 之爲周延，是因爲在否定命題中，否定是排拒 P 之全體，故亦周延。圖解如下：

I：「有 S 是 P」：此中 S 與 P 俱不周延。偏稱，故 S 不盡，不周延。蓋明說「有 S」，是只舉了 S 的一部分。P 不周延如同 A 命題。圖解如下：

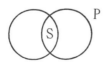

O：「有 S 不是 P」：此中 S 不周延，P 週延。凡否定命題底謂詞俱是周延的，凡肯定命題底謂詞俱是不周延的。O 命題圖解如下：

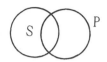

下節中的直接推理，屬於換位方面的，須根據周延不周延。以後講到三段推理，亦要根據周延不周延。因為是推理所要根據的，故由詞之周延不周延進而說「周延原則」（principle of distribution）也。

第二節　七種直接推理

直接推理（immediate inference）是說由 AEIO 等每一個為前題，用一種辦法，直接可以推出一個結論來。並不需要一個媒介詞之加入而成兩個前題。這種辦法共有七種。其實根本上只「換主謂之位」與「換謂之質」兩種而已。其餘五種俱可由此兩種推出。

(1)換主謂之位（conversion）：此只把主謂詞的位置對調一下即可，命題之質，肯定或否定，不動。照顧到詞之周延不周延，在換位時須有一規律，即：在前題之中不周延之詞，在結論中不得變為周延。但在前題中周延之詞，在結論中可以不周延。如是，AEIO 換位推理如下：

　　　A：「凡 S 是 P」→「有 P 是 S」。
因為 P 在原命題中不周延，故換位後只能是偏稱。例如：「凡人是有死的」，只能換為「有些有死的是人」，而不能換為「凡是有死的是人」。此為限量換位。但是照顧到「存在公理」，因為 A

命題中的「S」等於零，所以嚴格講不能直接推出「有 P 是 S」。若不補上「S≠0」一前題，此限量換位是不合法的。傳統的講法是默許 S≠0，故視為直接推理。今自覺地說出來則須補上 S≠0，因而亦不是直接推理。其詳是如此：「凡 S 是 P」，S≠0，故「有 S 是 P」，因而「有 P 是 S」。（注意，這裏已用到了下面 I 命題的換位，這是一點小毛病。）現在設已肯定 S 存在，用符號表之如下：

$$A : SaP \rightarrow PiS \ \text{【 I 】}$$

SP 間寫「a」，便表示是 A 命題，寫「i」，便表示是 I 命題。餘類推。

$$E : \text{「凡 S 不是 P」} \rightarrow \text{「凡 P 不是 S」} ;$$

$$E : SeP \rightarrow PeS \ \text{【 E 】}$$

因為 S 與 P 俱周延，S 排拒 P，P 亦排拒 S。此為對稱換位。

$$I : \text{「有 S 是 P」} \rightarrow \text{「有 P 是 S」} ; I : SiP \rightarrow PiS \ \text{【 I 】}$$

此亦為對稱換位。

$$O : \text{「有 S 不是 P」} \rightarrow \text{無}$$

因為我們既不能說：「有 P 不是 S」，因也許「有 P 是 S」，究竟是那個不定；也不能說：「凡 P 不是 S」，一則因由偏稱前題推不出一個全稱結論來，一則因也許「有 P 是 S」，究竟是那個不定。而且無論換為「有 P 不是 S」或「凡 P 不是 S」，皆違背關於周延的規律，即 S 由不周延變而為周延。故 O 命題不能換位。

或問：I 命題何以能換？答曰：首先它不違背周延規律。但我們還可進一步說明，即：I 命題表示 S 與 P 共在或重疊，故「有 S 是 P」同時即「有 P 是 S」。設 S 代表一區，P 代表一區，I 命題

圖表如下：

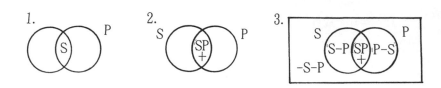

圖1為烏拉的圖解法。照 I 命題寫為 ab≠0，則圖1實即圖2。而圖2實即圖3（范恩的圖解法）。凡共在或重疊之區，如不等於零，皆是 I 命題。S 與 P 共在之區，如不等於零，即為：「有 S 是 P」→「有 P 是 S」（S 與 P 共在，當然 P 與 S 亦共在，類比於數學中的乘積，S·P＝P·S）。S 與 -P 共在之區，如不等於零，即為：「有 S 是非 P」→「有非 P 是 S」。P 與非 S（-S）共在之區，如不等於零，即為：「有 P 是非 S」→「有非 S 是 P」。非 S 與非 P 共在之區，如不等於零，即為：「有非 S 是非 P」→「有非 P 是非 S」。而 O 命題則正如下圖：

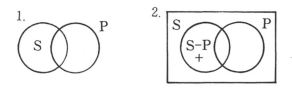

它是個否定的說法，不表示 S 與 P 共在，而表示 S 與「非 P」共在。這一區如不等於零，即 S-P≠0，它即是上面所謂：「有 S 是非 P」→「有非 P 是 S」，而在命題形式上，它不是：「有 S 不是 P」→「有 P 不是 S」。當然，照下面換謂詞之質的辦法，「有 S

不是 P」→「有 S 是非 P」。但「有 S 是非 P」可以換位爲「有非
P 是 S」，而「有 S 不是 P」，卻不能換位爲「有 P 不是 S」。是
即表示 O 命題不能直接換位，只能換質以後再換位。而換質以後
再換位，就是「有 S 是非 P」→「有非 P 是 S」。〔注意：O 命題
若用邏輯代數寫爲 S－P≠0，a－b≠0，是取它的間接形式，不是
取它的直接形式。因爲它的直接形式是「有 S 不是 P」，而代數式
在命題形式上是 I 命題，而此 I 命題再換質即爲「有 S 不是 P」。
故 O 命題寫爲「S－P≠0」爲間接形式也。〕

　　(2)換謂詞之質（obversion）：此則只換謂詞之質，位不動，但
卻牽動命題之質。無論命題之質爲肯定或否定，謂詞底原形式一律
視爲肯定。換質即於謂詞上加一否定（負號），故影響命題之質
也。即：肯定命題換質後即爲否定命題。此種辦法所依據的原則即
是「重負原則」（principle of double negation），即：兩否定等於
肯定。在此原則下，任何一項，加以否定，即得一「反項」（或負
項）。例如 a，加以否定，即得「ā」而 ā 再加以否定，即得 a。
即，這裏的否定不只是遮，亦且表。如只是「遮」，則於 a 上加否
定，亦只「不是 a」而已，於紅上加否定，亦只「不是紅」而已。
並不表示是「非紅」。如果不只是「遮」，亦且「表」，則不只
「不是 a」而已，而且是「非 a」，不只「不是紅」而已，而且是
「非紅」。這是直接推理中「否定」一詞所必函的意義。換法如
下：

　　A：「凡 S 是 P」→「凡 S 不是非 P」【E】；

　　A：SaP→Se$\overline{\text{P}}$【E】

　　E：「凡 S 不是 P」→「凡 S 是非 P」【A】；

E：SeP→Sa$\overline{\text{P}}$【A】

I：「有S是P」→「有S不是非P」【O】；

I：SiP→So$\overline{\text{P}}$【O】

O：「有S不是P」→「有S是非P」【I】；

O：SoP→Si$\overline{\text{P}}$【I】

以上是基本的兩種辦法。以下五種俱可由之推出。

(3)換謂詞之質位（contraposition，這種專名在中文非常難譯，故直接就其所換而名之，此則倒便於記憶。不譯專名。以下做此）：此則先換謂詞之質，再換其位。即換謂詞之位，主詞之位當然也要換。惟此處謂詞換的多，以謂詞為主，故云換謂詞之質位。此後五種俱可從換質起或從換位起連換而得證明。所謂連換者，即：如從換質起，則換質換位，再繼之以換質換位，連續換下去，達目的即止。如從換位起，則換位換質，再繼之以換位換質，連續換下去，達目的即止。如兩起點俱不能達目的，該命題即無有該種換法。茲先言「換謂詞之質位」：

A：「凡S是P」→「凡S不是非P」→「凡非P不是S」【E】

$\underline{\text{SaP}}$→$\underline{\text{Se}\overline{\text{P}}}$→$\underline{\overline{\text{P}}\text{eS}}$

E：「凡S不是P」→「凡S是非P」→「有非P是S」【I】

$\underline{\text{SeP}}$→$\underline{\text{Sa}\overline{\text{P}}}$→$\underline{\overline{\text{P}}\text{iS}}$

I：「有S是P」→「有S不是非P」→無【因O命題不能換位】。

$\underline{\text{SiP}}$→$\underline{\text{So}\overline{\text{P}}}$→無

O：「有S不是P」→「有S是非P」→「有非P是S」【I】

$$\underline{SoP} \rightarrow Si\overline{P} \rightarrow \overline{P}iS$$

(4)換主詞之質位（obverted conversion）：此則先換主謂之位，然後再換換了位的主詞之質即得。如下：

A：「凡 S 是 P」→「有 P 是 S」→「有 P 不是非 S」【O】

$$\underline{SaP} \rightarrow PiS \rightarrow Po\overline{S}$$

E：「凡 P 不是 P」→「凡 P 不是 S」→「凡 P 是非 S」【A】

$$\underline{SeP} \rightarrow PeS \rightarrow Pa\overline{S}$$

I：「有 S 是 P」→「有 P 是 S」→「有 P 不是非 S」【O】

$$\underline{SiP} \rightarrow PiS \rightarrow Po\overline{S}$$

O：「有 S 不是 P」→無【因 O 命題根本不能換位】

$$\underline{SoP} \rightarrow 無$$

(5)換主謂之質位（full contraposition）：此則主詞之質與位與謂詞之質與位俱換。此須從換質起連換推證：

A：「凡 S 是 P」→「凡 S 不是非 P」→「凡非 P 不是 S」，
　　「凡非 P 是非 S」【A】

$$\underline{SaP} \rightarrow Se\overline{P} \rightarrow \overline{P}eS \rightarrow \overline{P}a\overline{S}$$

E：「凡 S 不是 P」→「凡 S 是非 P」→「有非 P 是 S」→
　　「有非 P 不是非 S」【O】

$$\underline{SeP} \rightarrow Sa\overline{P} \rightarrow \overline{P}iS \rightarrow \overline{P}o\overline{S}$$

I：「有 S 是 P」→「有 S 不是非 P」→無

$$\underline{SiP} \rightarrow So\overline{P} \rightarrow 無$$

O：「有 S 不是 P」→「有 S 是非 P」→「有非 P 是 S」→
　　「有非 P 不是非 S」【O】

$$\underline{SoP} \rightarrow Si\overline{P} \rightarrow \overline{P}iS \rightarrow \overline{P}o\overline{S}$$

(6)換主之質（inversion）：此則只換主詞之質。此只 AE 有，
IO 無。惟 A 命題須從換質起，E 命題須從換位起。IO 無論從換質
或換位起，皆不能得，故無。爲簡單起見，只用符式推之如下：

A：$\underline{SaP} \to Se\overline{P} \to \overline{P}eS \to \overline{P}a\overline{S} \to \overline{S}i\overline{P} \to \underline{\overline{S}oP}$

E：$\underline{SeP} \to PeS \to Pa\overline{S} \to \underline{\overline{S}iP}$

I ：$SiP \to \underline{So\overline{P}} \to 無；SiP \to PiS \to Po\overline{S} \to 無$

　　　（換質起）　　　（換位起）

O：$SoP \to Si\overline{P} \to \overline{P}iS \to \overline{P}o\overline{S} \to 無；SoP \to 無$

　　　（換質起）　　　　　　（換位起）

(7)換主謂之質（full inversion）：此亦只 AE 有：

A：$\underline{SaP} \to Se\overline{P} \to \overline{P}eS \to \overline{P}a\overline{S} \to \underline{\overline{S}i\overline{P}}$

E：$\underline{SeP} \to PeS \to Pa\overline{S} \to \overline{S}iP \to \underline{\overline{S}o\overline{P}}$

此第(7)種，就 A 命題言，實即第(6)種中推證過程之第四步。
就 E 命題言，則即第(6)種中推證過程最後一步之再推進一步。故
此第(7)種實已含於第(6)種中。但即此第(6)種似有問題發生。試檢查
如下節。

第三節　對偶性原則與換主之質之考察

假定承認換主之質，則人們或可以這樣想，即：從「凡 S 是
P，或不是 P」，似乎不易推知「非 S」方面如何或不如何。例如
從「凡孔子的思想都是對的」，我們似乎不能推知「非孔子的思
想」究竟是對或不對。一個人若聽有人說「凡孔子的思想都是對
的」，心裏不愉快，便起來辯白說：那麼，「非孔子的思想」便不

對嗎？此人亦可以答辯說：我只說「凡孔子的思想都是對的」，至於「非孔子的思想」對不對，我不知道。或：我只說孔子的思想都對，我並沒有說「非孔子的思想」不對。照這樣講，這雙方的意思似乎都表示：從「凡孔子的思想都是對的」不能推出「有非孔子的思想不是對的」。驀然一想，這似乎也很有理由。但依「換主之質」的直接推理，假定有「非孔子的思想」（即「非孔子的思想」不等於零），則從「凡孔子的思想都是對的」，即可以推知「有非孔子的思想不是對的」，雖不能推知「凡非孔子的思想不是對的」。如下：

A：

　　凡孔子的思想都是對的　　　　(1)

　　凡孔子的思想不是不對的　　　　(2)

　　凡不對的不是孔子的思想　　　　(3)

　　凡不對的是非孔子的思想　　　　(4)

　　　「非孔子的思想」≠0，或「不對的思想」≠0

　　有非孔子的思想是不對的　　　　(5)

　　有非孔子的思想不是對的　　　　(6)

這在直接推理上並無錯誤。這即表示說，只要「非孔子的思想」不等於零，則(1)即函著(6)。若照剛纔論辯的雙方的意思說，則只能有從(1)到(3)的推理，第(4)步就很成問題，至(5)(6)兩步更不能出現。而且在從(1)到(4)的推理中，第(4)步若有問題，即表示其中換質之否定是只遮不表，即並不代表一反項。如是可以完全不涉及「非孔子的思想」方面。但是在邏輯中，換質推理中的「否定」一定要引出一個反項。這在上節已經說明。對「對的思想」，在換質中，就有個

「不對的思想」；對「孔子的思想」，在換質中，就有個「非孔子的思想」。既必然要引出一個反項，則只要「非孔子的思想」不等於零，即可以推出(5)(6)兩步。這是邏輯中所允許的。如果照剛才論辯的雙方的意思說，主要關鍵是換質中的「否定」只遮不表：「不是S」不等於是非S。若如此，便把整個的邏輯推理系統破壞了，即是說把邏輯中的「對偶性原則」（principle of duality）破壞了。所以如果我們肯定「對偶性原則」，則換主之質的推理是無問題的。從「凡孔子的思想都是對的」推「有非孔子的思想不是對的」（只要「非孔子的思想」不等於零）是合法的。至於「非孔子的思想」究竟是誰，則卻不知。但至少有非孔子的思想不是對的。

但是，即使承認「對偶性原則」，似又有問題發生。所謂對偶性原則是如此：任何一項 a，如加以否定，即得一反項「－a」，而「－a」加以否定，即得一正項 a。依此，a 底否定即是「－a」，「－a」底否定即是 a。這兩者可以窮盡一全體，即再無第三者：不是 a 就是「－a」，不是「－a」就是 a。如是，

$$a + -a = 1（全、論宇）$$

這即是「對偶性原則」，這是邏輯中的一個最根本的原則。此中的「1」即全，亦即「論宇」。此「全」為一邏輯概念，有層次，有限制，由 a 與「－a」兩項合成，而 a 與「－a」亦是有層次的。即都是邏輯概念。依是，如照此式言，我們套之以事例，如「紅」加以否定，即得一「非紅」，「人」加以否定，即得一「非人」。如果「非紅」底範圍仍限於顏色，則

「紅」＋「非紅」＝顏色之全

如果「非紅」底範圍不限於顏色，而通於其他一切，則

　　　　「紅」＋「非紅」＝宇宙之全

人與非人亦然。非人亦可限於動物，如是，

　　　　「人」＋「非人」＝動物之全

如不限於動物，而通於其他一切，則

　　　　「人」＋「非人」＝宇宙之全

設此義已明，則依照正反兩項相加等於全之公式，至少以下各對之
命題皆可成立：

A：「凡紅是顏色」　　　｝　　A：「凡紅是宇宙底分子」　　｝
A′：「凡非紅是顏色」　 ｝，或 A′：「凡非紅是宇宙底分子」｝

A：「凡人是動物」　　　｝　　A：「凡人是宇宙底分子」　　｝
A′：「凡非人是動物」　 ｝，或 A′：「凡非人是宇宙底分子」｝

　　這一對對的 A 與 A′似皆可同時成立。但若照換主之質的推
理，則又表現出不能同時成立，如下：

　　A：「凡紅是顏色」→「有非紅不是顏色」【O′】

　　A′：「凡非紅是顏色」→「有非非紅（等於紅）不是顏色」
　　　　【O】

　　在上兩行推理中，O′與 A′相矛盾，O 與 A 相矛盾。而 O′由 A
推出。如果 A 眞，則 O′亦眞。如果 O′眞，則 A′假。A 與 A′本可
同時眞，今不能同時眞，此將如何解？其他各對皆然。

　　關此，實頗困難。似乎很難解答。但仔細一審，也有一點簡單
道理可說。我們原說：紅加非紅等於顏色之全，或等於宇宙之全，
此「全」是有層次有限制的，紅與非紅也是有層次有限制的。如
是，依對偶性原則，以紅與非紅爲主詞，作成 A 命題，而說：

「凡紅是顏色」,「凡非紅是顏色」,當然皆可成立。但依換謂詞之質,「顏色」一謂詞要轉爲「非顏色」,一定要引出「非顏色」一反項來。而在換質換位底連換中,就「紅」言,又要引出一個「非紅」來,就「非紅」言,又要引出一個「非非紅」(＝紅)來。而此所引出之「非紅」好像不是原來屬於顏色之「非紅」,而是屬於「非顏色」之「非紅」,而所引出之「非非紅」(＝紅)亦好像不是原來屬於顏色之紅,而是屬於「非顏色」之紅。原來紅加非紅等於顏色之全,故紅與非紅都屬於顏色之中。現在,在換質換位底連換中,既引出「非顏色」一反項,所以所引出的紅與非紅亦冒出了原來的限制,而屬於「非顏色」類中。如其如此,則顏色中有紅與非紅,「非顏色」中亦有紅與非紅。而非顏色中之紅與非紅與顏色中之紅與非紅爲不同類型。如是,便可不矛盾。

依以上的解析,吾人依對偶性原則,於顏色之全以外又開闢出一個領域,而成爲「非顏色之全」。這即表示,於換質之否定中,便冒出了「紅加非紅等於顏色之全」一領域而不爲其所限。如是,我們有「紅加非紅等於顏色之全」,亦有屬於「非顏色」類中的「紅加非紅等於非顏色之全」,而且顏色加「非顏色」還是一個「全」。而我們原說這個「全」(論宇)是有層次的,其中的相矛盾的兩項亦是有層次的。

或者說,就「顏色之全」講,固然有屬於顏色的,有不屬於顏色的,但若就「宇宙之全」講,是否亦可如此?曰:亦然。例如:「凡紅是宇宙底分子」,「凡非紅是宇宙底分子」,此於換質之否定中,一定要引出一個「非宇宙底分子」,以及「非紅」與「非非紅」,而使我們可以說有屬於「非宇宙」類中的紅與非紅。如是,

從「凡紅是宇宙底分子」，換主之質後，即得「有非紅不是宇宙底分子」。此中的「非紅」不是「凡非紅是宇宙底分子」中的「非紅」。同理，從「凡非紅是宇宙底分子」，換主之質後，即得：「有非非紅（等於紅）不是宇宙底分子」，此中的紅亦不是「凡紅是宇宙底分子」中的「紅」。如是，兩個「紅」不同類型，兩個「非紅」亦不同類型。類型不同，便不矛盾。我們有「紅加非紅等於宇宙之全」，亦有不屬於宇宙類中的「紅加非紅等於非宇宙之全」，而且宇宙加「非宇宙」還是一個「全」。而我們原說這個「全」（論字）是有層次的，其中相矛盾的兩項亦是有層次的。

　　照邏輯上講，宇宙是一項，加以否定，得「非宇宙」，亦是一項，即反項。此反項，從現實上說，是不通的，那裏會有個「非宇宙」？更那裏會有「非宇宙底分子」？然邏輯上確有此一層。此層也許完全是空的，但不要緊。因爲邏輯講理，是照原則行事。是極其「可能」之所至。不必爲現實所限。「非宇宙」一項只有邏輯的意義，並無現實的意義。有「顏色之全」中的紅與非紅，有「非顏色之全」中的紅與非紅，此後者亦只有邏輯的意義，而無現實的意義。不然，非顏色的紅是矛盾的。此矛盾只是爲現實所限，而且只在這個例子上，才見出。試看在「非宇宙分子」的紅上便不見有矛盾。而此「非宇宙分子的紅」當然只有邏輯意義，而無現實的意義。

　　以上所說，試就「凡紅是宇宙底分子」一命題，換主之質，詳細推出，更可明白。如下：

　　　　A：「凡紅是宇宙底分子」　　　(1)

　　　　E：「凡紅不是非宇宙底分子」　(2)

E： 「凡非宇宙底分子不是紅」 (3)

A： 「凡非宇宙底分子是非紅」 (4)

如「非紅」≠0，或「非宇宙底分子」≠0

I： 「有非紅是非宇宙底分子」 (5)

O： 「有非紅不是宇宙底分子」 (6)

在此推理過程中，顯然在第(2)步 E 命題中即有「非宇宙」一反項出現，而在第(4)步 A 命題中又有「非紅」一反項出現。此「非紅」顯然與「是宇宙底分子」的「非紅」不同。第(5)第(6)兩步即隨此「非紅」與「非宇宙」而說有「非宇宙」中的「非紅」，或，有不是宇宙底分子的「非紅」。如就「凡非紅是宇宙底分子」，推出「有紅不是宇宙底分子」，亦如此解。此可圖表如下：

如果我們不知道隨換質之否定有「非宇宙」一反項，又對紅有「非紅」一反項，對非紅有「非非紅」（等於紅）一反項，或只知道有「非宇宙」一反項，而沒有把「非紅」與「非非紅」亦投出去而攝於「非宇宙」中，而只縮回來仍收攝於「宇宙」中，則當然是矛盾。所以只要明白邏輯中的「對偶性原則」所說之全（論字）有層次，以及在換質之否定中一定要跨越原來之「全」而引出一反項之全，則換主之質中所表現的貌似的矛盾即可解消。

第五章　正稱與反稱的 *AEIO*：八種關係

第一節　開列八種關係底進路

　　正稱的 AEIO 是說其主詞都是 S，反稱的 AEIO，則是以「非 S」（S̄）爲主詞。此若從命題形式方面說，無論正稱反稱，總是 AEIO，即正稱反稱對於命題形式並不生影響。本來旣可以用 S 作主詞，當然也可以用「非 S」作主詞，但因爲對於命題形式並不生影響，又因爲在直接推理中，已經出現了以反稱爲主詞的命題，而仍說其是 A 或 E 或 I 或 O，故傳統的講法只以正稱的 AEIO 爲主。再加上以反稱爲主詞而成八種命題，這是中國沈有乾先生所講的。沈先生在抗戰以前曾在新月書店出版了一本《現代邏輯》。這是一本小冊子。現在恐已無法得到。我手邊亦無此書。此書就是以正稱反稱的 AEIO 爲主而構成一系統。每一命題都看成是兩項間的關係。他用八卦符號代表這種關係。雖是整齊而有趣，但卻很麻煩。我現在亦不想在通常的講法以外，再加上這些八卦符號以煩讀

者。我所以介紹這種正稱反稱的說法,是因爲由此可了解八種在邏輯上很有用的關係。

AEIO,從「內容的論謂」方面說,我們說它是主謂關係;從外延方面說,我們說它是類間的包含或不包含關係。現在,我們再進一步,先把 S,P 看成是兩項,再進而看它們之間的確定關係。這樣就可以開爲八種命題。每一種命題代表一種關係,如是就有八種關係。從關係方面說,是八種某某關係;落在命題形式上,便是正稱反稱的 AEIO。如是,我們也可以說這是 AEIO 底關係的解析。

由 S,P 兩項,看出它們之間的關係,是有一定的路數的。這個路數,就是依以下的圖表而成:

	S	P
(1)	+	+
(2)	−	+
(3)	+	−
(4)	−	−

(1)行表示 S 有 P 有,或「有 S 有 P」;(2)行表示「無 S 有 P」;(3)行表示「有 S 無 P」;(4)行表示「無 S 無 P」。單從 S 或 P 之有無即可進行八種關係之開列。這是很簡易而又定然的。因爲每一個項有有無兩可能,SP 兩個項底有無,若排列起來,便是那四行。

現在我們就那四行底每一行發一疑問,每一問有兩答,每一答決定一種關係,所以有八種關係。其法如下:

(1)從「有 S 有 P」方面想:有 S 是否必有 P?

　　a.必有 P:有 S 必有 P。

　　b.不必有 P：有 S 不必有 P。

(2)從「無 S 無 P」方面想：無 S 是否必無 P？

　　a.必無 P：無 S 必無 P。

　　b.不必無 P：無 S 不必無 P。

(3)從「有 S 無 P」方面想：有 S 是否必無 P？

　　a.必無 P：有 S 必無 P。

　　b.不必無 P：有 S 不必無 P。

(4)從「無 S 有 P」方面想：無 S 是否必有 P？

　　a.必有 P：無 S 必有 P。

　　b.不必有 P：無 S 不必有 P。

答法一定說「必」與「不必」。因為這必與不必所引出的兩命題是矛盾的一對。因為矛盾，才可以互相否定。所以一問兩答，一是肯定，一是否定。必兩相矛盾，那個否定才是邏輯的否定。如答必有必無，或必無必有，則不矛盾，此非邏輯的否定。所以依照邏輯的否定來作答，則是定然而必然的，決無其他交替，亦無任何歧出。茲依以上次序說明如下節：

第二節　八種關係底說明

　　(1)「有 S 必有 P」→「不拘在什麼情形下，只要 S 出現，P 就出現」。這個說法是表示充足條件關係，即 S 是 P 底「充足條件」（sufficient condition）。此相當於 A 命題，也可以視為 A 命題底解析。所謂充足者，「有之即然」之謂。例如：「仁者必有勇」、「有德者必有言」。仁是勇底充足條件，有德是有言底充足

條件。凡用「必」字表示的，翻成命題，即是全稱命題。「仁者必
有勇」等於說：「凡是有仁的皆是有勇的」，而此亦等於說：「不
拘在什麼情形下，只要有仁，就有勇」，或「不拘 x 如何變換，如
果 x 有仁，則 x 就有勇」。所以凡用「必」字表示的，皆是全稱命
題。而全稱命題皆可解爲「如果一則」形式底命題。惟於充足條
件，則兩端俱是正稱，即俱是肯定形式，亦可曰「雙有形式」。在
「雙有形式」下，S 即是 P 底充足條件。

　　充足條件在以前亦曰「充足理由」（ sufficient reason ）。它是
被用來說明一件事何以單如此而不如彼底充分理由或足夠條件。這
是說明宇宙秩序中存在事件何以存在之理由的。所以「充足理由原
則」是一個宇宙論的原則。我們現在可以不管這方面的牽連。我們
只把它看成是一種邏輯關係，故直云充足條件，亦直云：在雙有形
式下，即是充足條件關係。至於由此而引至宇宙論的原則，或引至
因果關係（ causal relation ）底發現，則是它的應用。

　　說至此，充足條件，作爲邏輯關係看，它不但與作爲宇宙論的
原則之充足理由底函義不同，而且與事象底因果關係亦不同。它與
作爲宇宙論的原則之充足理由不同，是說它只是邏輯的，不必有實
際存在方面的擔負，即不必是「體性學的」（ ontological ）。然而
充足理由則是有實際存在方面的擔負，它是體性學的。「體性學
的」必函是「邏輯的」，但邏輯的不函必是體性學的。我們現在說
充足條件，就是把它只作邏輯關係看，當然不函其是「體性學
的」。它與事象底因果關係不同，是說它只是兩端間的邏輯關係，
是在「如果一則」形式下的「概念連結」或義理連結（ conceptual
connection ），它不必有實際存在的意義，它亦無時間歷程

（temporal process）。但它有義理連結底必然性。然而因果關係則是具體事件的連結（factual connection），有實際存在的意義，而且亦有時間歷程。但無必然性。

如是，充足條件關係，若作邏輯關係看，則前端我們叫它是「根據」（ground），後端叫它是「歸結」（consequence）。「根據歸結」間的連結是邏輯的連結，義理的連結，而因與果間的連結（connection of cause and effect）則是事象的連結。邏輯關係是提起來，義理地說。因果關係是放下，平鋪地說，外指地說。根據歸結底邏輯關係可以引導我們去發見因果關係，但它本身不是因果關係。（此點於第三部講方法論時很有關係。）

如是，「仁者必有勇」、「以道觀之，物無貴賤」（《莊子‧秋水》篇）、「水到一百度沸騰」、「凡吃砒霜者死」，這些例雖有不同的意義，但若由之以解充足條件時，我們俱作邏輯關係看。「仁者必有勇」，在此語句形式中，仁就是勇者底根據。「以道觀之，物無貴賤」，「道觀」就是「無貴賤」底根據，而此例本身尤易直接表現邏輯關係。後兩例易表現因果關係，但我們若由之以說充足條件，俱作邏輯關係看，不作因果關係看。（參看本章附識。）

⑵「有S不必有P」→「有時S出現而P可以不出現」→「有時有了S亦可無P」。此種說法是表示：不充足條件關係，即S不是P底充足條件。有時S出現，P沒有跟著出現。故不充足。此直接對於上一種關係的否定，即對於「必有」的否定。「必有」是充足，充足是「有之即然」；「不必有」是「不充足」，不充足是「有之不必然」。此相當於O命題（有S不是P），也可以視為O

命題底解析。而 O 與 A 相矛盾，故充足與不充足相矛盾。

不充足關係之例：「勇者不必有仁」、「有言者不必有德」。前例，勇不是仁底充足條件。後例，「有言」不是「有德」底充足條件。凡「不必」俱解作「有時」如何如何，即俱是偏稱命題。又「有 S 不必有 P」不表示：必無 P。「有 S 必無 P」是另一種關係，見下第(5)種。不可混。

(3)「無 S 必無 P」→「不拘在什麼情形下，只要沒有 S，就沒有 P」。此說法表示：必要條件關係，即 S 是 P 底「必要條件」（necessary condition）。此相當於「反稱」的 E 命題，即：「凡非 S 不是 P」。必要者，「無之不然」之謂。例如：「如無恆產，則無恆心」、「如無空氣，則無生命」，恆產是恆心底必要條件，空氣是生命底必要條件。推之，道德亦是「人」的生活底必要條件。在表示必要條件中，前後兩端俱是否定形式，亦可曰「雙無形式」，這一個邏輯關係可以指導我們從反面發見因果關係。

(4)「無 S 不必無 P」→「有時沒有 S 亦可有 P」→「有時 S 不出現而 P 亦可出現」。此說法表示：不必要條件關係，即 S 不是 P 底必要條件。有時 S 不出現，而 P 倒出現了，沒有隨著它不出現而不出現，故不必要。有時 S 不出現而 P 出現，此不是說：S 不出現，P 必出現。此後者是另一種關係，見下第(7)種。不可相混。

此不必要條件關係相當於「反稱」的 I 命題，即：「有非 S 是 P」。此與「反稱」的 E 命題相矛盾。不必要者，「無之不必不然」之謂。例如：「無恆產而有恆心，惟士為能」。即，在士人上，恆產不是恆心底必要條件。如人只過一種動物的生活，則道德亦不是必要的條件。當問一個人空氣是不是人底必要條件，人們必

衝口而出，說是必要的。但當問一個人道德是不是人底必要條件，
人們便會遲疑。其實這裏只是要過人的生活，還是只是要過動物的
生活。既然是人，當然要過人的生活。如是，不但空氣、麵包是必
要的，道德亦是必要的。如只過動物生活，道德當然不是必要的。
然此即所謂禽獸而已矣。

　　充足條件與必要條件常相連，須仔細認取。在雙有形式下，即
為充足。在雙無形式下，即為必要。此不可移。復次，充足者不函
其是必要，此如：仁者必有勇，不函「無仁即無勇」。必要者亦不
函其是充足，此如：無空氣即無生命，不函「有空氣即有生命」。
推之，沒有道德固不行，但光有道德亦不必即行。沒有經濟條件固
不行，但只有經濟條件，亦未必即行。此皆表示：必要者不必即充
足，即，皆是必要條件，而不是充足條件。此依前章所講的直接推
理，亦可表示其是如此。充足為「凡 S 是 P」，換主之質，只能為
「有非 S 不是 P」，而不能為：「凡非 S 不是 P」。同樣，必要為
「凡非 S 不是 P」，此若換主之質，只能為：「有 S 是 P」，而不
能為：「凡 S 是 P」。此即表示在邏輯上它們並不相函。

　　或問：有無既充足又必要的條件？曰：不但可能有，而且亦可
實有。假若某甲是某乙底獨一無二的原因，則某甲即是某乙底既充
足又必要的條件。現在且不管事實上有沒有，吾人可依一原則邏輯
上決定 S 是 P 底既充足又必要的條件。此原則即為「等價關係」
（equivalence），即與 P 同真同假，或同有同無時，S 即為 P 底既
充足又必要的條件。

　　(5)「有 S 必無 P」→「不拘在什麼情形下，只要 S 出現，P 就
不出現」。此種說法表示 S 與 P 相違。此種相違是排斥關係，即 S

與P互相排斥（mutual exclusion）。此相當於E命題，即：「凡S
不是P」。凡排斥皆互相排斥：凡S不是P，凡P不是S。有S就
沒有P，有P就沒有S；有你無我，有我無你。兩端「前有後無」
即為排斥關係。例如：凡自由就不是極權→凡極權就不是自由：自
由與極權，在此方式下，就是排斥。

(6)「有S不必無P」→「有時S出現P亦可出現」→「有時有
了S亦可有P」。此種說法表示S與P不相違，即S與P不排斥。
此相當於I命題，即：「有S是P」。E與I為矛盾，排斥不排斥
為矛盾。

「有S不必無P」不表示「必有P」。「有S必有P」是第(1)
種關係：充足條件關係。此不可相混。

(7)「無S必有P」→「不拘在什麼情形下，只要S不出現，P
就出現」→「不拘在什麼情形下，只要沒有S就有P，只要不是S
就是P，即，凡S外的統統是P」。此種說法表示「窮盡關係」
（exhaustive relation），即，S與P兩者窮盡一全體，沒有第三
者。不是S就是P，S外的統是P。反之，不是P就是S，P外的
統是S。此即表示沒有第三者，S與P窮盡了一個全體。故「S＋P
＝1」。如不窮盡，則SP相加不等於1。此相當於「反稱」的A命
題：「凡非S是P」。既然S外的統是P→P外的統是S，故，
「凡非S是P」→「凡非P是S」。「不是我就是你」→「不是你
就是我」。兩端「前無後有」即為窮盡。

當曹操說：「天下英雄，惟使君與操耳」，即表示：曹操與劉
備窮盡當時天下的英雄。即，若說英雄，不是劉備，就是曹操，不
是曹操，就是劉備，再無第三人可以稱得上是英雄。故曹操此語實

表示窮盡關係。再如：「不歸於楊，則歸於墨」。孟子說此話時，即表示「楊墨之言盈天下」，楊墨兩家窮盡了當時天下人的心思。事實上當然不窮盡，至少孟子本人不在他們之內。但此語本身卻表示窮盡關係。再如「不是自由，便是極權，不是極權，便是自由」，此實表示這個時代自由主義與極權主義窮盡了這世界人類生活方式的全體，並沒有中間路線的可能。

(8)「無 S 不必有 P」→「有時沒有 S 亦可無 P」→「有時 S 不出現 P 亦可不出現」。此表示「不窮盡關係」，即：不是 S 不必就是 P，不是 P 亦不必就是 S，可能有第三者，故 S 與 P 不能窮盡一全體。此相當於「反稱」的 O 命題，即：「有非 S 不是 P」。例如：不是資本主義未必就是共產主義，不革命未必就是反革命，不是共產黨未必就是國民黨。反之亦然。此皆表示以上各例中之兩端皆不能窮盡一全體。

「無 S 不必有 P」不表示：必無 P。「無 S 必無 P」是上第(3)種關係：必要條件關係。此不可混。

反稱的 O 與反稱的 A 亦為矛盾的一對，窮盡不窮盡亦為矛盾。

排斥與窮盡亦相連而現，須仔細認取。排斥的說法是：S 不是 P，有我無你。窮盡的說法是：不是 S 就是 P，不是你就是我。排斥不函其是窮盡，因只表示 SP 不同或相排拒，不表示 S 外的就只是 P，或只有 SP 兩者。窮盡亦不函其是排斥，因為「不是 S 就是 P」，並不表示 SP 定然不同或相排拒，也可能表示兩者共在、相融，或重疊。天下英雄惟使君與操，這表示操與備窮盡天下的英雄，但不表示曹操與劉備定然相排拒。當然事實上他們兩相排拒，

但邏輯上只表示窮盡的語句並不函其是排斥。「不歸於楊，則歸於墨」，而楊墨兩者之排斥與否不能由之推出。「不是國民黨，就是共產黨」，此語本身表示窮盡（現在當然也排斥），但在容共時，一個人既是共產黨亦可是國民黨，跨黨分子亦然，此即所謂相融或重疊。排斥的窮盡與不排斥的窮盡，如下圖：

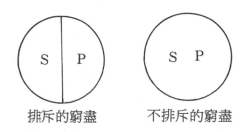

排斥的窮盡　　　不排斥的窮盡

事實上窮盡常常是排斥的，然邏輯上窮盡本身的意義總不函其是排斥。

以上的意思，由直接推理亦可表示其是如此：

排斥：「凡 S 不是 P」→「凡 P 不是 S」，但換主之質，只為：「有非 S 是 P」，而不能為「凡非 S 是 P」。

窮盡：「凡非 S 是 P」→「凡非 P 是 S」，但換主之質，只能為「有 S 不是 P」，不能為：「凡 S 不是 P」。

或問：在什麼情形下，兩端既排斥又窮盡？曰：兩端在矛盾的情形下，既排斥又窮盡。若自由主義與極權主義相矛盾，則此兩端即既排斥又窮盡，或既窮盡又排斥。「不歸於楊，則歸於墨」，若楊墨兩端相矛盾，則既窮盡又排斥。

反之，我們即由既排斥又窮盡的兩端來規定「二分法」（dichotomy），如此二分所成的兩端就是矛盾的。我們由矛盾的

兩端進而論「思想律」（law of thought）。此即下章之論題。由此可見排斥與窮盡這一對邏輯關係之重要。

我們上面已說過，充足與必要這一對邏輯關係可以引導我們從正反兩面發現因果關係。其重要見於下第三部方法論。

以上八種關係，充足、必要、排斥、窮盡，俱爲全稱命運。不充足、不必要、不排斥、不窮盡，俱爲偏稱命題。而前四種甚爲重要。

(1)在雙有形式下爲充足。

(2)在雙無形式下爲必要。

(3)在前有後無形式下爲排斥。

(4)在前無後有形式下爲窮盡。

本章底目的即在使讀者徹底認識這八種關係確定意義。它們的方式都是一定不移的，不可恍惚混亂。他們在邏輯系統內固重要，在實際思考上亦是很重要的。因爲在日常生活內，這是常使用到的。

【附識】我們在上面講充足條件時，引到「仁者必有勇」、「水到一百度沸騰」、「凡吃砒霜者死」、「道德觀之，物無貴賤」諸例。我們在那裏說，若由之以說充足條件，這些例都作邏輯關係看，不作因果關係看。即，都當視作根據與歸結間的概念連結，不視作原因與結果間的事件連結。我們在這裏，再稍爲解析一下。

「仁者必有勇」＝「不拘是誰，只要他是有仁的人，他就是有勇的人」＝「凡是有仁的人都是有勇的人」。這例子表示：仁是勇底充足條件，或者說是勇底「根據」。這表示仁與勇這兩個概念間

的必然連結。這是說的一個普遍的原則，不是說的一個實際有仁有勇的人。

「水到一百度沸騰」＝「不管是那裏的水，只要它加熱到一百度，它便沸騰」。這例子表示：「水加熱到一百度」是「水沸騰」底充足條件，這表示「加熱到一百度」與「沸騰」間的概念連結。這是說的一個原則，不是說實際沸騰的水。故既是全稱命題（普遍命題），又是表示邏輯關係，而不是偏稱命題，亦不表示事件關係。

「凡吃砒霜者死」＝「不拘是誰，如果他吃砒霜，他就要死」。這表示「吃砒霜」是「死」底充足條件。它是表示：「吃砒霜」與「死」這兩個概念間的必然連結，它也表示「砒霜」與「人的生理機體」之不相容性。這也是說的一個原則，一個道理，而不是說的一個實際吃砒霜的人。所以它也是普遍命題，表示邏輯關係；而不是偏稱命題，亦不表示事件關係。

「以道觀之，物無貴賤」＝「不拘是誰，只要他以道觀萬物，則萬物即無貴無賤」。這表示「道觀」即是「物無貴賤」底根據（充足條件）。而「物無貴賤」就是「道觀」底歸結。這表示「道觀」與「物無貴賤」間的必然連結。這也是說的一個原則，一個道理，不是說的一個實際有道的人。

這句話見《莊子・秋水》篇。〈秋水〉篇云：「以道觀之，物無貴賤。以物觀之，自貴而相賤。以俗觀之，貴賤不在己。以差觀之，因其所大而大之，則萬物莫不大，因其所小而小之，則萬物莫不小。知天地之為稊米也，知毫末之為丘山也，則差數睹矣。以功觀之，因其所有而有之，則萬物莫不有，因其所無而無之，則萬物

莫不無。知東西之相反，而不可以相無，則功分定矣。以趣觀之，因其所然而然之，則萬物莫不然，因其所非而非之，則萬物莫不非。知堯桀之自然而相非，則趣操覩矣。」這裏面的「道觀」、「物觀」、「俗觀」、「差觀」、「功觀」、「趣觀」，都表示一個「假然的根據」。根據任一種「假然的根據」，就有一定的「歸結」隨著來。這些語句最能表示「根據歸結」間的邏輯關係。「如果 p，則就 q」，這不表示實際上眞有 p，也不表示於「眞實」方面有定然之肯定，只表示：「如果有了 p（道觀、物觀、俗觀、差觀等），就有 q」。這完全屬於主觀的邏輯關係，而不屬於客觀的「眞實間的關係」，而差觀、功觀、趣觀，尤其顯然。因為「因其所大而大之，則萬物莫不大，因其所小而小之，則萬物莫不小」，小大的差數原無一定，只隨你所定的標準而見。功觀、趣觀，亦然。有如此之根據，就有如此之歸結。而根據完全是「假然的設立」。故此最易表示邏輯關係，不表示實際關係。至於道觀、物觀、俗觀，就各該語句本身言之，雖亦表示邏輯關係，然因莊子肯定「道」，故尙不如差觀、功觀、趣觀之顯明。惟我們在這裏不注意他的肯定，而只注意這些語句所表示的邏輯關係。

第六章　二分法與思想律

第一節　二分法

　　根據上章所講之排斥與窮盡兩種關係，即可成立二分法。普通講二分法是就一個類概念分成兩個既排斥又窮盡的副屬類而言。譬如「物」為一最高之類概念，假若對之作二分，則可分為「有機物」與「無機物」兩個副屬類。⑴這兩個副屬類必須互相排斥：凡有機物不是無機物，凡無機物不是有機物。⑵這兩個副屬類亦必須窮盡「物」之全體，而不能有第三者：凡不是有機物便是無機物，凡不是無機物便是有機物，故有機物與無機物加起來便等於「物」這一全概念。順兩副類任一副類等而下之，亦如此分。

　　對於一個類概念能成立二分，則下文所言之思想律即可成立。惟這裏須注意，即：這樣講的二分法是就一個代表對象的類概念而作二分。假若對象方面，我們不能確知是否可以如此分，或對象自身事實上就是不能這樣分（譬如有機與無機間的界限根本不能確定），則二分法即不能成立，而下文所言之思想律亦不能普遍成立。如是，我們進一步說，邏輯中的二分法，其自身的意義與成立

並不是就一個代表對象的類概念而言，這裏只是它的應用處。它的應用處與它自身的意義與成立並不是一回事。從對象方面想，本隨時有可以應用處，有不可以應用處。然而這並不妨礙它本身的成立。此如「2＋2＝4」一數學命題之成立，並不靠世界上有沒有兩枝桃或兩棵樹爲它所應用。在某處可以成立二分法，因而思想律在某處亦可成立，此所謂成立亦是應用的意思。所謂思想律成立，實只是思想律底應用成立，而不是說思想律本身的意義在這裏成立。思想律本身的意義與它的應用處亦須分開。這點非常重要，下節中將詳論之。我們仍先說二分法。

假若代表對象的類概念處的二分法只是方法學上的二分，（即依照一種邏輯手續，譬如排斥與窮盡，把對象分成二分，）只是二分法底應用，則邏輯中的二分法必有其本義。它的本義必不從對象方面成立，或者說，必不從對象方面講。如是我們可以從它的外用處再向裏收進一步。

這向裏收進一步，是關連著思想律底本義而講二分法。在此我們可以直接如此想，即，先不將一個對象類分成兩個副屬類，而是說：對於任何一項 a，加以否定，便得一反項「－a」；對於「－a」加以否定，便得 a。如是 a 底否定便是「－a」，「－a」底否定便是 a。a 與－a 互相排斥而窮盡，所以 a＋－a＝1。這樣，不是將物分爲有機物與無機物，而是將「物」加以否定得一「非物」，「物＋非物＝1」，將「有機物」加以否定，得一「非有機物」，「有機物＋非有機物＝1」。此中的反項不一定有實際存在的意義，因而所謂1亦不必有實際存在的意義。若落在實際上，「有機物」底反項「非有機物」就是無機物，而此兩者又排斥而窮盡，則

所謂「1」便是「物」。假若「非有機物」一反項不必就是實際上
的「無機物」或根本無實際的意義，則所謂「1」也難說實際上是
什麼，此時它即只有邏輯的意義，那就是說，它沒有應用。這樣，
不管實際上如何，「a＋－a＝1」，「有機物＋非有機物＝1」，這
總成立，即，總有其邏輯的意義，這便是邏輯中的二分法。這種二
分根本就是肯定與否定底二分。所以邏輯中的二分法，當該就是肯
定與否定底「對偶性」（duality）。也可以說就是真假底對偶性：
a真，則－a假；a假，則－a真；－a真，則a假；－a假，則a
真。a與－a既排斥又窮盡。

　　這種真假實只是肯定否定底外在化（externalization）而附著
於「項」上。如果附著於命題上，便外在化而為命題之值的真假。
即每一命題之值（value）或是真或是假，即：「＋／－（P）」。
現在有人叫這種情形曰「亞氏公理」（Aristotelian axiom）。認亞
里士多德是如此肯定的。因此習慣相傳，遂於講邏輯時總認命題之
值只有真假。由此人們遂想這只是一個假定，並無「必然性」。若
於此而言「二值邏輯」（two-value logic），譬如近代羅素的「真
值函蘊系統」（system of material implication）所代表的，則二值
邏輯亦只是隨此亞氏公理而來的一個系統，並無唯一性與必然性。

　　顯然，命題之值不必是真假二值，亦可有不真不假而為「不定
值」。如是便有三值。現在路加西維支（Lukasiewicz）及塔斯基
（Tarski）的三值系統，即依此作成。有三值，當然可以有多值。
如是，亦可有多值系統（multi-value system）。亦如有歐氏幾何，
有非歐幾何，有三度空間，亦有四度空間，乃至n度空間。假定以
「1」代表「真」，以「0」代表「假」（實則真假不必就是1與

0），則½或？這不定值實只是1與0間的「可能值」。可能值若從
命題之實際徵驗方面說，即是一「概然級系」（a series of
probability）。既是一概然值底級系，當然不能只是1與0，真與
假。自然科學裏的命題，由歸納普遍化而成的，其值總是概然的。
如是，三值系統或多值系統正好可以應用於這種概然值底演算。萊
因巴哈（Reichenbach）的「概然邏輯」即依此作成。

　　若從命題底實際徵驗方面而論命題之值，當然不能只有真假。
亞里士多德所意想的真假或許是從與「實在」（reality）究極符合
或不符合方面想。從這方面想，在徵驗過程上雖是概然的，然究極
說來，客觀上必有一歸：或與實在符合，為永真；或與實在不符
合，為永假。只有永真永假兩者，永真為1，永假為0，決無半途搖
擺不定者。近人杜威（Dewey）視此種真假為「理想的極限」
（ideal limit），視為知識追求「確定性」（certainty）之目標，而
事實上乃永不能完全實現者（可能暫時實現）。但無論從徵驗過程
方面說，或從究極符合方面說，此種真假皆有認識論的意義，而從
究極符合方面說，則又須有形而上的定然之理之肯定。

　　現在講邏輯，我們可以不涉及這方面的意義。從邏輯系統方面
說，亞氏邏輯中的推理是以分解了的命題AEIO構成的。這裏面並
無上述那種真假底意義。它只有根據分解了的命題中的「詞底關
係」而成的推理關係：從前題到結論底妥當否的推理關係。這裏面
並不管命題是否真假，是否有實際的意義。所以在推理上，亞氏公
理是不相干的。在推理上，所謂命題之真假只是假若肯定前題是否
必然函著結論。這只是推理上的一致否、對否，而不是個別命題底
知識上的真假。

　　直接由命題底眞假值而成的推演系統，如羅素的眞值函蘊系統，好像與所謂「亞氏公理」有關。但這裏的眞假亦無知識上的意義。所以從形式或技術的觀點上說，二值、三值乃至多值，都是可以的。這只有邏輯的意義，並無知識上的意義。如果就二值說，我們也可以說，這裏所謂眞假只是肯定否定底外在化而附著於命題上。但是，作爲命題之值的眞假與肯定否定底對偶性並不是一回事。眞假二值並無唯一性與必然性，但肯定與否定底對偶性卻有理性上的必然性。如果我們把肯定否定底對偶性視作與眞假爲同一，則眞假二值無必然性，肯定否定底對偶性亦無必然性。如是，由眞假二值所成的二值系統無必然性，則肯定否定底對偶性亦無必然性。如是，我們即不能保住邏輯底先驗性與必然性。但是，我們現在卻看出眞假二值與肯定否定底對偶性並不是一回事。眞假二值雖可以由肯定否定底外在化而說明，但這只表示邏輯中的眞假無知識上的意義，並不表示兩者就是一。由眞假二值再依一種特殊的型構而成爲「眞值函蘊系統」（見下第十章），這又是一種特殊的形式化的結構。既是一特殊形式化的結構，當然無必然性，意即並不是唯一的。由肯定否定外在化而爲眞假，如只就這眞假而施以特殊的型構，便是眞值函蘊系統，如就此眞假而不認爲只是此兩者，進一步再依邏輯分析決定出可能、不可能，與必然，以限制眞假，由此而構造一系統亦是可能的，這便是路易士的「嚴格函蘊系統」（system of strict implication）（見下第十一章）。這裏面的眞假，我們仍然可以用肯定否定底外在化去說明它，以表示其無知識上的意義。如是，凡依一種特殊模式而型構出來的形式系統，都是無唯一性與必然性的。二值系統也是其中特殊型構之一，當然亦無

唯一性與必然性。但二值以及二值系統無必然性，而肯定否定底對偶性卻有必然性。這裏我們看出這對偶性可以提起來，而不與二值以及二值系統爲同一，因而亦可以見出它的「超越性」。如果我們不知這一點，而只從二值去固定它，使它亦成爲外在的，則它亦當然無必然性。如是，邏輯底必然性與先驗性便無法保持。

　　形式系統（亦可曰成文系統）可以是多，而邏輯本身不能是多。是以形式系統之多不礙邏輯是一。這關鍵惟在肯定否定底對偶性之先驗性與超越性之保持。這種對偶性當該就是邏輯中的「二分法」之本義。眞假二值可以外在化而爲「成文形式」（code-form），而此對偶性則亦可以外在化，亦可以不外在化而保持其超越性。其外在化，就是眞假二值，這便局限了。其不外在化，它便是超越的，而不爲一定的「成文形式」所局限。如是它便可以在「可思議界」內任何處應用。這種二分對偶性，從其先驗性、超越性、必然性方面看，它勢必要歸於「純粹知性」（pure understanding）、「理性的思想」（rational thought），而視肯定否定爲「理性思想」之二用，或直曰「理性之二用」（two functions of reason）。近人講邏輯，大體是停在形式主義（formalism）與約定主義（conventionalism）底立場上，而不願進至先驗主義（apriorism）與理性主義（rationalism）。所以純粹知性、理性的思想，乃至理性諸詞語，皆爲近人所不喜。但是要保住邏輯底先驗性與必然性，是不能不進至先驗主義與理性主義的。而若想保住邏輯底先驗性與必然性，則不能不保住肯定否定底對偶性之超越性與必然性。這是層層追問所逼到的必然。

　　因爲肯定否定底對偶性即是思想律底所由成，所以保住對偶性

底超越性與必然性，即保住思想律底超越性與必然性。而吾人說邏輯底先驗性與必然性，完全是從這對偶性與思想律來說，並不是從某一形式化的成文系統來說。這層意思，古典邏輯家都能認識，惟近代的邏輯家則不甚能認識，亦不願有此認識。

由以上所述，我們把二分法從對於類概念底區分處收進來，而歸於作爲理性二用的肯定與否定之對偶性，如是這便與思想律有直接的相干性而且有必然的關係，而與二值邏輯則無直接而必然的關聯（至少不是一事）。如是，思想律亦必隨肯定否定底對偶性之爲理性底二用，而亦一起收進來而爲「理性自己決定」所成之邏輯關係，因而亦易見其超越性與必然性。如是，思想律，不管是同一律、矛盾律，或排中律，都成爲不可反駁地必然眞的。此義若明，則不但對於講唯物辯證法的人底反對容易答覆即近時數理邏輯家布魯維（Brouwer）底否決與羅素對之所作的答辯，亦容易見出他們立言之分際，而決其疑似。

以下先講思想律底本義，次對於講唯物辯證法者底反對予以答覆。至布魯維底否決與羅素對之所作的答辯，本書不擬加以介紹。俟於《邏輯哲學》中論之。

第二節　思想律

思想律（law of thought）共有三條：

（1）同一律（law of identity）：根據肯定否定底對偶性，我們可說任一項 a 或 −a 皆自身相函，即，皆任持其自性而不走失；或，任一項 a 或 −a，如果其意義一經確定，則它即是其自己而不

是他。其式如下：

　　　　$a \supset a$，　　$a = a$

此兩式，前式讀爲「a 函 a」，即 a 自身相函。後式讀爲「a 等於 a」或「a 是 a」。於 $-a$ 亦然。

　　若在命題之值方面，則如下：

　　　　$p \supset p$，　　$p = p$

前式讀爲「p 函 p」，或「如 p 眞，則 p 眞」。後式讀爲 p 等於 p。

　　（2）矛盾律（ law of contradiction ）：根據肯定否定底對偶性，則我們也可以說：「任一項 a 不能旣是 a 而又不是 a」。於 $-a$ 亦然。矛盾律者是禁止有矛盾之謂。其式如下：

　　　　$-(a \cdot -a)$，　$a - a = o$

此兩式，前式讀爲「a 而又 $-a$」是假的，或：「是 a 而又不是 a」是假的。後式讀爲「是 a 而又不是 a」等於零，或說：「a 與 $-a$ 積在一起」是不可能的。中間的點讀爲「與」（ and ），類比於數學中的乘積。用普通話讀出來，即是「旣是而又不是」。

　　用於命題之值方面，則如下：

　　　　$-(p \cdot -p)$，　$p \cdot -p = o$

前式讀爲：任一命題 p 旣眞而又假是假的。後式讀爲：任一命題 p 旣眞而又假是不可能的（ 等於零 ）。在命題方面，我們是說它的眞假值，故同一命題 p 不能旣眞又假。但是在項方面，我們卻不可以說：「a 不能旣是 b 而又不是 b」，只能說：「任一項 a 不能旣是 a 而又不是 a」。亦如同一律只能說爲「a 是 a」，而不能說爲「a 是 b」。a 很可以旣是 b 而又不是 b（ 或是「非 b」），桌子很可以旣

是紅而又不是紅（是非紅）。一個綜和項很可以俱有相反的謂詞於一身。孔子不能既是孔子而又不是孔子，但孔子很可以既是聖人而又不是聖人（是「非聖人」），譬如亦是人。故矛盾律只能就同一項自身言，不能就兩不同項相對而言。

（3）排中律（law of excluded middle）：根據肯定否定底對偶性，很顯然，不是 a 就是 −a，不是 −a 就是 a，並沒有第三者，故曰排中。其式如下：

$$av-a, \quad a+-a=1$$

此兩式，前式讀爲：或者 a 或者 −a。後式讀爲：a 加 −a 等於1（全）。「v」讀爲「或」（or），類比於數學中的加和。

用於命題之值方面，則如下：

$$pv-p, p+-p=1$$

此兩式都表示：同一命題 p 或者眞或者假，眞假兩者即窮盡了 p 底眞假值之全體。這種眞假當然只是肯定否定底外在化，並沒有認識論的意義，或知識上的意義。

此排中律顯然是肯定否定底對偶性底直接表示。所以它是直接跟著肯定否定底對偶性而開出的既排斥而又窮盡的兩行。肯定否定底對偶性，由於理性之二用，有它的先驗必然性，則此所開出的既排斥又窮盡的排中兩行，當然也有它的先驗必然性。若憑空從外在的對象項方面想，而不繫屬於理性底二用，則兩個齊頭並列的項是否能成爲既排斥又窮盡的對偶兩行是很沒有準的。因此，它們是不是排中也是沒有準的。譬如紅與白，石頭與桌子，它們的既排斥又窮盡的對偶兩行以及它們的排中，是很有問題的。不是紅，爲什麼就是白呢？不是石頭，爲何就是桌子呢？但是，對於紅的否定

（不是紅），一定得一「非紅」。對於石頭的否定，一定得一「非石頭」。非紅、非石頭這一反項，落實了，究竟是什麼，這是無所知的，所以這種反項亦叫做「無定」。即依此無定，我們可說這一個反項是無限制的，具有極端的一般性。因此邏輯地說，非紅底否定就等於紅，所以紅加非紅總等於一。這樣，肯定否定底對偶性才成立，因之排中律亦成立。這與外界的特殊知識根本無關係，這根本是理性底閉門造車，理性底自我圓足的措施。

由以上觀之，排中律根本是肯定否定底對偶性底直接表示，由之以開出正反兩行。所以這三條思想律底次序，雖然都根據肯定否定底對偶性而成立，然而先列排中律倒更自然順序，因為它是那對偶性底直接表示。由排中律開為兩行，於每一行，a 或 − a，皆自身相函，此為同一律；於每一行，a 或 − a，皆不能既是而又不是，此為矛盾律。這三者都是由那對偶性而開出，所以也可以說都是展示那對偶性的。這三者與那對偶性實在是一回事。詳細剖解而為四：(1)肯定否定底對偶性，(2)排中律，(3)同一律，(4)矛盾律。這四者我們叫它是形成形式化或成文化的推演系統底「型範」（norm），它們都是些「軌約原則」（regulative principle）。所以它們既有先驗必然性，亦有基本性與超越性。

這四個原則，對傳統邏輯言，只是型範或軌約原則。因為它們不是推理系統中的一個式子，而是外在於那推理系統而為其型範或軌約原則。但對邏輯代數，羅素的真值函蘊系統，以及路易士的嚴格函蘊系統言（這三個系統皆見下第二部），則它們既是軌約原則，又是構造原則（constitutive principle）因為它們既在其外而為型範，又在其內而為一命題式。在其內而為一命題式，即表示它們

在一成文系統內可以平鋪而爲一構造式，是形式的推演系統中的一個步驟。但是有一點須注意，即，在這四個原則中，肯定否定對偶性原則是不可程式的，若程式出來，便就是排中律，實則排中律不即是那對偶性原則，所以只有那三律是可程式的。因此，嚴格講，即對那三個系統言，只有那三律既是軌約原則，又是構造原則，而對偶性原則，因其不可程式，則只是一型範或軌約原則。亦叫做基本預設，或不可程式的原始觀念。

關於思想律底本義暫講至此爲止。至其對於邏輯系統的關係尙有可深言者，俟講完各系統後，作對於邏輯系統的反省及解析時，再爲詳論。

第三節　對於思想律的非難

我們上面是把二分法講爲肯定否定底對偶性，直接由之以開出三條思想律。這與對於外界的特殊知識無關，亦與具體存在底諸種性相無關。假若我們不了解此義，而從對於外界的特殊知識方面或具體存在底諸種性相方面來考量二分法與思想律，則二分法與思想律必皆成問題。如果在對象方面，「二分」分不淸，則思想律即不能有效。而對象方面亦實有分不淸處，且亦實有各方面的意義。如果有分不淸處，亦有分得淸處，則各執一辭以起爭論，總歸不能普遍有效。如果順「實有各方面的意義」中某幾面而作普遍的致疑，則二分法與思想律根本無效。講唯物辯證法的人就是這樣前進以非難思想律。他們大體是順兩義而入：

(1)從變動方面想：任何具體物皆變動不居。依此義可以反對同

一律及矛盾律。即，一個東西如果瞬息在變，無一剎那可以停住，則即無可說「是」。既無可說「是」，則即不能說「同一」，因爲根本無所謂一物，乃至一物之自身。既無可說「是」，則是而不是，即不能說矛盾律，很可以既是它自己而又不是它自己。具體物根本是一個「是而不是」的流。

(2)從關聯方面想：具體存在皆可以參伍錯綜，互相出入。每一細胞皆可與全身的血脈相貫通，而全身的血脈亦可與此一細胞相牽連。依是，「一入於一切，一切入於一」。依此義，二分法不成，因而三條思想律皆無效。二分既分不淸，則不能說：或 a 或 -a，很可以既不是 a 又不是 -a。此即推翻排中律。反之，亦很可以既是 a 又是 -a，此即推翻矛盾律。既互相出入，一個東西無所謂它自己，既可以是 a，又可以是 -a，又可以既不是 a，又不是 -a，則即無所謂一物自身，乃至自身同一。此即推翻同一律。

講唯物辯證法的人以此兩義攻擊思想律、形式邏輯，說思想律全無用，不合事實。而且進一步說，凡用這種思想律以思考對象的，都是知「常」而不知「變」，都是孤離地想，而不知關聯地想，因此都是反動的、反革命的，都是形式邏輯思考方式的「形而上學者」、玄學家。他們以此義聳動天下，遂使口耳之輩望風而靡，噤口而不敢言形式邏輯，且相率而詆誣。吾自稍能用思，即爲此所困惑，覺其中必有弊竇。如不能透徹判明，世人將永爲其所威脅。

順其疑難，吾人答辯如下：

(1)關於變動方面，吾人如此說：任何具體物，如眞能成其爲一物，則必有兩面：一是體性（本質）方面，此則爲不變者，此乃此

事物之所以成其為此事物者；一是情態或現象方面，此為變化者。
如從對象方面說二分法及思想律之有效應用，則必就事物之「體
性」方面說，而不就其變化方面說。如果任何物只是變，而沒有足
以使其成為此物之「不變者」，則不能「有」任何物，亦不能
「說」任何物，任何物只是一「虛無流」。如能有任何物或說任何
物，則必有足以使其成為一物之「不變者」。（此不變者即體性如
何解或規定，且不管。）孔子底心理生理情態，無論如何變，他究
竟還是孔子，沒有變成孟子。此即其有個性處。任何物皆有其所以
成個之「性」。即依此為標準而可以說一物自身，乃至自身同一，
因而同一律矛盾律皆有效。只要有自性而可以劃類，即可有二分。
至於在某一特殊境況下，我們的知識不能有確定的二分，或客觀方
面根本不能成二分，則我們可以如此說，即，具體事物本有多方之
性相，單看從那方面說。不能成立二分處，即讓他不能成立。二分
法與思想律本不能窮盡具體事物之一切。使用邏輯數學以成科學知
識，豈謂科學知識即窮盡具體事物之全幅內蘊？故光從變動方面批
評思想律無有是處。講或肯定形式邏輯的人，豈便不知具體事物之
變動相？焉有斯理？與所謂反動、反革命，尤無關係。

　　⑵關於關聯方面，吾人如此說：具體事物當然有其關聯性，亦
有其牽剪不斷處。然在科學知識範圍內，關聯必有關聯者。如果
「關聯者」能成其為關聯者，則即有個體性（自性）可言。如果只
是關聯，而無其他，則關聯亦不可能。所以在知識範圍內，不能只
是泛混而停不下的關聯，渾然一片關聯。若如此，則根本不能有科
學知識。所以在知識範圍內，固然有關聯一面，而「原子性原則」
（principle of atomicity）亦必須肯定。（此原子性如何解析或規

定，亦不管。）只要承認原子性原則，則二分法與思想律即有其有效應用處。至於在某特殊境況下，我們不能確知，或客觀方面根本沒有原子性，則亦聽之而已。邏輯本不能窮盡一切。亦猶科學知識，化質歸量，不能窮盡具體存在之全幅內蘊。邏輯、數學、科學，是連在一起的。在科學知識範圍內，不能反對數學，當然亦不能反對邏輯。豈謂講或肯定形式邏輯者便不知關聯地看事物？故只從關聯方面批評二分法與思想律，無有是處。

至於「一入於一切，一切入於一」，亦可有此境，即所謂神祕境。我個人不否認此一境界。在這裏二分法與思想律當然不能應用。但這已超出科學知識底領域，當然亦超出邏輯數學底使用範圍。我在這裏承認邏輯數學科學有它們的界限。至於辯證法底本性及其底依據與範圍，詳見下第三部附錄。

以上尚是順著他們，在科學知識範圍內，從對象方面來答辯。現在仍應收回來，歸於二分法與思想律之本身。我們必須知：對象方面只是思想律之應用處，而思想律本身及其先驗必然性並不自對象方面成立。對象方面是「存在學」（ontology）底事。講邏輯本不須牽連到存在學方面，對象有變與不變兩面，這不過是說思想律可以應用而已。如果世界真是只有「變」之一面，而成一虛無流，則亦不過思想律不應用而已。然應用不應用，於思想律之真及其成立性，無所損益。思想律本是思想之律（思想是理性的思想、邏輯的思想，不是取其心理學的意義），邏輯推理之律，不是「存在」之律。這如「2＋2＝4」，並不靠世界上有兩個人，兩只桃。世界整個毀了，它還是真。不過無所應用而已。思想律亦然。依是，我們必須將二分法與思想律從「外在的牽連」收回來，而純邏輯地言

之。這「純邏輯言之」之立場，就事論事，便是形式主義，若落實而尋求所言者之定然性與夫先驗必然性，便須歸於「理性之二用」，「邏輯的主體」（logical subject），這就是「先驗主義」。從形式主義到先驗主義是尋求上或解析上的一步發展，而不可視為對立。若膠著於形式主義，且視為與先驗主義為對立，則必於理有所未透。形式主義常函「約定主義」（conventionalism），先驗主義常函理性主義。約定主義不承認二分法與思想律有定然性先驗必然性。吾以為此不可取。關此，下第二部還要論及。現在暫講至此為止。

　　無論形式主義或先驗主義，於二分法與思想律之為型範或軌約原則不生影響。凡有理性的思想，邏輯的推理，如其能進行，則必有肯定否定兩行間之開出。依是，每一行皆必須任持其自性而不捨。順每一行自身說，同一律、矛盾律成立。照顧到此根本對偶性之兩行，排中律成立。這是永遠在上而超越的律則（always over above）：肯定它也得用它，否定它也得用它。它如空氣在你之內，也在你之外。即由此反顯而見其為必然。這就表示不能把它們推出去粘著於對象上而外在地討論之。即此遂使收回來而「純邏輯地言之」之立場為可能，而且為必然。因為你討論它、疑問它，它馬上即隱回來而藏於你的討論疑問中。它永遠跟在你後面。故有人滔滔不絕，說了一大套反對思想律的道理，而另一人即說：你講的很好，頭頭是道，皆合邏輯。某人頓時爽然自失。即此便可表示思想律乃至全部邏輯之意義及其不可反駁處，即此也足見二分法與思想律之為型範與軌約原則以及其所以永遠在上處。

第七章　間接推理之一：三段推理

　　我們以上從第三章起到第六章止，已陸續引出關於推理的一些基本原則：

　　(1)曲全公理（第三章第一節）。

　　(2)周延原則（第四章第一節）。

　　(3)二分法與思想律（第六章）。

　　(4)存在公理（第三章第二節）。

這些基本原則除貫穿著上面所講的對當關係、直接推理外，還一直管轄著本章所要講的三段推理。三段推理（ syllogism ）是傳統邏輯中的主要部份，亦可說是這一系統底基幹。

第一節　三段推理底格與式

　　三段推理即普通所謂三段論法。我們現在也可簡稱為三段式。何以名為三段式？曰：前題兩段，結論一段，共為三段。三段底構成須有三個詞，曰大詞（ major term ）、中詞（ middle term ）、小詞（ minor term ）。大中小者是從詞之外延廣狹方面說。要想得一個關於 SP 的結論，必須加以中詞 M 為媒介，使 M 與 P（大詞）

發生關係，爲一段，再使 M 與 S（小詞）發生關係，又爲一段，然後 S 與 P 即有關係可言，此爲結論。排列如下：

大前題（major premiss）：M－P 中詞與大詞合。

小前題（minor premiss）：S－M 小詞與中詞合。

結論（conclusion）　　　：S－P 小詞與大詞合。

但是 SMP 三個詞並不只這一個排列法，共有四個排列法，名曰四格（four figures）：

I.	II.	III.	IV.
M－P	P－M	M－P	P－M
S－M	S－M	M－S	M－S
S－P	S－P	S－P	S－P

格者架子的意思。在每一格裏，可以套進去的命題，不出 AEIO 底範圍。前題有兩個。依是，只要把 AEIO 配成對，兩個爲一組，套進去即可看出有結論與否。AEIO 配對排列如下：

AA【A】	EA【E】	IA【I】	OA【O】
AE【E】	EE	IE	OE
AI【I】	EI【O】	II	OI
AO【O】	EO	IO	OO

共有十六對。但這十六對並不是統可以套在四格裏。（所謂可不可套，就是有否結論。上表中有【 】號的，就表示那一對前題有結

論。這是我先已標識在那裏。）然則那幾對可以套呢？這有規律可
資決定。這些規律就是關於三段式的一般規律，共有九條：

　　1.每一三段式必須是三個詞。

　　2.中詞至少要周延一次。

　　3.前題中不周延之詞，在結論中不得周延。

以上為考核錯誤與否的規律。

　　4.兩前題俱為否定命題不能得結論。

　　5.兩前題俱為偏稱命題不能得結論。

　　6.大前題是特稱，小前題是否定，不能得結論。（此單指 IE
　　　一對言。其實其過錯只第三條規律所述。為顯明起見，故特
　　　立一條。）

以上告訴吾人為何不能得結論。

　　7.兩前題同為肯定，結論為肯定。

　　8.前題之一為否定，結論為否定。

　　9.前題之一為偏稱，結論為偏稱。

以上告訴吾人如何得結論。

　　依以上九條規律，在上列前題對中，共有八對可得結論。即上
表所已標識者，可覆案。

　　以上九條一般規律，可以說明，不能證明。茲一一說明如下：

　　(1)關於第一條規律「必須是三個詞」，這好像是贅辭。因為這
是三段式底構成之重複述叙。但是在實際應用上，它有警戒的作
用。試看下式：

　　　中國人是多的

　　　孔子是中國人

∴孔子是多的

這顯然不通。形式上好像沒有錯誤。但仔細考察，它所以不通正在兩個中詞（中國人）意義不一致。前一個「中國人」實即等於「中國人底數目」，這是一個量名，而後一個「中國人」是質名。「中國人底數目」與「中國人」當然不同，實是兩個概念，即兩個詞。再加上大詞（多的）與小詞（孔子），共有四個詞。所以不通。這條規律是警戒我們：在用詞時，須意義確定而一致，不可有出入，有歧義。違犯這條規律叫做「四詞之誤」（quaternio terminorum），切實言之，即中詞有歧義。

　　(2)中詞至少要周延一次。中詞在前題中出現兩次，假若它每一次都不周延，那麼大詞與小詞之間究竟具有什麼關係，很難確定。試看下例：

　　　　凡人是有死的
　　　　凡馬是有死的
　　　　　　　　？

「有死的」是中詞，它兩次都不周延，因為肯定命題底賓詞不周延。「人」與「馬」是其中之兩目。我們只知這兩目都包含在有死類中，至於這兩目間的關係究竟如何，是排斥呢，還是包含呢，還是重疊呢，則不確定。如下圖：

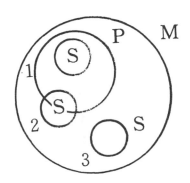

當然就這個例子言，事實上人與馬互相排斥，即凡馬不是人，凡人
不是馬，你若得結論而說「凡馬是人」顯然是錯。「凡馬是人」固
事實上是錯，而「凡馬不是人」這事實上不錯的結論也在推理上無
根據，即由那兩前題推不出來。因為如圖所示，S 與 P 間的關係本
有三種可能：1.凡 S 是 P，2.含有兩可能：有 S 是 P 與有 S 不是
P，3.凡 S 不是 P。照此說來，結論 AEIO 都可能，然究竟是那個
則不定。故無結論可得。講推理，是注意從前題到結論的邏輯關
係，注意結論在前題中有否根據，不能認為事實上真，結論即是對
的。上所舉例，事實上馬與人互相排斥。但試看下例：

　　凡有生命是有死的

　　凡人是有死的
　　──────────
　　　　　　？

在此例子上，「人」與「有生命」相包含，不排斥，但你不能認為
這個結論就一定是「凡人是有生命的」。這雖然事實上真，然作結
論看，在推理上無根據。

　　照以上所說，可明中詞若無一次周延，便無結論可得。此在四格皆然，讀者可一一舉例一試。違犯這條規律，叫做中詞不周延之誤。

　　(3)前題不周延之詞在結論中不得周延。此在推理時，顯然是指大詞與小詞言。試看下兩例：

　　　　Ｉ：有些橘子是酸的　　　　Ａ：凡人是有死的

　　　　Ｅ：凡桃子不是橘子　　　　Ｅ：凡馬不是人

　　　　∴有桃子不是酸的？　　　　∴凡馬不是有死的？

這兩個結論都是無根據的，在推理上為錯誤。其致誤之由，在：大詞「酸的」及「有死的」在前題中俱是不周延的，而在結論中卻是周延的。故不合法。前例如圖Ｉ，後例如圖Ⅱ：

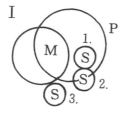
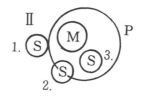

　　(4)兩前題俱為否定，不能得結論。此則指 EE，EO，OE，OO 言。茲以 EE 為例以明之：

　　　　凡 M 不是 P

　　　　凡 S 不是 M

　　　　∴凡 S 不是 P？

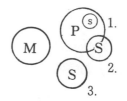

S與P之間的關係不確定，如圖所示，有1，2，3，諸可能。此如：甲不是乙的朋友，丙不是甲的朋友，至於乙與丙間是朋友否，則不得知。此在四格皆然。

(5)兩前題俱為偏稱，不能得結論。此則指 II，IO，OI，OO 言。OO 且是兩否定，如上條所述，不能得結論。如以 II 為前題，無論在那一格，俱違犯第二條規律，即中詞無一次周延。以 IO 或 OI 為前題，則亦或違犯第二條規律，或違犯第三條規律，無論在那一格。如下：

$$I：有 M 是 P \qquad O：有 M 不是 P$$
$$\underline{O：有 S 非 M} \qquad \underline{I：有 S 是 M}$$
$$? \qquad\qquad ?$$

以 IO 為前題，要得結論即違犯第三條規律。以 OI 為前題，則違犯第二條規律。凡推理必有一普遍命題為原則以冒之。而以兩偏稱命題為前題，即表示無一是普遍命題，故亦根本不能推理也。

(6)大前題是偏稱，小前題是否定，不能得結論。此即指 IE 一對言，已見前對於第三條規律之說明。

(7)，(8)，(9)，三條很顯然，似不必說明。

以上九條規律，(4)，(5)，(6)三條淘汰十六對中那些不能得結論的前題對。(1)，(2)，(3)三條使我們考核無效的結論。有效的結論皆不會違犯這三條規律。(1)條底作用很小。學者只要記著(2)，(3)兩條就夠了。

依九條一般規律，我們已知有八對可得結論。但是，就是這八對，也不是說統可以套在第一格，或統套在第二格、第三格、第四格。然則八對中那幾對可以套在第一格，那幾對可以套在第二格、

第三格等，此則復有特殊規律作決定。即，每一格有其特殊的規律，藉以決定那幾對可以套，那幾對不可以套。

　　第一格底規律：　　　　　　　　　　M－P

　　1.小前題必須是肯定命題。　　　　　S－M

　　2.大前題必須是全稱命題。　　　　　S－P

按此兩規律，第一格可有四對可得結論，即可有四個推理式，如下：

　　⑴AA【A】，⑵EA【E】，⑶AI【I】，⑷EI【O】

每格底特殊規律皆可證明，證明很簡單。只要記住一般規律，並看各格 SMP 排列之架子，即可證出。茲證明此第一格之兩規律如下：

　　1.小前題必須是肯定命題：如爲否定，則大前題必肯定，因兩否定前題不能得結論故。大前題爲肯定，大詞 P 不周延，而如小前題爲否定，則結論必否定，因前題之一爲否定，結論必否定故。如結論爲否定，則大詞 P 又周延。此則違犯「前題中不周延之詞，在結論中不得周延」一規律。依是，小前題必須是肯定。

　　2.大前題必須是全稱：如爲偏稱，則 M 不周延，而小前題既必須是肯定，則小前題中之 M 亦不周延，是則兩 M 無一周延。此則違犯「中詞至少要周延一次」一規律。故大前題必須是全稱。

　　依此兩規律，列第一格四式如下：

　　⑴A：凡 M 是 P　　　⑵E：凡 M 非 P

　　　A：凡 S 是 M　　　　A：凡 S 是 M

　　∴A：凡 S 是 P　　　∴E：凡 S 非 P

　　　（Barbara）　　　　（Celarent）

(3)A：凡 M 是 P　　(4)E：凡 M 非 P

　I：有 S 是 M　　　I：有 S 是 M

∴I：有 S 是 P　　∴O：有 S 非 P

（Darii）　　　　（Ferio）

此為第一格中之四式。最為通常所用。讀者可自取例以試。但必須命題形式確定，大中小詞意義確定。不可模糊。推理式下面的那個字，便是該式之專名。譬如第一式就叫做「Barbara」。這是中世紀傳下來的。字底造成並無意義，只是把那推理式中的三個命題藏在裏面。如橫線所標。後倣此。

第二格式規律：

1.前題之一必為否定。　　P－M

2.大前題必是全稱。　　　S－M

　　　　　　　　　　　　S－P

按此兩規律，第二格亦有四式：

(1)EA【E】，(2)AE【E】，(3)EI【O】，(4)AO【O】

此兩規律證明如下：

1.前題之一必為否定：如同為肯定，則 M 無一次周延。此則違犯一般規律之第二條。

2.大前題必是全稱：如為偏稱，則大詞 P 不周延；而如前題之一為否定，結論必否定，是則 P 在結論中又周延。此違犯一般規律中之第三條。

按此兩規律，列第二格四式如下：

(1)E：凡 P 非 M　　(2)A：凡 P 是 M

$$\frac{A：凡 S 是 M}{\therefore E：凡 S 非 P}$$
　　　（Cesare）

$$\frac{E：凡 S 非 M}{\therefore E：凡 S 非 P}$$
　　　（Camestres）

$$(3)\frac{E：凡 P 非 M}{I：有 S 是 M}$$
$$\therefore O：有 S 非 P$$
　　　（Festino）

$$(4)\frac{A：凡 P 是 M}{O：有 S 非 M}$$
$$\therefore O：有 S 非 P$$
　　　Baroko

第三格底規律：

　　1.小前題必是肯定。　　　M－P

　　2.結論必是偏稱。　　　　M－S

　　　　　　　　　　　　　　S－P

按此兩規律，第三格有六式：

　　　　(1)AA【I】　　(4)A I【I】

　　　　(2)EA【O】　　(5)OA【O】

　　　　(3) IA【I】　　(6)E I【O】

規律證明如下：

　　1.小前題必是肯定：如為否定，則大前題必為肯定，因兩否定前題不能得結論故。如大前題為肯定，則大詞 P 不周延。而如小前題為否定，則結論必否定。因前題之一為否定，結論為否定故，如結論為否定，則大詞 P 又周延。此則違犯一般規律中之第三條。故小前題必是肯定。

　　2.結論必是偏稱：如小前題必是肯定，則 S 不周延。如是，如結論為全稱，則 S 又周延。此亦違犯一般規律中之第三條。故結論必偏稱。

按此兩規律，列第三格六式如下：

(1)A：凡 M 是 P　(2)E：凡 M 非 P　(3)I：有 M 是 P

　A：凡 M 是 S　　A：凡 M 是 S　　A：凡 M 是 S

∴I：有 S 是 P　∴O：有 S 非 P　∴I：有 S 是 P

（Darapti）　　（Felapton）　　（Disamis）

(4)A：凡 M 是 P　(5)O：有 M 非 P　(6)E：凡 M 非 P

　I：有 M 是 S　　A：凡 M 是 S　　I：凡 M 是 S

∴I：有 S 是 P　∴O：有 S 非 P　∴O：有 S 非 P

（Datisi）　　（Bokardo）　　（Ferison）

第四格底規律：

1.如前題之一為否定，大前題必全稱。P－M

2.如大前題為肯定，則小前題為全稱。M－S

3.如小前題為肯定，則結論為偏稱。　S－P

按此三規律，第四格有五式：

(1)AA【I】，(2)AE【E】，(3)IA【I】，(4)EA【O】，(5)EI【O】

規律證明如下：

1.如前題之一為否定，大前題必全稱：此則就大詞 P 言。蓋前題有一為否定，結論必否定。結論為否定，P 周延。依是，P 在大前題中亦必須周延才行。而大前題中之 P 要周延，則大前題必須全稱。

2.如大前題為肯定，則小前題為全稱：此則就中詞 M 言。蓋大前題為肯定，則中詞 M 不周延，而中詞必須至少要周延一次，

故小前題必須全稱，M 始能周延。

3.如小前題爲肯定，則結論爲偏稱：此則就小詞 S 言。蓋如小前題爲肯定，則小詞 S 不周延，而「在前題中不周延之詞在結論中不得周延」，故結論中 S 爲主詞，必偏稱始不周延。

按此三規律，列第四格五式如下：

(1)A：凡 P 是 M
 A：凡 M 是 S
∴I：有 S 是 P
（Bramantip）

(2)A：凡 P 是 M
 E：凡 M 非 S
∴E：凡 S 非 P
（Camenes）

(3)I：有 P 是 M
 A：凡 M 是 S
∴I：有 S 是 P
（Dimaris）

(4)E：凡 P 非 M
 A：凡 M 是 S
∴O：有 S 非 P
（Fesapo）

(5)E：凡 P 非 M
 I：有 M 是 S
∴O：有 S 非 P
（Fresison）

以上四格共十九式。此十九式，依傳統的講法，俱爲有效。惟雖爲有效，而第三格中有 AA【I】，EA【O】兩式，第四格中亦有 AA【I】，EA【O】兩式，此四式俱是前題爲全，結論爲偏。此若依存在命題與非存在命題之分，乃不合法者。故欲使有效，嚴格言之，須補上「S≠0」，否則即不得算爲有效。傳統的講法未注意及此。故嚴格言之，當只有十五式爲合法的有效。

第二節　曲全公理與還原術

依據曲全公理，第一格四式最爲完整順適。因爲它們在滿足這

個原則上，是最明白，最直接。故它們的合法有效性也最爲顯明。

　　曲全公理，從概念底外延方面說，根本是表示類底包含關係，即副類含在全類中，從內容的論謂方面說，則表示：凡論謂全類的，也論謂其中之副類（sub-class）。第一格四式最能滿足這個原則。

　　例如，如果我們說：「凡 M 是 P」，再說：「凡 S 是 M」，在這兩個前題裏，即表示出 M 是 P 底一個副類，S 也是 M 底一個副類。所以 M 包含在 P 裏，S 包含在 M 裏，結論當然 S 也包括在 P 裏。反之，從內容的論謂方面說，凡論謂 M 的，也必論謂 M 中的副類，故結論 P 論謂 S，而說「凡 S 是 P」當然合法有效。

　　再如，凡 M 非 P 與 凡 S 是 M 這兩個前題，一方表示 M 與 P 排斥，一方也表示 S 是 M 底一個副類，整類 M 既與 P 排斥，則含在 M 中的副類當然也與 P 排斥。反之從內容的論謂方面說，凡論謂 M 的，也必論謂 M 中的副類。惟在此是反論謂或否定的論謂而已。故結論「凡 S 非 P」亦必合法有效。

　　以上是 AA【A】與 EA【E】兩式，AI【I】與 EI【O】兩式亦然。

　　但是其餘三格，表現曲全公理，便不能這樣直接而顯明。當然它們也是符合這個公理的，惟因 SMP 底排列不同，故不甚順適而顯明。以此之故，以前的人叫第一格爲「完整格式」（perfect figure），叫其餘三格爲「不完整格式」（imperfect figures）。把不完整格式中的推理式，他們都改爲第一格中的推理式。這種改變就叫做「還原術」（reduction）。改變底辦法很簡單，根據直接推理中的換質換位以及改變前題底次序（因爲這於推理不生影響）即

可作到。

現在我們先將第二格中的 EA【E】、AE【E】、EI【O】、AO【O】四式歸於第一格：

    1.E：凡P非M　　換位　　凡M非P【E】

    　A：凡S是M　───→　凡S是M【A】

    ∴E：凡S非P　　　　∴凡S非P【E】

    2.A：凡P是M　換賓之質位　凡非M不是P【E】

    　E：凡S非M　　換質　　凡S是非M【A】

    ∴E：凡S非P　　　　∴凡S不是P【E】

此式用改變前題底次序之法亦可作到。如下：

    A：凡P是M　＼　凡S非M→凡M非S…………【E】

    E：凡S非M　╳　凡P是M→凡P是M…………【A】

    ∴E：凡S非P　∴凡P非S→凡S非P【E】

    3.E：凡P非M　　換位　　凡M非P【E】

    　I：有S是M　───→　有S是M【I】

    ∴O：有S非P　　　　∴有S非P【O】

    4.A：凡P是M　換賓之質位　凡非M不是P【E】

    　O：有S非M　　換質　　有S是非M【I】

    ∴O：有S非P　　　　∴有S不是P【O】

此式如不用「換賓之質位」底辦法，便無法還原。以前的講法不用「換賓之質位」，而用一種「間接的還原法」（indirect reduction）使之歸於第一格。此法是如此：將原式結論底矛盾面

（例如原式結論爲O，其矛盾面即爲A）作前題，而將被擠出的那個前題之矛盾面作結論。此種間接還原法實即數學中的「反證論法」（reductio ad absurdum）如下：

$$A：凡P是M \rightarrow 凡P是M【A】$$
$$O：有S非M \searrow\nearrow 凡S是P【A】$$
$$\overline{}\quad\overline{}$$
$$\therefore O：有S非P \quad\quad \therefore 凡S是M【A】$$

如果所歸到的AA【A】式爲眞，則原式亦眞。不過我以爲此法，從還原上說，不如用「換賓之質位」底辦法較能符合「還原術」底意義。

第三格六式 AA【I】、EA【O】、IA【I】、AI【I】、OA【O】、EI【O】，改變如下：

$$1.A：凡M是P \longrightarrow 凡M是P【A】$$
$$\underline{A：凡M是S}\ \overset{換位}{\longrightarrow}\ \underline{有S是M【I】}$$
$$\therefore I：有S是P \quad\quad \therefore 有S是P【I】$$

$$2.E：凡M非P \longrightarrow 凡M非P【E】$$
$$\underline{A：凡M是S}\ \overset{換位}{\longrightarrow}\ \underline{有S是M【I】}$$
$$\therefore O：有S非P \quad\quad \therefore 有S非P【O】$$

$$3.I：有M是P \quad\quad 凡M是S\rightarrow凡M是S\cdots\cdots【A】$$
$$\underline{A：凡M是S}\ \times\ \underline{有M是P\rightarrow有P是M\cdots\cdots【I】}$$
$$\therefore I：有S是P \quad\quad \therefore 有P是S\rightarrow有S是P【I】$$

4.A：凡M是P ⟶ 凡M是P【A】
　I：有M是S　換位　有S是M【I】
　──────── ⟶ ────────
　I：有S是P 　　　∴有S是P【I】

5.O：有M非P ╲╱ 凡M是S → 凡M是S【A】
　A：凡M是S ╱╲ 有M非P 換賓 有非P是M【I】
　　　　　　　　　　　質位
　────────　　 ────────
　∴O：有S非P 　　　∴有非P是S【I】
　　　　　　　　　　↓ 有S是非P
　　　　　　　　　　↳ 有S不是P

此式稍爲囉嗦一點，形式上亦不甚整齊。用間接還原法亦可。除此以外，再無好辦法。

6.E：凡M非P ⟶ 凡M非P【E】
　I：有M是S　換位　有S是M【I】
　──────── ⟶ ────────
　∴O：有S非P 　　∴有S非P【O】

第四格五式 AA【I】、AE【E】、IA【I】、EA【O】、EI【O】，改變如下：

1.A：凡P是M ╲ 凡M是S → 凡M是S……【A】
　A：凡M是S ╱ 凡P是M 兩步 → 有P是M……【I】
　　　　　　　　　　換位
　────────　 ────────
　∴I：有S是P 　∴有P是S→有S是P【I】

2.A：凡P是M ╲╱ 凡M非S…………【E】
　E：凡M非S ╱╲ 凡P是M…………【A】
　────────　 ────────
　∴E：凡S非P 　∴凡P非S→凡S非P【E】

此式用「換賓之質位」法亦可。如下：

A：凡P是M　　換實質位　凡非M不是P　【E】
E：凡M非S　　換主質位　凡S是非M　　【A】
∴E：凡S非P　　　　　∴凡S不是P　　【E】

3. I：有P是M　　　凡M是S⋯⋯⋯⋯⋯【A】
　　A：凡M是S　　　有P是M⋯⋯⋯⋯⋯【I】
∴I：有S是P　　∴有P是S→有S是P　【I】

4.E：凡P非M　　換位　凡M非P　【E】
　A：凡M是S　　換位　有S是M　【I】
∴O：有S非P　　　　∴有S非P　【O】

5.E：凡P非M　　換位　凡M非P　【E】
　I：有M是S　　換位　有S是M　【I】
∴O：有S非P　　　　∴有S非P　【O】

第三節　存在公理與三段式底兩種基型

　　我們既將其餘三格中的推理式都還原爲第一格，而第一格中有四式：AA【A】、EA【E】、AI【I】、EI【O】。這種還原不但是要使它們盡量符合曲全公理，而且還因爲第一格中的四式最爲合法有效。我們說這話的時候，是照顧到存在命題與非存在命題之區分的。我們可以由主詞的存在或不存在（主詞類底空與不空），而說一「存在公理」（existence-theorem）。依此存在公理，第一格底四式最爲合法有效。此四式可以分爲兩種基型：

　　Ⅰ.前題俱全，結論爲全。如：AA【A】、EA【E】

Ⅱ.前題一全一偏，結論爲偏。如：AI【I】、EI【O】
照此兩種基型，我們可以說：凡推理只能由全推全，而不能由全推偏，或者說：前題中如無一個是存在命題，即不能推出一個存在命題來。照此而言，第一格四式正符合這個公理。但是因爲在傳統邏輯中沒有注意及此，或是不自覺中已肯定主詞底存在，所以不能認識這四式底全幅意義，即，只就曲全公理去認識，沒有就存在公理去認識。因此，在傳統的講法中，由「凡 M 是 P」與「凡 S 是 M」，不但可以推出「凡 S 是 P」，而且可以推出「有 S 是 P」。這「有 S 是 P」，在以前叫做「減弱結論」（ weakened conclusion）。因爲照對當關係中的差等關係言，A 眞，I 亦眞。故減弱結論當然有效。有減弱結論的推理式不只這一個，共有五個。在第一格，就 AA【A】、EA【E】言，有 AA【I】、EA【O】；在第二格，就 EA【E】、AE【E】言，有 EA【O】、AE【O】；在第四格，就 AE【E】言，有 AE【O】。故共有五個具有減弱結論的推理式。我們認爲，即就曲全公理講，這減弱結論底推理式亦無甚意義，故在前文未提到它。現在若依存在公理，則減弱結論是不合法的。因爲在「凡 M 是 P」與「凡 S 是 M」中，並沒有肯定 S 底存在，而「有 S 是 P」中的 S 必不等於零，即必肯定其存在，此則推出前題中所未曾函著的東西，故不合法。不但減弱結論不合法，即第三格與第四格前題俱全而結論爲偏的推理式（此不是減弱結論，依周延原則，結論必偏），依存在公理，亦不合法。如是，除減弱結論外，依存在公理，那有效的十九個推理式，只剩下十五個眞正合法有效的：

第一格：AA【A】、EA【E】、AI【I】、EI【O】

第二格：EA【E】、AE【E】、EI【O】、AO【O】

第三格：IA【I】、AI【I】、OA【O】、EI【O】

第四格：AE【E】、IA【I】、EI【O】

在此十五個眞正合法有效的推理式中，依還原術，二、三、四，三格中的推理式都可化歸爲第一格四式中之一式。依此，被化歸與其所化歸到的這兩式，在邏輯意義上，實在是「等值的」（equivalent），或「同一的」（identical）。所以它們的結論完全相同。這就表示：前題的次序以及 SMP 三詞底排列次序，在推理底邏輯關係上，並無緊要的關係。此所以在還原時，我們旣可以更動前題底次序，又可以施行換質與換位。從前題次序方面說，「如 p·q，則 r」與「如 q·p，則 r」完全相同。從詞底次序方面說，ab 與 ba 完全相同，a－b 與－ba 完全相同。傳統邏輯所以分成四個格完全由中詞位置底不同而形成，這只是些表面的姿態。

這層意思明白了，我們即可進而看就第一格四式所分成的兩種基型之邏輯意義，也就是所有三段式底邏輯意義。

一切三段式實只是藉一中詞類（媒介類）來使其他兩個類發生包含或排斥關係。所以消除中詞類，就是結論。如下圖：

如果 M 含在 P 裏，而 M 中有一副類 S，則 S 當然也含在 P 裏。如果 M 與 P 相排斥，而 M 中有一副類 S，則 S 當然也與 P 相排斥。如果 S 全含在 M 中而爲一完整的副類，則結論即全含或全排。全含爲 A，全排爲 E，此即「前題俱全，結論爲全」一類。如果 S 只

有一部含在 M 中而爲其不完整的副類，則結論即爲分含或分排。

分含爲 I，分排爲 O，此即「前題一全一偏，結論爲偏」一類。

現在我們可以藉邏輯代數底辦法，來表示這種藉消除中詞以成

結論的邏輯意義。AEIO，如用邏輯代數底辦法表示，則如下：

（參看第三章第一節）。

A：凡 S 是 P：　$a-b=0$　　「a 而非 b 等於零」

E：凡 S 不是 P：　$ab=0$　　「a 而是 b 等於零」

I：有 S 是 P：　　$ab\neq0$　　「a 而是 b 不等於零」

O：有 S 不是 P：$a-b\neq0$　　「a 而非 b 不等於零」

如果套在三段式裏，我們可以用 b 代中詞，用 c 代大詞，用 a 代小

詞。如是，那兩類三段式底普遍公式，便如下：

I　　　　　　　　　II

前題俱全結論爲全　　前題一全一偏結論爲偏

$b-c=0$　　　　　　$bc=0$

$a-b=0$　　　　　　$ab\neq0$

∴$a-c=0$　　　　　∴$a-c\neq0$

凡 M 是 P　　　　　凡 M 非 P

凡 S 是 M　　　　　有 S 是 M

∴凡 S 是 P　　　　∴有 S 非 P

關於第一類推理式底公式有以下三個特徵：

(1)三段都是等於零，即都是全稱命題。這裏決不會有不等於零

的式子作結論。

(2)中詞在前題中一正一負。

(3)中詞消除後，小詞與大詞不變其在前題中的質把它們絜和地

置於結論裏。（即在前題中爲肯定的，如 a，仍爲肯定，在前題中爲否定的，如 − c，仍爲否定。）

　　凡結論爲全的三段式俱合乎這個公式，所以都是合法地有效的。凡前題爲全結論爲偏的三段式，如第三格中的 AA【Ｉ】、EA【Ｏ】，以及第四格中的 AA【Ｉ】、EA【Ｏ】，俱不合乎這個公式，所以都不是合法地有效的。

　　關於第二類推理式底公式亦有以下三個特徵：

　　⑴前題中有一個不等於零的式子，因此，結論亦是一個不等於零的式子。

　　⑵中詞在前題中爲同性質：或同爲肯定，或同爲否定。

　　⑶中詞消除後，等於零的式子中的那個類變其質放在結論裏，而不等於零的式子中的那個類則不變其質放在結論裏。一變質，一不變質，兩者絜和地置於結論裏。（所謂變質，即原爲肯定的，加以負號變爲否定的；原爲否定的，再加以負號，變爲肯定的。）

　　凡前題一全一偏結論爲偏的三段式俱合乎這個公式。所以都是合法地有效的。而前題爲全結論爲偏的三段式，既不合乎上一類的公式亦不合乎這個公式，所以在此亦見其不是合法地有效的。

　　我們現在可將結論爲全的三段式，一一按第一類推理式底公式，列之如下：

第　一　格

Barbara

凡 M 是 P	$b - c = 0$
凡 S 是 M	$a - b = 0$
∴ 凡 S 是 P	∴ $a - c = 0$

Celarent

凡 M 非 P	$b\,c = 0$
凡 S 是 M	$a - b = 0$
∴ 凡 S 非 P	∴ $a\,c = 0$

第 二 格

Cesare   Camestres

凡 P 非 M   c b ＝0   ⎞   凡 P 是 M   c － b ＝0

 凡 S 是 M   a － b ＝0 ⎟   凡 S 非 M   a b ＝0

∴凡 S 非 P   ∴ a c ＝0 ⎠ ∴凡 S 非 P   ∴ a c ＝0

第 四 格

Camenes

凡 P 是 M   c － b ＝0

 凡 M 非 S   b a ＝0

∴凡 S 非 P   ∴ a c ＝0

　　再將前題一全一偏結論爲偏的三段式，一一按第二類推理式底
公式，列之如下：

第 一 格

Darii   Ferio

凡 M 是 P   b － c ＝0 ⎞   凡 M 非 P   b c ＝0

 有 S 是 M   ab≠0   ⎟   有 S 是 M   ab≠0

∴有 S 是 P   ∴ ac ≠0   ⎠ ∴有 S 非 P   ∴a － c≠0

【 a － （ － c ）≠0 】

第 二 格

Festino   Baroko

凡 P 非 M   cb ＝0   ⎞   凡 P 是 M   c － b ＝0

 有 S 是 M   ab≠0   ⎟   有 S 非 M   a － b≠0

∴有 S 非 P   ∴a － c≠0   ⎠ ∴有 S 非 P   ∴a － c≠0

第　三　格

Disamis		Datisi	
有 M 是 P	bc≠0	凡 M 是 P	b−c＝0
凡 M 是 S	b−a＝0	有 M 是 S	b a ≠0
∴有 S 是 P	∴−（−a）c≠0	∴有 S 是 P	∴a c ≠0
	↓ ac≠0		【a−（−c）≠0】

Bokardo		Ferison	
有 M 非 P	b−c≠0	有 M 非 P	b c ＝0
凡 M 是 S	b−a＝0	凡 M 是 S	b a ≠0
∴有 S 非 P	∴−（−a）−c≠0	∴有 S 非 P	∴a−c≠0
	↓ a−c≠0		

第　四　格

Dimaris		Fresison	
有 P 是 M	c b ≠0	凡 P 非 M	c b ＝0
凡 M 是 S	b−a＝0	有 M 是 S	b a ≠0
∴有 S 是 P	∴−（−a）c≠0	∴有 S 非 P	∴a−c≠0
	↓ ac≠0		

　　用這種整齊而嚴格的符號式子表示那十五個三段式為合法的有效。不過這還只是一種表示。下第二部邏輯代數章，我們將見在那個縱貫的推演系統中，可以推演地證明這些合法有效的式子，而那前題為全結論為偏的三段式，如不補以 S≠0，卻不能推演地證明出來。這更足以表示那些三段式不是合法地有效的。即是說，那當該是由三個前題推，不是由兩個前題推。而傳統邏輯卻只寫成兩個前題，故不合法。我們在本節所以要用這種邏輯代數底辦法表示，

即爲的使讀者要預備透視到下第二部邏輯代數那個系統。由此亦可
使讀者知道形式邏輯底各系統實是由一根而發展出的。

第四節　不一致的三支式

　　上節我們從嚴格的邏輯意義上將各格底三段推理式整理成爲兩
種基型，藉以考核各三段式是否爲合法有效。現在我們再用一種較
爲簡單的辦法來考核各三段式是否爲合法有效。這個辦法就叫做
「不一致的三支式」（ inconsistent triad ），亦叫做「反理式」
（ antilogism ）。

　　凡是邏輯推理皆是表示前題與結論嚴格一致。所謂嚴格一致就
是前題嚴格地函著結論。因此，與其所函的結論相矛盾的一面，對
此前題言，便是「不一致的」，因而亦就是「反邏輯的」（悖理
的）。如果這方面爲不一致的，悖理的，則與此悖理的一面相反的
那一面．即矛盾的那一面，便是與其前題一致的，因而反證那推理
式爲合法有效。這個辦法所根據的原理根本上就是 A 與 O，E 與
I，這矛盾對當的「矛盾對偶性」（ contradictory duality ）。A 底
矛盾面而爲 O，O 底矛盾面爲 A。E 與 I 亦然。三段式底結論不外
AEIO，設任取一有效的三段式，將其結論改爲其矛盾面，便是一
個「不一致的三支式」，如下：

$$\begin{array}{ll} \text{凡 M 是 P} & \text{1.凡 M 是 P} \\ \underline{\text{凡 S 是 M}} & \text{2.凡 S 是 M} \\ \therefore \text{凡 S 是 P} & \text{3.有 S 非 P} \end{array}$$

前一個爲推理式，後一個不是推理式，故用虛線表示。

由此不一致的三支式可以排列成三組：

　　1.　　　　　　2.　　　　　　3.

　　凡 M 是 P　　凡 S 是 M　　凡 M 是 P

　　凡 S 是 M　　有 S 非 P　　有 S 非 P

　‥‥‥‥‥‥‥　‥‥‥‥‥‥‥　‥‥‥‥‥‥‥

　　有 S 非 P　　凡 M 是 P　　凡 S 是 M

在此三組不一致的三支式中，設以虛線上的兩支為前題，則虛線下的一支之矛盾面便是它的結論。如是，便由一個「不一致的三支式」，變為一個邏輯推理式。例如在第一組中，虛線下的一支「有 S 非 P」之矛盾面便是「凡 S 是 P」。第二組中「凡 M 是 P」之矛盾面便是「有 M 非 P」。第三組中「凡 S 是 M」之矛盾面便是「有 S 非 M」。那就是說，在一個不一致的三支式中，任取兩支為前題，其餘一支之矛盾面便是它們所嚴格函蘊著的結論：

　　　　　　　Ⅰ　　　　　　Ⅱ　　　　　　Ⅲ

(1)凡 M 是 P　(1)凡 M 是 P　(2)凡 S 是 M　(1)凡 M 是 P

(2)凡 S 是 M　(2)凡 S 是 M　(3)有 S 非 P　(3)有 S 非 P

(3)有 S 非 P　∴凡 S 是 P　∴有 M 非 P　∴有 S 非 M

如此，不但證明原來之「Barbara」式為合法有效，且由之而開出其他兩個合法有效的三段式。

　　我們如用邏輯代數表示之，亦可明其合乎兩類推理式之公式。仍以 b 代中詞，以 c 代大詞，以 a 代小詞。如下：

	I	II	III
(1)$b-c=0$	(1)$b-c=0$	(2)$b-a=0$	(1)$c-b=0$
(2)$\underline{a-b=0}$	(2)$\underline{a-b=0}$	(3)$\underline{b-c\neq0}$	(3)$\underline{a-b\neq0}$
(3)$a-c\neq0$	∴$a-c=0$	∴$a-c\neq0$	∴$a-c\neq0$

$$【-（-a）-c\neq0】$$

若不固定以 b 代中詞，即以在所用之前題中出現兩次的爲中詞，則省力：

	I	II	III
(1)$b-c=0$	(2)$a-b=0$	(1)$b-c=0$
(2)$\underline{a-b=0}$	(3)$\underline{a-c\neq0}$	(3)$\underline{a-c\neq0}$
∴$a-c=0$	∴$b-c\neq0$	∴$a-b\neq0$

$$【-（-b）-c\neq0】$$

此第一式合乎「前題爲全結論爲全」那類推理式底公式。第二與第三兩式合乎「前題一全一偏結論爲偏」那類推理式底公式。

　　茲再取一「結論爲偏」的有效推理式爲例，如下：

I：有 M 是 P

A：凡 M 是 S

I：有 S 是 P

	I	II	III
(1)有 M 是 P	(1)有 M 是 P	(2)凡 M 是 S	(1)有 M 是 P
(2)凡 M 是 S	(2)凡 M 是 S	(3)凡 S 非 P	(3)凡 S 非 P
(3)凡 S 非 P	∴有 S 是 P	∴凡 M 非 P	∴有 M 非 S

	Ⅰ	Ⅱ	Ⅲ
(1)bc≠0	(1)bc≠0	(2)b－a＝0	(1)bc≠0
(2)b－a＝0	(2)b－a＝0	(3)ac＝0	(3)ac＝0
(3)ac＝0	∴ac≠0	∴bc＝0	∴b－a≠0

【 －（－a）c≠0 】

Ⅰ與Ⅲ兩式合乎「結論爲偏」的那類推理式的公式，Ⅱ式合乎「結論爲全」的那類推理式底公式。其餘合法有效的三段式俱可如此解析。

由以上的解析，可知每一「不一致的三支式」有以下三特徵：

1.每一「不一致的三支式」含有兩個全稱命題，一個偏稱命題。（含有兩個等於零的式子，一個不等於零的式子。）因爲三段式分爲兩類，一是前題俱全結論爲全，一是前題一全一偏結論爲偏。如果把「結論爲全」的三段式改爲「不一致的三支式」，則須把它的全稱結論改爲其矛盾的一面，而其矛盾的一面爲偏稱，如是，我們有兩全一偏。如果把「前題一全一偏結論爲偏」的三段式改爲「不一致的三支式」，則須把它的偏稱結論改爲其矛盾面之全稱，如是，還是兩全一偏。

2.兩全中含有一爲肯定一爲否定的中詞。如是，如以此兩全爲前題所開出的推理式便符合「結論爲全」的那類推理式之公式。而若自一全一偏看（其中兩個一全一偏），則它們的中詞爲同質（或同爲肯定或同爲否定）。如是，如以之爲前題，所成的推理式，便符合「前題一全一偏結論爲偏」的那類推理式之公式。

由此一特徵，我們可知每一「不一致的三支式」可以開出一個

屬於「結論爲全」類的推理式與兩個屬於「前題一全一偏結論爲偏」類的推理式。

3.其中之一偏包含著兩全中的中詞之「聯繫項」（coefficients）。因爲在成三段式時，兩全中一爲肯定一爲否定的中詞便被消除。中詞消除後便剩下其他兩個詞。這兩個詞便是兩全中的中詞之聯繫項，而同時亦即不變原質地含在該偏稱命題中。故成三段式時，消除兩全中的中詞，而所餘之一偏底否定（即其矛盾面）即爲其結論。（看上列「不一致的三支式」可知。）

否定一個三段式底結論而成爲一個「不一致的三支式」，若此三支式具有以上三特徵，便可證明那個三段式是合法有效的。

茲舉幾個無效的三段式以明之。

A：凡 M 是 P	b-c＝0	b-c＝0
E：凡 S 非 M	ab＝0	ab＝0
E：凡 S 非 P？	ac＝0？	ac≠0

此式，從周延原則方面說，大詞 P 違犯「前題中不周延之詞在結論中不得周延」一規律，故推理無效。至於其「不一致的三支式」，其中兩個全稱命題裏的中詞不是一爲肯定一爲否定的，違犯上述第二特徵。由此開爲三段式，亦不合「結論爲全」的那類推理式之公式。若以一全偏爲前題，所成的推理式，亦不合「結論爲偏」的那類推理式之公式。所以這裏不能形成推理式。故知 AE【E】在第一格而成推理，是無效的。再如

A：凡 P 是 M	c-b＝0	c-b＝0
A：凡 M 是 S	b-a＝0	b-a＝0
I：有 S 是 P	ac≠0	ac＝0

此式雖在傳統講法中認爲有效，然依存在公理則無效。故由之而成的「不一致的三支式」不是兩全一偏，而是三個全稱。此違犯上述第一特徵。故由之開爲三段式亦不合兩類三段式底公式。

第八章　間接推理之二：假然推理及其他

傳統邏輯中間接推理除上章所講的三段推理以外，還有三種，即：假然推理、析取推理、兩難推理（雙支推理）。本章即講此三種推理。

第一節　假然推理

假然推理（hypothetical inference）就是以「如果—則」的假然命題（hypothetical proposition）爲大前題而來的推理。「如果」處所引出的句子爲前件，「則」處所引出的句子爲後件。前件名爲「根據」（ground），後件名爲「歸結」（consequence）。一個假然命題就是「根據歸結」間的邏輯連結。（參看第五章第二節解析「充足條件」文。）

假然推理就是以假然命題爲大前題，而以肯定或否定其中之前件以及肯定或否定其中之後件爲小前題，而成的推理。如果以肯定或否定其中之前件爲小前題，則結論就是關於後件肯定或否定。如果以肯定或否定其中之後件爲小前題，則結論就是關於前件的肯定或否定。

因爲有大前題、小前題與結論，故假然推理亦稱「假然三段式」（hypothetical syllogism）。「假然三段式」之爲名是對上章三段式之爲「定然三段式」（categorical syllogism）而言。所以名爲「假然」者，只因其大前題爲假然命題故。所以名爲「定然」者，只因構成三段式的 AEIO 是定然命題故。這只是表面的區別。其實際的區別是在：三段推理是表示類間的包含或排斥關係，而假然推理則表示前後件兩個句子（兩個命題）間的關係。可是 AEIO 中的 AE，如果解爲兩個句子間的「如果—則」形式，則上章的三段推理亦可成爲假然推理。不過解爲兩個句子間的「如果—則」形式與把 AE 中的 SP 只看爲兩個詞（項）究竟是不同的兩種邏輯形式。我們現在就看兩個句子間的「如果—則」形式之推理。

我們上面適說：以肯定或否定前件爲小前題，則結論即是關於後件的肯定與否定。但是這不都是有一定的結論的。以肯定或否定後件爲小前題，則對前件作結論亦然。茲以 p 表前件命題，q 表後件命題，假然推理式如下：

1.如 p 則 q

今 p，

∴q（此爲建設式）。

2.如 p，則 q

今 $\bar{p}$，

∴$\bar{q}$（？）

3.如 p 則 q

今 q，

∴p（？）

4.如 p，則 q

　今 $\overline{q}$，

　∴$\overline{p}$（此爲破斥式）。

此四式，第1式：肯定前件即肯定後件（有一定結論可得）。第2式：否定前件不必否定後件（無一定結論可得）。第3式：肯定後件不必肯定前件（無一定結論可得）。第4式：否定後件即否定前件（有一定結論可得）。

此四句普通認爲是假然推理底規律，實則只是「如果—則」命題中前後件間的眞假關係。

何以說「否定前件不必否定後件」、「肯定後件不必肯定前件」？蓋一套在「如果—則」中，前件即只爲後件底「充足條件」，而不爲其「必要條件」。因爲只是後件底充足條件，故「有之即然」（此爲肯定前件即肯定後件），但不必「無之不然」，故否定它，不一定否定後件。因爲不必「無之不然」，故反過來，從後件方面想，有後件不必即因有前件，此即肯定後件不必肯定前件。但是若根本沒有後件，則作爲充足條件的前件自然也沒有，此即否定後件即否定前件。如下圖：

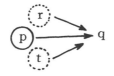

從 p 至 q，有 p 固然有 q，但沒有 p 不一定就沒有 q，也可能有 q，因爲 p 以外的 r, t 也很可能致生它。因爲 p 只是充足條件，而不是必要條件。所以 p 方面或有或無（或眞或假），而 q 方面皆可

是有（皆可是眞）。反過來，從 q 到 p，有 q 不一定即有 p，可有可無，但沒有 q，則固然沒有 p，而 p 以外的 r,t，也不必說矣。

因此，前後件一套在「如果—則」中，即有三個眞假可能：(1) p 眞 q 眞，(2)p 假 q 眞，(3)p 假 q 假。（這三個可能中的眞假皆是並立地看，不是條件地看。這三個合起來而成一個條件關係。）但就是不能有「p 眞 q 假」一可能。

具有這三個可能的「如果—則」關係，近代符號邏輯裏名曰「函蘊」（implication），即「p⊃q」，讀爲「p 函蘊 q」，或「如 p 則 q」。把它的三個眞假可能列出來，如下表：

p q	p⊃q	p⊃q
1. + +	E	+ +
2. − +	E	− +
3. + −	N	
4. − −	E	− −

左表中，「E」表示存在或有，「N」表示不存在或沒有。

如是，我們可以說，三段推理服從周延原則、曲全公理，而假然推理則只服從「函蘊」底這個「眞假圖表」，也可以只是這個眞假圖表底展示。因爲這個緣故，假然推理，我們可以改名爲「函蘊推理」（implicative inference）。並由這裏亦可使我們接近近代邏輯中所謂「函蘊」。

函蘊推理既只是「如果—則」形式中前後兩件間的眞假關係，則此前後兩件 p,q 爲肯定句子或否定句子，皆無關係。只要一套在「如果—則」中，其推理即服從上面所列的那四個形式。不過 p,q

在函蘊推理的大前題中，其爲肯定或否定，其共有四種方式，那也就是說，函蘊推理底大前題共有四種方式：

(1)「如 p，則 q」：此爲充足條件關係：「如天雨，則地濕」。

(2)「如 p̄，則 q̄」：此爲必要條件關係：「如無恆產，則無恆心」。

(3)「如 p，則 q̄」：此爲排斥關係：「如共黨一面倒，則於蘇俄不利」。

(4)「如 p̄，則 q」：此爲窮盡關係：「如共黨不一面倒，則共黨必變質」。

按第五章所講的八種關係，作爲函蘊推理底大前題的，只有這四種關係。（不充足、不必要、不排斥、不窮盡，因爲是偏稱命題，不能翻成「如果—則」，故不可以作函蘊推理底大前題。）但無論大前題本身爲充足、必要，或排斥、窮盡，只要一套在「如果—則」中而作函蘊推理，即服從上列四式，依之以進行。即，前件，無論爲 p 或 p̄，都作後件底充足條件看。此在「如 p 則 q」中很顯然，因爲此命題本身就是充足條件關係。但在「如 p̄ 則 q̄」，其本身爲必要條件關係。若在作推理時，視前件爲後件底充足條件，則是把 p̄ 視爲 q̄ 底充足條件，不是把 p 視爲 q 底充足條件。視其本身爲必要條件關係，是說：在雙無形式下（pq 俱爲否定），p 是 q 底必要條件。今若作推理，則是把「p̄」整個視爲前件。如此，前件即後件底充足條件。餘同。故可一律服從上列四種推理式也。

茲就上列四種大前題推理如下：

Ⅰ.「如 p，則 q」＝「p⊃q」

(1)p⊃q (3)p⊃q ⎰ (1)如天雨，則地濕。　(3)如天雨，則地濕。
　　p　　　q　　⎱　　今天雨，　　　　　　　今地濕，
　　∴q　　　？　　　　∴地濕。　　　　　　　未必即天雨。
(2)p⊃q (4)p⊃q ⎰ (2)如天雨，則地濕。　(4)如天雨，則地濕，
　　−p　　−q　　⎱　　今天不雨，　　　　　今地不濕
　　？　　∴−p　　　　地未必不濕。　　　　∴天未雨。

Ⅱ.「如 p̄，則 q̄」＝ −p⊃−q

(1)−p⊃−q　(3)−p⊃−q ⎰ (1)如無恆產，則　(3)如無恆產，則
　　　　　　　　　⎰　　　　　無恆心。　　　　無恆心。
　　−p　　　　−q　　　　今「無恆產」，　今「無恆心」
　∴−q　　　∴−p？　　∴「無恆心」。　∴「無恆產」。ʻ
(2)−p⊃−q　(4)−p⊃−q ⎰ (2)如無恆產，則　(4)如無恆產，則
　　　　　　　　　⎱　　　　　無恆心。　　　　無恆心。
　−(−p)=p　−(−q) ⎰ 今非「無恆產」，今非「無恆心」，
∴−(−q)=q?　∴−(−p) ⎱ ∴非「無恆心」。？ ∴非「無恆產」。

Ⅲ.「如 p，則 −q」＝p⊃−q

(1)p⊃−q　(3)p⊃−q ⎰ (1)如共黨一面倒，則於蘇俄不利。
　　p　　　　−q　　⎰　　　今共黨一面倒，
　∴−q　　　∴p？　　∴對於蘇俄不利。
(2)p⊃−q　(4)p⊃−q ⎰ (2)如共黨一面倒，則於蘇俄不利。
　　−p　　　−(−q) ⎰　　今共黨不是一面倒，
∴−(−q)？ ∴−p　　⎰　　對於蘇俄亦未必就有利。
　　　　　　　　　⎱ (3)如共黨一面倒，則於蘇俄不利。

今對於蘇俄不利，

未必由於共黨一面倒。

(4)如共黨一面倒，則於蘇俄不利，

今對於蘇俄不是不利，

∴共黨未一面倒。

Ⅳ.「如 $\bar{p}$，則 q」＝ $-p\supset q$

(1) $-p\supset q$　　(1)如共黨不一面倒，則共黨必變質。

　$-p$　　　　　今共黨不一面倒，

∴q　　　　　∴共黨必變質。

(2) $-p\supset q$　　(2)如共黨不一面倒，則共黨必變質。

　$-（-p）$　　　今共黨非不一面倒，

∴ $-p$？　　　而共黨亦未必不變質。

(3) $-p\supset q$　　(3)如共黨不一面倒，則共黨必變質。

　q　　　　　今共黨已變質，

∴ $-p$？　　　未必由於共黨不一面倒。

(4) $-p\supset q$　　(4)如共黨不一面倒，則共黨必變質。

　$-q$　　　　今共黨未變質，

∴ $-（-p）$　∴共黨不是不一面倒。

以上是就函蘊關係中前後兩件底眞假關係而言函蘊推理。現在還可以只就函蘊關係本身而言函蘊推理。此則有以下兩式：

　1.如果 q 函蘊 r，而且 p 函蘊 q，則 p 函蘊 r。（建設式）

　　$q\supset r$ 而且 $p\supset q$，∴ $p\supset r$

　　如果共產主義成立，則人類沒有自由。

　　如果唯物史觀成立，則共產主義成立。

∴如果唯物史觀成立，則人類沒有自由。

2.如果 p 函蘊 r，而且 q 函蘊 r 假，則 q 函蘊 p 假。（破斥式）

P⊃r，而且 q⊃−r，則 q⊃−p

（ p⊃r＝−r⊃−p ）

如果民主主義成立，則人類有自由。

如果唯物史觀成立，則人類沒有自由。

∴如果唯物史觀成立，則民主主義亦不成立。

此兩種函蘊推理式直接都是以函蘊關係底傳遞性爲根據的。而間接則仍是根據「肯定前件即肯定後件，否定後件即否定前件」。

第二節　析取推理

析取推理（ disjunctive inference ）即是以析取命題爲大前題，而以肯定或否定析取的兩端中任一端爲小前題，而成的推理。如果肯定或否定此一端爲小前題，則結論即是關於另一端的否定或肯定。

析取命題或由命題間的析取關係而成，或由項（類）間的析取關係而成。析取關係即是「或」（ or ）這個字所表示的關係。言析取者，於「或此或彼」中，彼此兩者可以拆開而任取其一之謂。亦曰「選替」或「交替」（ alternative relation ）。今則通用「析取」。如爲命題間的析取，則爲：「p 或 q」，符號式爲：「pvq」（ v 表或 ）。如爲項間的析取，則爲「a 或 b」、「avb」。此無關緊要。落在實際例子上 ，析取底兩端大體是命題。茲就 pvq 而言

析取推理。

　　作析取推理時，首先須於「pvq」中，了解 p, q 兩端究是否爲排斥，以及是否爲窮盡。

　　析取本身底意義是如此：p, q 兩端至少必有一，兩者俱有亦可。若就它們的眞假關係說是如此：(1)p 眞 q 眞，(2)p 假 q 眞，(3)p 眞 q 假。第一句是說「兩者俱眞」（兩者都有亦可），第二與第三兩句是說：至少有一爲眞。此三句即函說：不能兩者俱假。圖表如下：

p	q	pvq	pvq	
+	+	E	+	+
−	+	E	−	+
+	−	E	+	−
−	−	N		

照此圖表而言，析取本身底意義，即一說「或」而不加任何限制，它便是「相容的析取」，即窮盡而不排斥。只有此 p, q 兩者，故窮盡。至少有一，兩者俱有亦可，故不排斥。因爲只在此兩者間作析取，故否定此一端，必肯定彼一端。但因爲不排斥，故肯定此一端，不必否定彼一端。其推理式如下：

Ⅰ.p, q 窮盡：　　　　　Ⅱ.p, q 不排斥：

(1)pvq　(2)pvq　　　　(1)pvq　(2)pvq

　−p　　−q　　　　　　p　　　q

　∴q　　∴p　　　　　∴−q?　∴−p?

這就表示說，依析取本義作析取推理，只有小前題是否定式（表示窮盡），才有結論可得，小前題是肯定式，便無結論可得。依此，從排斥不排斥方面想，小前題必須是肯定的方式。排斥，有結論可得，而結論必爲否定。不排斥，無結論可得，即：肯定 p，不必否定 q，肯定 q 不必否定 p。從窮盡不窮盡方面想，小前題必須是否定方式。窮盡，有結論可得，而結論必爲肯定。不窮盡，無結論可得，即：否定 p，不必肯定 q，否定 q 不必肯定 p。

若是 p, q 兩端排斥而不窮盡，則析取推理如下：

　Ⅰ.p, q 排斥：　　　　Ⅱ.p, q 不窮盡：

　　(1)pvq　(2)pvq　　　　(1)pvq　(2)pvq

　　　p　　　q　　　　　　　－p　　　－q

　　∴－q　　∴－p　　　　∴q?　∴p?

若是 p, q 兩端既不排斥又不窮盡，則小前題無論爲肯定或否定，俱無結論可得。

若是 p, q 兩端既排斥又窮盡，則小前題無論爲肯定或否定，俱有結論可得。此爲「矛盾的析取」。

一個析取命題，其中所包括的析取項當然不必像上面那樣只是兩個析取項，還可以多過兩個以上，此或爲有限多，或爲無限多。如果爲有限多，我們可以把它們都列舉出來。譬如爲四個，則爲：「pvqvrvs」。如果爲無限多，則不能列舉，只有打點，如：「pvqvrv……」。

如果爲有限多，如上式，爲四個，則仍依照上面排斥窮盡否的考慮而作推理。譬如依其本義爲窮盡而不排斥，則如果不是 p，當然就是 q 或 r 或 s。如果既不是 p，又不是 q，亦不是 r，當然就是

s。可是因爲不排斥，故如果是 p，不必就不是 q 不是 r 不是 s。如果是 p 或 q 或 r 亦未必就不是 s。如下：

Ⅰ.窮盡

(1)pvqvrvs

　－p

∴qvrvs

(2)pvqvrvs

　-（pvqvr）=（-p・-q・-r）

∴s

Ⅱ.不排斥

(1)pvqvrvs

　p

∴-（qvrvs）=（-q・-r・-s）？

(2)pvqvrvs

　pvqvr

∴－s？

〔注意：上推理式中，-（pvqvr）=（-p・-q・-r），此式中的「・」讀爲「與」，「p 或 q 或 r」底否定等於「旣不是 p 又不是 q 又不是 r」，而不是「或不是 p 或不是 q 或不是 r」。故析取式底否定一定爲絜和式（conjunction）。即「・」所連結的，而不是「v」所連結的，是「與」式而不是「或」式。〕

可是，如果爲無限多，則問題稍麻煩。即，是否能依照排斥與窮盡底標準而作析取推理，很成問題。於無限多的析取項中，我們能否有一標準把它們分成排斥或不排斥的兩類，以及分成窮盡或不窮盡的兩類？如果有一標準能分成，則能作析取推理；如果沒有，則不能作析取推理。假定有一標準，能使我們於無限多的析取項中，選出一個如 p 或若干個如 p,q,r，爲一類，把 p 或 p,q,r 以外的那一切劃歸爲一類，如下式：

　　　（p）v（………）=1

　　　（pvqvr）v（………）=1

或簡言之，以 p 爲一類，以 -p 代表 p 以外的那一切，而爲：

$$pv - p = 1$$

則即能作析取推理。否則不能。而於無限多的析取項中能否有一標
準這樣作,則很成問題,此點牽連到其他很專門的問題。在此可不
深論。

在我們實際應用範圍內,析取項大體是有限多。故如在有限多
的析取項中而作析取推理,即須依照析取推理底模型而進行。

第三節　兩難推理

兩難推理(dilemma, dilemmatic inference),在推理形式或
邏輯關係上,並沒有新的貢獻。它實只是一個複雜的函蘊推理。所
謂複雜者,就是:因為要成兩難故,在大前題裏必須具備兩個假然
命題。每一個假然命題陳述一個可能,因此有兩個可能。你要想建
立一個什麼結論,這兩個可能都向那結論走,所以無論你採取那個
可能,這結論總成立。你要想破壞一個什麼結論,這兩個可能也都
向那破壞處走,所以無論你採取那個可能,這結論總不成立。我們
普通所謂兩難是進退兩難。這也就是進退兩可能都難。我們現在就
根據兩可能逼迫你非承認一個結論不可:或者承認我所建立的,或
者承認你的失敗。所以這種推理底要點,就在藉兩假然命題陳述兩
個可能。當然,要想辯論健全,必須使兩可能健全,即必須排斥而
窮盡。若不排斥,則兩個不清;若不窮盡,則有第三者可逃。如
是,則兩難推理即被拆破而不成其為難。

大前題既包含兩個假然命題,藉以陳述兩個可能,故在推理過
程中,一定還須有一個析取命題作小前題。依此,兩難推理實是假

然命題與析取命題所合成的一種推理式。這種推理式，其形式共有
兩類四種：一類是簡單的，一類是複雜的，而各類又皆有建立與破
斥兩種。如下：

I.簡單的

(1)建立式：肯定前件即肯定後件。

式：如 p，則 q，而且如 r，則 q ⎫　p⊃q 而且 r⊃q
　　或 p 或 r　　　　　　　　　⎬　pvr
　　∴q　　　　　　　　　　　　⎭　∴q

式中大前題含有兩個假然命題，p 與 r 為前件，q 為後件。所以名
為「簡單的」，只因後件同只是 q。無甚深義。

例1：如果你肯定思想律，你要用它；如果你否定思想律，你
　　　也要用它。

　　　你或肯定思想律，或否定思想律。

　　　∴你總要用它。（表示思想律不可反駁）。

例2：如因至於果，則不辨因果；如因不至於果，則不辨因
　　　果。

　　　或因至於果，或因不至於果，（說：「因或至於果或不
　　　至於果」亦可。）

　　　∴總不辨因果。（此為佛家依至不至兩可能破因果）。

例3：如果你敗訴，你要付我錢，如果你勝訴，你要付我錢。

　　　你或敗訴或勝訴，

　　　∴故總要付我錢。

此為普洛塔哥拉斯（Protagoras）與其學生打官司時的辯訴。敗
訴，依法庭判斷當付錢；勝訴，依當年師生契約，當付錢。故如此

辯訴云。可是他的學生也同樣可辯云：如敗訴（依當年契約），我不付錢；如勝訴（依法庭判斷），我不付錢。故無論勝或敗，我總不付錢。這是兩個標準對於原被告各有利弊。故此辯訴無結果。但此辯訴推理卻是屬於此簡單的建立式。此式最爲常用。

　　(2)破斥式：否定後件即否定前件。

　　　式：如 p，則 q，而且如 p，則 r。 $\}$　$p \supset q$ 而且 $p \supset r$

　　　　或非 q 或非 r，　　　　　　　　　$-q \lor -r$

　　　　∴非 p。　　　　　　　　　　　　　$\therefore -p$

此式亦可爲：

　　　　如 p，則 q 或 r。　　　　　　　　$p \supset q \lor r$

　　　　今既非 q 亦非 r，　　　　　　　　$-(q \lor r) = -q \cdot -r$

　　　　∴非 p。　　　　　　　　　　　　　$\therefore -p$

　　　例：如一物能動，則它在它所在的地方動；如一物能動，則它必經過一段空間。

　　　　　今一物或不能在它所在的地方動，或不能經過一段空間，

　　　　∴一物總不能動。

　　　或：如一物能動，則它或在其所在的地方動，或在其所不在的地方動。

　　　　　今一物既不能在其所在的地方動，亦不能在其所不在的地方動。

　　　　∴一物總不能動。

此爲古希臘伊里亞學派中的芝諾（Zeno）反對運動的論辯。因爲據他們想，一物根本不在它所不在的地方動，故此一可能根本不可能。至「在其所在處動」，則因爲從 A 動至 B，必須經過中間點，

而中間點又有中間點，又有中間點，此爲無限的劈分，故結果一步不能動，是則「在其所在處動」一可能亦不可能。故否認此兩可能，即否認運動。而此思想之論據根本是在「經過空間距離」之不可能，故有此例之第一形式。

Ⅱ.複雜的

(1)建立式：肯定前件即肯定後件。

式：如 p，則 q；而且如 r，則 s。⎰　　p⊃q 而且 r⊃s

　　或 p 或 r，　　　　　　　　⎱　　pvr

　∴或 q 或 s。　　　　　　　　　　　∴qvs

例1：如這些書與可蘭經底意旨相同，則它們是用不著的書；如它們與可蘭經底意旨不相同，則它們是要不得的書。

這些書或與可蘭經底意旨相同，或與可蘭經底意旨不相同，故這些書或是用不著的書，或是要不得的書。

例2：如你說公道話，則人恨你；如你不說公道話，則上帝恨你。

或者你說公道話，或者你不說公道話，

故或者人恨你，或者上帝恨你。（此表示你總要受恨）。

(2)破斥式：否定後件即否定前件。

式：如 p，則 q，而且如 r，則 s。⎰　　p⊃q 而且 r⊃s

　　或非 q 或非 s，　　　　　　⎱　　－qv－s

　∴或非 p 或非 r。　　　　　　　　　∴－pv－r

例1：如你說公道話，則上帝愛你；如你不說公道話，則人愛你。

今或者上帝不愛你，或者人不愛你，

故或者你沒有說公道話，或者你沒有不說公道話。

例2：如一人聰明，則他知其錯誤，如一人誠實，則他承認其
錯誤。

他或不知其錯誤，或不承認其錯誤。

故他或不聰明，或不誠實。

以上四種兩難式，若從邏輯形式上說，它們只是複雜的函蘊推
理，兩難只是在實際應用上表現。此在實際辯論上很有用，而於邏
輯關係則無新的貢獻。

在實際應用上，於陳述兩可能時，我們已指出須排斥與窮盡，
至於用一肯定一否定方式，如「說公道話」與「不說公道話」，或
是俱用肯定方式，如「聰明」與「誠實」則看實際情形而定。

傳統邏輯發展至此而止。再進便轉入近代符號邏輯，見下部。

第二部　符號邏輯

第九章　邏輯代數

第一節　綜述此系統底基本特性

邏輯代數（algebra of logic）開始於來布尼茲（Leibniz），完成於布爾（Boole）及舒露德（Schröder）。後來邏輯家屢有修改補充。這一系統是近代數理邏輯中命題演算（calculus of propositions）底前驅，也是傳統邏輯底推進一步。它對於傳統邏輯的關係，好像數學中代數對於算術的關係。" algebra "一詞，在數學中，我們譯為「代數」，因為其中的a,b是直接代數目的。但是在這個系統中，a, b 等卻並不代數目。它們可以代「類」（class）、代「區」（region）、代概念。單看我們用什麼來解析它。如果解之以類，它便代類，解之以區，它便代區。它們本身原是一個抽象的未規定者。代之以什麼，便是它的「值」（value）。所以最好譯為「邏輯代值學」，而不譯為「邏輯代數」。譯代數者，順俗慣用故。

除a,b所代替者外，這個系統還有類於代數者（因而使我們採用" algebra "一詞），是因為它還用了數學中的＋，×，＝，≠等

運算符作爲演算的工具或方式。

除＋，×，＝，≠等運算符外，還有一個主要的運算符，這便是表示包含關係（inclusion-relation）的「⊂」。以此爲主，副之以＋，×，＝，≠，遂使此系統成爲一個縱貫的推演系統。這點便與傳統邏輯不同。傳統邏輯中的推理是散列的，是就「已分解的命題」（analysed proposition）而言詞（端、項）或句子間的關係，以形成推理。例如就已分解成的主謂式、假然式、析取式等類命題而成爲三段推理（詞間的關係），假然推理及析取推理乃至二難推理等（這都是句子間的關係）。這些推理都是散列的，不成一縱貫的推演系統。

但是這個系統是一縱貫的推演系統。其推演是一種演算。但是它所藉運算符以演算的，不是命題，而是「項」（term）。這種項，從其未經解析以觀之，我們叫它是未規定的「邏輯項」（logical term）。所以這個代值學，我們開始可叫它是「項底邏輯」（logic of term）。我們前面雖說這些項可以解爲類、區或概念，但從外延的觀點解爲「類」是比較正常的。因此，這個縱貫的推演系統亦叫做「類底演算」（calculus of class）。若不從其解爲類而觀之，說它是項底演算或項底邏輯便可。

這個系統中的項及其作爲主要關係的包含關係，若從邏輯底發展觀之，實可追溯其淵源於三段推理中的主謂詞及曲全公理。主謂詞自其外延觀之，便成爲這裏的項或類；曲全公理所說的「凡論謂全體者亦論謂部分」，即表示部分包含在全體中（從外延方面說）的「包含關係」。依是，傳統邏輯中 AEIO 這種已分解的命題，在這個系統裏，便不是以命題的方式出現，而是視爲兩項間的關係

式。如下：

A：a－b＝0

E：a b ＝0

I ：ab ≠0

O：a－b≠0

這便已失掉了命題底形式。而作為主要關係的包含關係實是由 A 命題而透露出。「凡 S 是 P」既可寫為 a－b＝0，亦可寫為「a⊂ b」。但是這個包含關係一經成立，則便成了一個獨立的系統。脫離了傳統邏輯的束縛，而傳統邏輯中的三段式倒可以吸收進來而予以新解析。

這個由「a⊂b」所成功的「項底邏輯」或「類底演算」，既經成為一個獨立的系統，則我們這樣來看它：

I.設有一羣未經界定的元素，我們名之曰 K，如是，K 中有一項 a，對此任一項 a，我們施以否定，便得一負項或反項「－a」。這個「－a」便是 a 之餘項（complement），即，除 a，便是－a，而 a 亦是－a 之餘項，即，除－a，便是 a。這就表示對任一項 a 只有一個負項「－a」，「－a」是「獨一的」（unique）。如是：

　　⑴ a 底否定便是「－a」：－（a）＝－a

　　⑵－a 底否定便是 a：－（－a）＝a

此為正反兩項或肯定否定底「對偶性原則」。

Ⅱ.K 中有一個「1」，這個我們叫它是「宇」（論宇）。若解為類，我們叫它是「全類」（universal class）。這個全類是兩個互為餘項的項之加和，即：a＋－a＝1。即全類是包含著我們所論及的一切分子之類。例如，如果我們所討論的是人類之全，則孔子加

「非孔子」便等於人類之全。如果我們所討論的是顏色之全,則紅加「非紅」便等於顏色之全。如果非紅不只限於顏色,而通於其他一切,則紅加非紅便等於宇宙之全。這些只是例。而邏輯中的「1」總是由「a + -a」而成。這個「1」也是獨一的。

除全類以外,還有一個「空類」(null class),即沒有分子的類。我們寫為「0」。例如龜毛,兔角,金山,飛翼馬所成的類,都是空類。而這些空類決不能說它們有什麼不同,即沒有什麼特徵可以區別出這個空類不同于那個空類。所以空類也是「獨一的」。因為 K 中的1與0都是獨一無二的,所以:

(1)　1底否定便是零:$-1 = 0$

(2)　0底否定便是 1:$-0 = 1$

即全類以外的那個類,為全類之餘類的,便是空類,為空類之餘類的便是全類。此為1與0間的對偶性。

Ⅲ.在 K 中至少有兩個元素 a,b,於是 a≠b,由之我們可以知道1≠0。假若 k 中不能至少有兩個不同的元素,則一切元素便是同一色,如是便無法成一推演系統。而若至少有兩個不同的元素,則1便不會等於0。因為1是由「a + -a」而成的,0是1底餘項。0是獨一的,1也是獨一的。既至少有兩個不同的成分,則1不會等於0。假定都是同同的,則1是否不等於0,便很難說。或者都是1,或者都是零,而1與0也或許就是一回事。

Ⅳ.K 中任何兩項 a,b,可有以下五種基本關係:

(1)a×b:此表示公共於 a 及 b 者。若解為類,則「a×b」即表示以 a 底分子及 b 底分子兩者所組成之類。我們可名此類為 a 及 b 底乘積類,而「×」即名為「邏輯的相乘」(logical multiplication），此種相乘底結果，即名爲「邏輯積」（logical product）。此類比於數學，亦可寫爲「a‧b」，或「ab」。讀則爲「a 與 b」（a and b）。例如人類就是「動物性」所成之類與「理性性」所成之類兩者之乘積。以圖表之便如下：

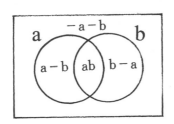

圖中「ab」一塊就是 a 與 b 底乘積類。如以 a 代表理性性所成之類，b 代表動物性所成之類，則人類就是「ab」所表示的，也就等於說：它是「或者有理性性而無動物性，或者有動物性而無理性性，或者旣無理性性，又無動物性」這一個類底否定。簡言之，就是「或者無理性性或者無動物性」這一類底否定。

　　(2)a＋b：此表示那或是 a 底分子或是 b 底分子或是 a,b 兩者底分子所成之類。我們可名此類爲 a 及 b 底加和類，而「＋」即名爲「邏輯的相加」（logical addition），而此種相加底結果，即名爲「邏輯和」（logical sum）。「a＋b」亦可讀爲「a 或 b」（a or b）。如上圖，a＋b 就等於 ab,a-b,b-a 這三塊底加和，也就是說它表示「或者旣有理性性又有動物性（ab），或者有理性性而無動物性（a-b），或者有動物性而無理性性（b-a）的那些分子所成之類」，也就等於旣無理性性又無動物性的分子所成之類（-a-b）底否定。這便可以看出「a＋b」所成之類旣不只是人類，亦不只是動

物類，亦不只是只有理性性而無動物性的什麼類，乃是都包括在內所涉更廣的一個類。

(3)a⊂b：此表示 a 包含在 b 中。若解爲類，則 a 類含在 b 類中，即 a 底一切分子也是 b 底分子，或 a 底每一分子也是 b 底一個分子。例如人類含在有死類裏面。惟 a⊂b 中不必是 a 小於 b，a＝b 亦可。如是，a⊂b 中不是 a＜b 底形式，而是 a≦b 底形式。如人類等於會笑的動物類，則「所有的人是會笑的動物」也成立。此即人類底一切分子也是會笑的動物類底一切分子，即人類含在會笑的動物類中，而此含實在是相等。如果相等，則 a,b 兩者重疊。如下圖：

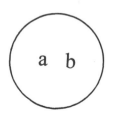

(4)a＝b：此表示 a 底一切分子也是 b 底分子，b 底一切分子也是 a 底分子。那就是說，a⊂b 而且 b⊂a，則 a＝b。例如：人類底一切分子是理性的動物類底分子，而理性的動物類底一切分子也是人類底分子，此時人類便等於理性的動物類。

(5)a≠b：此表示 a 底一切分子不是 b 底分子，b 底一切分子也不是 a 底分子：桌子類底分子不是椅子類底分子，椅子類底分子不是桌子類底分子，此即表示桌子類不等於椅子類。

以上五種基本關係可以規定如下：

$(1)a \times b = - (-a + -b)$

$(2)a + b = - (-a \times -b)$

乘積與加和是可以互爲先在的。如以加和爲先在，則我們藉著否定，便用之來規定乘積。如以乘積爲先在，亦然。

$(3)a \subset b = (a \times b = a)$

a 含在 b 中等於說：a 與 b 底乘積類就是 a 類。如果「所有的人是有死的」，則人與有死兩者底乘積所成之類就等於人類。在這個代值學裏，類含關係是這樣規定的。當然還可作如下的規定：

$a \subset b = (a - b = 0)$

這是反面的表示。這是說：a 含在 b 中就等於說「是 a 而不是 b」是沒有的。既是 a 底分子而又不是 b 底分子，當然不能說 a 含在 b 中。而 $a - b = 0$，兩端各加以否定，則又如下：

$[- (a - b) = -0] = (-a + b = 1)$

所以 $a \subset b$ 中也可以規定爲：

$a \subset b = (-a + b = 1)$

或 $a \subset b = - (a - b) = -a + b$

這又是一個正面的表示。這個定義當然十分技巧，但這卻是演算上的必然。見下節即知。

$(4) (a = b) = (a \subset b \cdot b \subset a)$

$(5) (a \neq b) = (a \not\subset b \cdot b \not\subset a)$

Ⅴ.根據以上四組所言，這個代值學又有以下六個特徵：

$(1)a \times a = a$　　a 與 a 積還是 a。

$(2)a + a = a$　　a 與 a 和還是 a。

$(3)a \times 0 = 0$　　a 與零積是零。

(4)$a + 0 = a$　　a 與零和是 a。

(5)$a \times 1 = a$　　a 與1積是 a。

(6)$a + 1 = 1$　　a 與1和是1。

Ⅵ.又有以下三個特徵：

(1)$a \subset a$，或 $a = a$　　此是同一律。

(2)$a \times -a = 0$　　此是矛盾律。

(3)$a + -a = 1$　　此是排中律。

Ⅶ.又有以下一對特徵：

(1)$0 \subset a$ 如果一個類是空類，則它可以是任何東西。而任何東西當然亦是空。

(2)$a \subset 1$ 任何類 a 含在全類中。

以上七組可以綜括這個代值學底基本特性。以下就其爲縱貫的推演系統而觀之。

第二節　推演系統底基本觀念、定義與設準

Ⅰ.基本觀念

(1)此系統中的 $a, b, c, \cdots$ 等，我們名之曰邏輯項。如解爲類，便代表類。

(2)$a \times b$ 表示公共於 a 及 b 兩者。讀爲「 a 與 b 」。簡寫爲 $a \cdot b$ 或 ab。此系統以乘積爲先在的基本觀念。由之以定加和。

(3)a 之否定爲 $-a$。若解爲類，則 $-a$ 表示所有不是 a 類之分子的東西所成之類。可讀爲「 非 a 」（ not-a, non-a ）。

(4)0表示虛無（nothing）。若解爲類，便是那獨一的「空類」。只有一個空類。任何項，其名字若無存在的東西，便即有指示這同一的0類。飛翼馬（centaur）與獨角獸（unicorn）這兩個名詞有不同的內涵。所以內容地說來，它們不相等。但是它們都無存在。所以外延地說來，爲「獨角獸」所指示的東西之類與爲「飛翼馬」所指示的東西之類卻是相同的，即同是空類。所以只有一個空類。此亦表示空類是存在的，即有空類。

(5)a＝b，此表示a項與b項有同一的外延，a類與b類有同一的分子。如人等於無毛兩足動物。此兩項雖有不同的內容，它們卻指同一的東西類。在此系統內，a＝b是未定義的一個基本觀念。

Ⅱ.基本定義

1.01　　1＝－0　　Df.

此即說「1」等於所有不是空類之分子的東西所成之類。這是根據基本觀念中否定與零來規定「1」。Df.表示定義。凡不屬於空類之分子的都含在「1」裏。依是，我們可以說「1」是所論及的每一東西，或者說是「論宇」（universe of discourse）。它代表一個「全類」。這裏所謂「宇」不是我們這個現實的宇宙，而是辨解上的「全」，故曰「論宇」。現實的宇宙以時間空間來規定或表象，但這個論宇則無時相與空相，它是邏輯辨解上的全。這裏只說「1」等於凡不是空類之分子的東西所成之類，是被思及的每一東西，這種說法還嫌籠統。其所以爲「論宇」或辨解上的全之切實而清楚的意義是在「a＋－a＝1」這個表示上。依是這個「1」是我們邏輯手術所控制的正負兩項之加和。不只是一個渾淪的全，或泛泛

說的「每一東西」。此其所以爲論宇或邏輯辨解上的全之故。（普
通譯爲「論域」，「域」字不妥，當改爲「宇」。「論」是直接譯
的「discourse」一詞。其所以爲 discourse 或論，也不可以隨便泛
想。其切實義即在正負兩項之對偶性。一切邏輯論辨、辨解、或思
議，其直接而恰當的意義，純粹的意義，就是在表現這個對偶性。
所以我們也可以說，這個對偶性就是這裏所謂論宇中的「論」之恰
當而純粹的意義。普通只是泛想，倒把這個根本意思模糊了。）

　　惟「a＋－a＝1」是在推演系統中後面出現的一個定理。現在
只是開始。把這整個系統讀完了，就可了解它的意義。

1.02　a＋b＝－（－a×－b）　　Df.

　　此表示那或是 a 之分子或是 b 之分子或是 a,b 兩者之分子所成
之類。關於這個類（即 a＋b）的界定是用否定與乘積兩基本觀念
作成的。「a＋b」這個加和類就等於說是「那既非 a 又非 b 的東西
所成之積類」之否定。「－a×－b」就是既非 a 又非 b 的東西所成
之類，而這個類底否定便是那或是 a 或是 b 或是 a,b 兩者的東西所
成之類。例如：等邊三角形加二等邊三角形所成之加和類就等於
「那既不是等邊三角形亦不是二等邊三角形的東西所成之積類」之
否定。試仍看下圖：

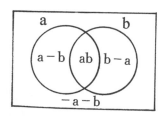

從正面表示，$a+b=ab+a-b+b-a$（或是 a 而非 b，或是 b 而非 a，或是 a, b 兩者）。從反面表示，$a+b=-(-a-b)$（即既非 a 又非 b 底否定）。

第一節中講 $a+b$ 時那個例可覆看。

1.03　$a\subset b=(a\times b=a)$　　Df.

　　a 含在 b 中就等於說「a 與 b 積等於 a」。參看上節關此的解析。又這個包含關係，還可有另一種正面與反面的表示。

　　反面表示：$a\subset b=-(a-b)$

　　　　或：$a\subset b=(a-b=0)$

　　正面表示：$a\subset b=-a+b$

　　　　或：$a\subset b=(-a+b=1)$

這些表示在下面推演系統中證明其都是相等的。俟屆時再詳為解說。

　　以上是三個基本定義。

III. 六個設準（postulates）

1.1　$a\times a=a$

　　此是說：凡既是 a 又是 a 的，即同於 a。a 自身積，還是它自己。因此律成立，故在此代值學中，無指數（exponent）。

1.2　$a\times b=b\times a$

　　是 a 與是 b 的東西所成之類等於那是 b 與是 a 的東西所成之類。這也表示在演算時，乘積中的兩項之前後次序是無關的。假定 a 中含有兩個成分 a_1a_2，b 中含有兩個成分 b_1b_2，則

　　$(a_1a_2)(b_1b_2)=a_1a_2b_1b_2=b_1b_2a_1a_2$

1.3 $a \times (b \times c) = (a \times b) \times c$

這表示乘積中的項可以隨意聯合，也表示聯合它們的括弧可以省去。

1.4 $a \times 0 = 0$

任何項 a 與虛無相積還是虛無。任何類 a 與空類相積還是空類。如人類與空類相積，即旣是人類底分子又是空類底分子（即無），則人類亦空。

1.5 如果 $a \times -b = 0$，則 $a \subset b$

如果 a 與 $-b$ 相乘積是虛無，則凡 a 是 b。即，如果旣是 a 而又不是 b 的東西所成之類是空，旣是 a 而又不是 b 的東西是沒有的，則凡 a 是 b。而「凡 a 是 b」就是「a 與 b 積等於 a」。如果三角形類含在平面形類中，則三角形類與平面形類相乘積（即旣是三角形類中的分子又是平面形類中的分子所成之類）就是三角形類。如果「旣是三角形類中的分子而又不是平面形類中的分子」這種東西是沒有的，則即凡是三角形類底分子的也是平面形類底分子，此即三角形類含在平面形類內。

1.6 如果 $a \subset b$ 而且 $a \subset -b$，則 $a = 0$

如果凡 a 是 b，而且凡 a 是 $-b$，則 a 即爲空類。沒有分子的類，可以與任何東西相乘積，你可以說它是 b，也可以說它是 $-b$。如果飛翼馬不存在（即其類爲空），則「凡飛翼馬是理性的」、「凡飛翼馬是方的」，皆無不可。此義即函「$0 \subset a$」。

第三節　承前的推演系統

2.1　如 a＝b，則 ac＝bc　而且 ca＝cb

2.12　如 a＝b，則 a＋c＝b＋c　而且 c＋a＝c＋b

此兩定理直接由「a＝b」這個基本觀念以及1.2那個設準而來。

2.2　如 a＝b，則 a⊂b 而且 b⊂c；如 a⊂b 而且 b⊂a，則 a＝b

如果兩類相等，則互相包含，而互相包含之類亦相等。

證明：a＝b，則依1.1，ab＝aa＝a，而且 ba＝bb＝b

但依1.03，ab＝a 便是 a⊂b，而 ba＝b 便是 b⊂a

∴如 a＝b，則 a⊂b 而且 b⊂a

反之，如果 ab＝a，而且 ba＝b

則依1.2，a＝ab＝ba＝b

依是 a＝b

∴如 a⊂b 而且 b⊂a，則 a＝b

在這個系統內，a＝b 是未經界定的基本觀念。我們藉這個定理，即可界定 a＝b 如下：

（a＝b）＝（a⊂b・b⊂a）　　Df.

2.3　a⊂a

每一類含於其自身中。

證明：依1.1，a×a＝a，即 aa＝a

依1.03，（aa＝a）＝a⊂a

2.4　ab⊂a 而且 ab⊂b

證明：依1.1，1.2，1.3，

$$（ab）a = a（ab） = （aa）b = ab$$

∴ $$（ab）a = ab$$

依1.03，（ab）a＝ab 便是 ab⊂a

同理， （ab）b＝a（bb）＝ab

依1.03， （ab）b＝ab 便是 ab⊂b

2.5 a－a＝0＝－aa

證明：依2.4 a－a⊂a 而且 a－a⊂－a

依1.6 a－a＝0

依1.2 a－a＝0＝－aa

此定理即爲矛盾律之表示。任一項 a 不能旣是 a 又不是 a。a 與－a 相乘其積爲空。

2.6 0⊂a

證明：依1.2及1.4， 0×a＝a×0＝0

依1.03， 0×a＝0就等於0⊂a

零含在任何類中。如果一類無分子存在（即空），它可以是任何東西，而任何東西亦空。如果獨角獸不存在，其類爲空，則說「一切獨角獸皆是理性的」、「一切獨角獸皆是石頭」，皆無不可。但此必須區別外延的觀點與內容的觀點。若是內容地說來，「一切獨角獸皆是獨角的」，此是分析地必然的，因爲「獨角獸」一概念之內容即含「獨角」一概念之內容。但若說「獨角獸」一概念之內容函蘊「石頭」之內容，則必不可通。若外延地說來，則無論說獨角獸是理性的、是獨角的、是石頭、皆無不可，亦皆無意

義。故此定理之在此例上，必須取外延的觀點，即類的觀點。

此定理可與羅素的「眞值函蘊」底系統中「一假命題函蘊任何命題」相比觀，亦可與路易士的「嚴格函蘊」底系統中「一不可能的命題嚴格函蘊任何命題」相比觀：

代值學系統：$0 \subset a$

眞值函蘊系統：$\sim p \cdot \supset \cdot p \supset q$（如 p 假，則 p 函 q）

嚴格函蘊系統：$\sim \lozenge p \cdot \prec \cdot p \prec q$（如 p 不可能，則 p 嚴格

函 q）詳解見下兩章。

2·7　如果 $a \subset 0$，則 $a = 0$

證明：依 1.03，$a \subset 0$ 即是 $a \cdot 0 = a$

但依 1.4，$a \cdot 0 = 0$

含在空類中的類，其自身是空。

由上 2.6 及 2.7，我們可得：

$(a = 0) = (0 \subset a \cdot a \subset 0)$

2.8　$a - b = 0$ 等值於 $ab = a$，且等值於 $a \subset b$

證明：如果 $a - b = 0$，則依 1.5，$a \subset b$，依 1.03，$a \subset b = (ab$

$= a)$

而如果 $ab = a$，則 $a - b = ab(-b) = a(b - b) = a$

$0 = 0$

∴ 如 $a \subset b = (ab = a)$，則 $a - b = 0$

由以上兩來往，故知 $a - b = 0$ 等值於 $ab = a$ 及 $a \subset b$

案：在本系統內，「等值」（$\equiv$）一關係是未經規定的，亦是未預設在前的。依本定理底證明方式看，則是以「如果—則」底兩來往說明等值。但此義並未出現於基本定義中。這是假借了一個在

本系統中無根的方式來證明。這是預設了未說明的等值來證明某某
兩者爲等值。這在證明方式上，有點乞求論點之嫌。此疵病在羅素
的眞值函蘊系統內便不發生。因爲它以「如 p 則 q」（p⊃q）爲已
經界定了的基本關係，p≡q（等值）又以 p, q 互函（p⊃q 而且 q⊃
p）來規定。如是，如要證明某某兩者爲等值，譬如要證明（a－b
＝0）≡（ab＝a），則只要證明（a－b＝0）⊃（ab＝a）而且（ab
＝a）⊃（a－b＝0），即行。我們上面雖然藉2.2規定

$$（a＝b）＝（a⊂b.b⊂a）$$

但是在本系統內，a⊂b 是項底包含關係，並不是「如果—則」的
「p⊃q」。這表示這個代值學尙不是邏輯本身，尙是不夠「反身
的」。

2.81　如 a⊂b，則 ac⊂bc，ca⊂cb

　　　此隨1.2及2.1直接而來。

2.9　－（－a）＝a

　　　證明：依2.5，－（－a）·－a＝0

　　　　　　依2.8，－（－a）⊂a·····························(1)

　　　　　　依2.5，－【－（－a）】－（－a）＝0

　　　　　　依2.8，－【－（－a）】⊂－a

　　　　　　依2.81，a·－【－（－a）】⊂a－a

　　　　　　依2.5，a－a＝0

　　　　　　依2.7，a·－【－（－a）】＝0

　　　　　　依2.8，a⊂－（－a）·····························(2)

　　　　　　依2.2，(1)與(2)合觀，就是－（－a）＝a

2.91　a＝－b 等值於－a＝b

證明：如 a＝－b，則依2.9，－（－a）＝－（－b）＝b

　　　　如 b＝－a，則依2.9，－（b）＝－（－a）＝a

2.92　a＝b 等值於－a＝－b

如 a＝b，則 a 底反項亦等於 b 底反項。

以上三定理皆表示－a 是獨一的。任一類 a 只能有一個否定。故 a 底否定即爲「－a」，而「－a」底否定即爲「a」，而相等者底否定亦必相等。此須參看第一節中組 I 裏面所說的正反兩項底對偶性原則。

　3.1　－（－a＋－b）＝ab

　3.11－（a＋b）＝－a－b

　3.12－（ab）＝－a＋－b

　3.13－（a＋－b）＝－ab

　3.14－（－ab）＝a＋－b

　3.15－（－a＋b）＝a－b

　3.16－（a－b）＝－a＋b

以上七定理名曰摩根定理（Augustus De Morgan's Theorem）。簡言之，乘積之否定就是其項底分別否定之加和，加和之否定就是其項底分別否定之乘積。前面基本定義中1.02 a＋b ＝－（－a－b）也是這定理之一形態。隨此定理，積底關係所成之定理，必有一和之關係所成之定理與之相應和。例如，隨1.1，我們可寫一式如下：

　　　－a－a＝－a

依是，依2.92，即有

　　　－（－a－a）＝－（－a）

依摩根定理及2.9，即有

　　　a＋a＝a

此與「－a－a＝－a」相應和。

　　以上七定理，皆可與1.02同，視爲定義，而不須證明者。但可就下圖而說明之。

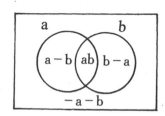

　　圖中 ab、a－b、－ab（或 b－a）、－a－b 四區，皆爲乘積。我們可以說，任一區之肯定就等於其餘三區底加和之否定，而任三區底加和之肯定就是其餘一區之否定。例如：

　　1.ab＝－（a－b＋－ab＋－a－b）＝－（－a＋－b）

　　　（依後面論擴張律，此處暫不詳列。）

　　2.a－b＝－（ab＋－ab＋－a－b）＝－（－a＋b）

　　3.－ab＝－（ab＋a－b＋－a－b）＝－（a＋－b）

　　4.－a－b＝－（ab＋－ab＋a－b）＝－（a＋b）

　　5.ab＋－ab＋a－b＝－（a－b）＝a＋b

　　6.ab＋a－b＋－a－b＝－（－ab）＝a＋－b

　　7.ab＋－ab＋－a－b＝－（a－b）＝－a＋b

　　8.a－b＋－ab＋－a－b＝－（ab）＝－a＋－b

當然我們也可以說，任兩區底加和之否定，演算底結果就是其

餘兩區底加和。這俟下面論擴張律時再說。

以上八個式子都可用實例以明之。我們在第一節組Ⅳ中論 a×b 及 a＋b 時已舉例以明。讀者可做該處之例以試。當然用實例說出來，文字上的繳繞佶屈是不可免的。譬如以「a－b」為例。a－b 就是 a 類與 －b 類相乘積，就是公共於 a 及 －b 者所成之類。茲以人類代 a，以非石頭類代 －b，便成為人類與非石頭類相乘積。非石頭類當然包括的很多，但是既與人類相乘積，則結果事實上不過就是既有動物性又有生物性的這個人類。但是在反面我們總可以說，人類與非石頭類底乘積就等於說是「或者既是人類又是石頭類（ab）或者不是人類而是石頭類（－ab）或者既不是人類又不是石頭類（－a－b）」底否定，簡言之，就是「或者不是人類或者是石頭類」（－a＋b）這個加和類底否定。由此觀之，a－b＝－（－a＋b），其意義便可明白。讀者可一一試之。

3.19 0＝－1

　　證明：根據1.01及2.91，則

　　　　1＝－0等值於－1＝0

　　1＝－0與0＝－1是預設著第一節組 Ⅱ 中所講的1與0間的對偶性，而且1與0必皆是獨一的。

　　如果乘積與加和之間藉否定有一種相應和的關係，則在1與0方面亦然。即，如果乘積方面有0，則在加和方面必為1所代替，如果有1，則必為0所代替。例如：

　　　　2.5 a－a＝0………………(1)

　　　　依2.92－（a－a）＝－0

　　依摩根定理及1.01－（a－a）＝－a＋a，－0＝1

$$\therefore \quad -a+a=1 \cdots\cdots\cdots\cdots(2)$$

此(1)與(2)即為乘積與加和在1與0方面的相應和。又如：

$$1.4 \quad a\times 0=0 \cdots\cdots\cdots\cdots(1)$$

依 $2.92 -(a\times 0)=-0$

而此等於 $-a+-0=-0$

亦即 $\quad -a+1=1\cdots\cdots\cdots\cdots(2)$

此(1)與(2)亦為乘積與加和在1與0方面的相應和。

3.2 $a+a=a$

　　證明：依1.1 $-a-a=-a$

　　　　　依2.92，$-(-a-a)=-(-a)$

　　　　　依摩根定理及2.9，$a+a=a$

3.3 $a+b=b+a$

　　證明：依1.02 $a+b=-(-a-b)$

　　　　　依1.2 $-a-b=-b-a$

　　　　　$\therefore -(-b-a)=b+a$

　　　　　$\therefore a+b=-(-a-b)=-(-b-a)=b+a$

3.31 $a+(b+c)=(a+b)+c$

　　此依1.02及1.3證明。

3.4 $a+1=1$

　　證明：依1.4，以 $-a$ 代 a，$-a\times 0=0$

　　　　　依2.92，　　　　　$-(-a\times 0)=-0$

　　　　　依摩根定理及1.01，$-(-a\times 0)=a+-0$，$-0=1$

　　　　　　　　　　　$\therefore a+1=1$

3.5 $a+-a=1$

　　證明：依2.5，$a-a=0$

　　　　　依2.92，$-(a-a)=-0$

　　　　　依摩根定理及1.01，$-(a-a)=-a+a$，$-0=1$

　　　　　　　　　∴$a+-a=1$

　　此表示排中律。不是 a 就是 $-a$，不是 $-a$ 就是 a，a 與 $-a$ 兩者窮盡一全體，並無第三者。故「或 a 或 $-a$」即為一全體。而此全體即為「論宇」。故論宇之1即由任一項 a 與其所決定之獨一的負項兩者排斥而窮盡相加和而成。在一個項 a 上的1，即為「$a+-a$」，在兩個項 a,b 上的1，則為「$ab+a-b+-ab+-a-b$」。此俟下論擴張律時明之。

3.6　$-a+b=1$等值於 $a⊂b$

　　證明：依2.8，$a-b=0$等值於 $ab=a$，$a⊂b$

　　　　　依2.92，$a-b=0$等值於$-(a-b)=-0$

　　　　　依摩根定理及1.01，$-(a-b)=-a+b$，$-0=1$

　　　　　∴$-(a-b)=-0$就是$-a+b=1$

　　　　　∴$-a+b=1$亦等值於 $a⊂b$

　　此表示$-a+b=1,a-b=0,a⊂b,ab=a$，皆是一回事。後兩者已在定義中明之。前兩者可仍就 ab、$a-b$、$-ab$、$-a-b$ 四區以明之。$a-b=0$就等於說 $a-b$ 是沒有的，$a-b$ 底否定。依上面所解析的摩根定理，

　　　　　$-(a-b)=ab+-ab+-a-b=-a+b$

所謂 $a⊂b$ 中就等於說「a 而不是 b」是沒有的。那麼也就等於說 $a⊂b$ 所表示的那個類（即「凡是 a 的分子也是 b 底分子」這情形所表示的類）就是「或者既是 a 又是 b 或者不是 a 而是 b 或者既不是

a 又不是 b」這情形所成的這個加和類。簡言之，也就是「或者不是 a 或者是 b」這個加和類。就是說，只要在這樣一個類底情形中，我們就可以說「a⊂b」。這情形相當技巧而遠離常識。茲舉例以明之。

如果人類含在有死類裏（凡人是有死的），則等於說「是人而不死」是沒有的。那麼「凡是人類底分子也是有死類底分子」這情形所成的類也就是「或者既是人又是有死（ab）或者不是人而是有死（－ab）或者既不是人又不是有死」這個加和類，簡言之，就是「或者不是人或者有死」這個加和類。就是不能有「是人而不死」一情形所表示的積類。只要在那個加和類底情形下，即可說「人類⊂有死類」。那個加和類好像是一個籠統的界限或領域。這個類究竟是什麼頗難說。反面那個表示比較容易了解。「人與不死」積在一起是沒有的。這個積類底否定當然就是「或者不是人或者有死」這個加和類。詳列便是那個複雜的說法。這正面表示底情形十分古怪（詭譎）。但「是人而不死」底否定便就是如此。

類比于這種古怪情形，羅素的眞值函蘊也具備著：

$$p \supset q = -(p \cdot -q) = -pvq \quad (v 同於 +)$$

由此可以看出羅素的眞值函蘊是直接由 a⊂b 而轉出，或至少可說是可直接類比於 a⊂b。但路易士的嚴格函蘊則沒有那正面的表示：

$$p \prec q = \sim \Diamond (p \cdot -q) \quad (p 眞而 q 假是不可能的)$$

這就比較遠離了這個代值學，故亦不同於眞值函蘊而另成一系統。關於這兩個函蘊只略說及此。俟下兩章再論。

3.7 如果 a⊂b 而且 b⊂c，則 a⊂c

證明：依1.03，如果 a⊂b 而且 b⊂c，則 ab＝a，而且 bc＝b

依2.1，如果 ab＝a，則（ab）c＝ac，ac＝（ab）c

如果 bc＝b，則 a（bc）＝ab

依是 ac＝a（bc）＝ab

而　　ab＝a

∴　ac＝a，此即 a⊂c

此為包含關係上的傳遞律。

3.8　a⊂b 等值於－b⊂－a

證明：依2.8，a⊂b 等值於 a－b＝0

依2.9，　a－b＝－（－a）－b＝－b・－（－a）＝0

依2.8，　－b・－（－a）＝0等值於－b⊂－a

此為換位律。還有兩個形式如下：（其證明同上）

3.81　a⊂－b 等值於 b⊂－a

3.82　－a⊂b 等值於－b⊂a

3.83　a＋b＝b 等值於 a⊂b

證明：依3.8，a⊂b 等值於－b⊂－a

依1.03，（－b⊂－a）＝（－b－a＝－b）

依2.92，　－b－a＝－b 等值於－（－b－a）＝
　　　　　　－（－b）

依1.02，－（－b－a）＝b＋a

依2.9　－（－b）＝b

∴b＋a＝b 亦即 a＋b＝b

∴a⊂b 等值於 a＋b＝b

由上2.8,3.6,及此3.83,我們可知 a－b＝0，ab＝a，a⊂b，－

a+b=1，a+b=b，皆互相等值。照此3.83，我們可以說「或者 a
或者 b」這個加和類如果就是 b 類，則 a 即含在 b 中。a 與 b 乘積
如果是 a 類，則 a 亦含在 b 中。（此即 a⊂b＝（ab＝a）。）

3.9　a⊂a＋b 而且 b⊂a＋b

　　　證明：依2.4，－a－b⊂－a 而且 －a－b⊂－b

　　　　　　依3.81，a⊂－（－a－b）而且 b⊂－（－a－b）

　　　　　　依1.02，－（－a－b）＝a＋b

　　　　　　∴a⊂a＋b 而且 b⊂a＋b

4.1　a⊂1

　　　證明：依2.6，0⊂－a

　　　　　　依3.8，－（－a）⊂－0

　　　　　　依2.9及1.01，上式即為 a⊂1

　　　此為：任何類含在全類中。與2.6「0含在任何類中」（0⊂a）
為一對。0⊂a，a 亦為0，a⊂1，而結果卻仍是 a。依3.7，我們可
說0⊂a，a⊂1，則0⊂1,0⊂1,1亦是0。

4.11　a×1＝a

　　　證明：依4.1，a⊂1

　　　　　　依1.03，a⊂1＝（a×1＝a）

4.12　a＋0＝a

　　　證明：依4.11，－a×1＝－a

　　　　　　依2.91，a＝－（－a×1）＝a＋－1＝a＋0

4.13　1⊂a 等值於 a＝1

　　　證明：依1.03，　1⊂a 即是1×a＝1

　　　　　　依4.11，　1×a＝a,∴a＝1

4.2　如 a⊂b 而且 c⊂d，則 ac⊂bd

　　證明：依1.03，　如 a⊂b 而且 c⊂d，則 ab＝a 而且 cd＝c

　　　　　　依2.1，　ab＝a 就等於 ab·cd＝a·c（因 cd＝c）

　　　　　　依1.2，　ab·cd＝ac·bd＝ac

　　　　　　依1.03，　ac·bd＝ac 就等於 ac⊂bd

4.21　如果 a⊂b 而且 c⊂d，則 a＋c⊂b＋d

　　證明：依3.8，　如 a⊂b 而且 c⊂d，－b⊂－a 而且 －d⊂－c

　　　　　　依4.2，　－b－d⊂－a－c

　　　　　　依3.8，　－（－a－c）⊂－（－b－d）

　　　　　　依1.02，　a＋c⊂b＋d

4.22　如 a⊂c 而且 b⊂c，則 a＋b⊂c

4.23　如 a⊂b 而且 a⊂c　則 a⊂bc

4.24　如 a⊂b，　則 ac⊂bc

4.25　如 a⊂b，則 a＋c⊂b＋c

4.3　　ab⊂a＋b

　　證明：依2.4，　ab⊂a

　　　　　　依3.9，　a⊂a＋b

　　　　　　依3.7，　ab⊂a＋b

　　a 與 b 之積類含於「a＋b」之和類中。但反之，則不能。因為積類在範圍上較狹，而和類則較廣。譬如人類與有死類相乘積，結果就是含有「有死性」的「人類」，而「或人類或有死類」這個加和類卻不就是人類自己。故「人類×有死類」含於「人類＋有死類」中，而反之，則不能。

　　此下吾人將論「分布律」（distributive law）與「吸收律」

（law of absorption）。

4.4 $a(b+c)=ab+ac$

此為分布律。此律證明太煩，故略。（讀者如有興趣，可參看 Lewis 與 Langford 合著之《符號邏輯》。而此書所列之證明亦是取之於 Huntington。）

4.41 $(a+b)(c+d)=(ac+bc)+(ad+bd)$

　　證明：依4.4，$(a+b)(c+d)=(a+b)c+(a+b)d=$
　　　　$(ac+bc)+(ad+bd)$

　　此亦為分布律。

4.42 $a+bc=(a+b)(a+c)$

　　此亦為分布律。惟此式之證明須有待於下4.5「$a+ab=a$」，而4.5為吸收律。茲先設 $a+ab=a$ 於此，則證明如下：

　　證明：依4.41，$(a+b)(a+c)$
　　　　　$=(aa+ba)+(ac+bc)=〔(a+ab)+ac〕+bc$
　　　　依4.5 $a+ab=a$，則$(a+ab)+ac=a+ac=a$
　　　　∴ 〔$(a+ab)+ac$〕$+bc=(a+ac)+bc=a+bc$
　　　　∴ $(a+b)(a+c)=a+bc$

4.5 $a+ab=a$

　　證明：依3.9，$a⊂a+ab$ ⋯⋯⋯⋯⋯⋯ (1)
　　　　依2.3，$a⊂a$
　　　　依2.4，$ab⊂a$
　　　　依4.22，$a+ab⊂a$ ⋯⋯⋯⋯⋯⋯ (2)
　　　　依2.2，則(1)與(2)即表示 $a+ab=a$
　　此為「吸收律」。或亦可曰「內縮律」

4.51　$a = a + ab + ac + ad + \cdots\cdots\cdots\cdots\cdots$

此依上4.5而來。

4.52　$a(a+b) = a$

證明：依4.5，$-a + -a - b = -a$

依2.92，$-(-a + -a - b) = -(-a) = a$

依3.11，$-(-a + -a - b) = a - (-a - b) = a(a + b)$

$\therefore a(a+b) = a$

4.53　$a = a(a+b)(a+c)(a+d)\cdots\cdots\cdots\cdots\cdots$

此依上4.52而來。

以上四式皆爲吸收律。此下再論擴張律（Law of Expansion）。

4.6　$a = a(b + -b) = ab + a - b$

證明：依3.5，$b + -b = 1$

依4.11，$a(b + -b) = a \cdot 1 = a$

$\therefore \qquad a = a(b + -b)$

依4.4，$a = ab + a - b$

此定理表示任一項a乘之以「1」（$b + -b$）還是它自己。此定理很重要而且有趣。下章眞值函蘊系統中，也有此種情形，即：任何命題p乘之以「$q + -q$」（或「$qv{\sim}q$」，此爲套套邏輯）仍是p自己，即其值不變。

4.61　$1 = (a + -a)(b + -b)(c + -c)\cdots\cdots\cdots\cdots$

證明：依3.5，$1 = a + -a$

依4.6，$a + -a = (a + -a)(b + -b)$

並且（a＋－a）（b＋－b）＝（a＋－a）（b＋－b）
（c＋－c）等等

∴　1＝（a＋－a）（b＋－b）（c＋－c）………

「1」爲論宇。如果這個「宇」，在一個成分 a 上說，由施以
否定而得「－a」，a 與「－a」既排斥又窮盡，則

1＝a＋－a

如果在兩個成分 a, b 上說，則

1＝（a＋－a）（b＋－b）＝ab＋a－b＋－ab＋－a－b

一個成分底宇有兩個副類，2個成分底宇有四個副類。3個成分
即有八個副類。以2爲底子（因爲每一成分可開爲正反兩項），每
加一成分，其指數即加一倍，此即其副類數。如：2^1，2^2，2^3，
2^4，……2^n（n 個成分底副類）。而 a＋－a＝（a＋－a）（b＋－
b），是以雖有一個成分底宇與兩個成分底宇等，而其爲宇則一，
是即表示只有一個「1」。

由4.6 a＝a（b＋－b）＝ab＋a－b，我們可以言「充分擴張」
（full expansion），此亦可譯爲「滿展」。何謂「滿展」？例如：

a－b＋－ab＋－a－b

即爲滿展。而

a＋－ab

便不是滿展。要使此式成爲滿展，只須於首項 a 上乘積上一個成分
b 底宇即可，如下：

a＋－ab＝a（b＋－b）＋－ab＝ab＋a－b＋－ab

一個不滿展的式子等於乘上一個宇，使其爲滿展的式子。

要想找出一個複合式子之否定方面爲何（即其餘類爲何），必

須首先使該複合式子成爲滿展。任何滿展的式子之否定方面都是
「1」之擴張之「餘」。例如：

$$1 = a + -a$$

a 之否定（a 之餘）便是「$-a$」，$-a$ 之否定便是 a，而無論 a
或 $-a$ 都是「$a + -a$」這個「1」之擴張之「餘」。又如：

$$1 = ab + -ab + a - b + -a - b$$

「$ab + -ab$」之否定便是「$a - b + -a - b$」。「$-ab$」之否定便是
「$ab + a - b + -a - b$」。若

$$1 = abc + ab - c + a - bc + -abc + a - b - c + -ab - c + -a - bc$$
$$+ -a - b - c$$

此爲三個成分底字。若想找出「$-ab - c + -a - bc + -a - b - c$」
之否定，便可知是「$abc + ab - c + a - bc + -abc + a - b - c$」。

若以演算證之，當如下：

(1)　$-(ab + -ab) = -(ab) \cdot -(-ab)$
$$= (-a + -b) \cdot (a + -b)$$
$$= -aa + -a - b + a - b + -b - b$$
$$= 0 + -a - b + a - b + -b$$
$$= 0 + -a - b + a - b + -b(a + -a)$$
$$= 0 + -a - b + a - b + a - b + -a - b$$
$$= -a - b + a - b$$

(2)　$-(ab + -a - b) = -(ab) \cdot -(-a - b)$
$$= (-a + -b) \cdot (a + b)$$
$$= -aa + -ab + a - b + b - b$$
$$= 0 + -ab + a - b + 0$$

$$= -ab + a - b$$

$(3) - (ab + a - b) = - (ab) \cdot - (a - b)$

$$= (-a + -b) \cdot (-a + b)$$

$$= -a - a + -ab + -a - b + b - b$$

$$= -a + -ab + -a - b + 0$$

$$= -a (b + -b) + -ab + -a - b + 0$$

$$= -ab + -a - b + -ab + -a - b + 0$$

$$= -ab + -a - b$$

$(4) - (-a - b + a - b) = - (-a - b) \cdot - (a - b)$

$$= (a + b) \cdot (-a + b)$$

$$= a - a + ab + -ab + bb$$

$$= 0 + ab + -ab + b (a + -a)$$

$$= 0 + ab + -ab + ab + -ab$$

$$= ab + -ab$$

$(5) - (-a - b + -ab) = ab + a - b$ ⎫
$(6) - (-ab + a - b) = ab + -a - b$ ⎬ 當照算

$(7) - (-a - b) = a + b = a (b + -b) + b (a + -a)$

$$= ab + a - b + ab + -ab$$

$$= ab + a - b + -ab$$

$(8) - (ab) = -a + -b = -a (b + -b) + -b (a + -a)$

$$= -ab + -a - b + a - b + -a - b$$

$$= -ab + a - b + -a - b$$

$(9) - (-ab) = a + -b = a (b + -b) + -b (a + -a)$

$$= ab + a - b + a - b + -a - b$$

$$= ab + a - b + -a - b$$

(10) $- (a - b) = -a + b = -a (b + -b) + b (a + -a)$

$$= -ab + -a - b + ab + -ab$$

$$= -ab + -a - b + ab$$

(11) $- (ab + a - b + -ab) = - [a (b + -b) + -ab]$

$$= - (a + -ab)$$

$$= -a \cdot - (-ab)$$

$$= -a \cdot (a + -b)$$

$$= -aa + -a - b = -a - b$$

(12) $- (-ab + a - b + -a - b) = - [-a (b + -b) + a - b]$

$$= - (-a + a - b)$$

$$= a \cdot - (a - b)$$

$$= a \cdot (-a + b)$$

$$= a - a + ab = ab$$

(13) $- (ab + a - b + -a - b) = -ab$ 當照算

(14) $- (ab + -ab + -a - b) = a - b$ 當照算

(15) $- (ab + a - b + -ab + -a - b) = - [a (b + -b) + -a$
$$(b + -b)]$$

$$= - (a + -a) = -1 = 0$$

(16) $- [- (ab + a - b + -ab + -a - b)] = -0 = 1$

4.62　$a + b = a + -ab$

　　證明：依4.6，$a + b = a + b (a + -a) = a + (ab + -ab)$

　　依4.5，$a + (ab + -ab) = (a + ab) + -ab = a + -ab$

4.7 如果 $a + b = x$，而 $a = 0$，則 $b = x$

證明：如果 a＝0，則 a＋b＝0＋b

依4.12， 0＋b＝b

∴ b＝x

4.71　a＋b＝0等值于 a＝0及 b＝0兩者

證明：如果 a＋b＝0，則－a－b＝1

依4.11， a＝a×1，因此 a＝a×1＝a（－a－b）＝

（a－a）

－b＝0×－b＝0

b＝b×1，因此 b＝b×1＝b（－a－b）＝（b－b）

－a＝0×－a＝0

如果 a＝0而且 b＝0，則 a＋b＝0＋0＝0

4.8　如果 ab＝x，而 a＝1，則 b＝x

4.81　ab＝1等值於 a＝1及 b＝1兩者

證明：如果 ab＝1，則依4.5，a＝a＋ab＝a＋1

而依3.4，a＋1＝1，∴a＝1

同理，如果 ab＝1，則 b＝b＋ab＝b＋1＝1，∴b＝1

而如果 a＝1而且 b＝1，則 ab＝1×1＝1，∴ab＝1

4.9　a＝b 等值於 a－b＋－ab＝0，亦等值於 ab＋－a－b＝1

證明：依2.2，a＝b 等值於 a⊂b 而且 b⊂a

依2.8，a⊂b 是 a－b＝0，而 b⊂a 是 b－a＝0，亦即

－ab＝0

依4.71，a－b＝0，而且 －ab＝0，等值於 a－b＋－ab

＝0

依2.92，a－b＋－ab＝0等值於－（a－b＋－ab）＝－0

$$= 1$$

而依摩根定理，$-（a-b+-ab）-（-ab）$

$$= -（a-b）\cdot-（-ab）$$

$$=（-a+b）\cdot（a+-b）$$

$$= -aa+-a-b+ab+-bb$$

$$= 0+-a-b+ab+0$$

$$= ab+-a-b=-0=1$$

4.92　$a=0$等值於 $t=a-t+-at$

　　證明：如果 $t=a-t+-at$，則

　　　　依4.9，$t\cdot-（a-t+-at）+-t（a-t+-at）=0$

　　　　　　$t\cdot〔（-a+t）\cdot（a+-t）〕+-t（a-t+$

　　　　　　$-at）=0$

　　　　　　$t\cdot（-aa+-a-t+at+t-t）+a-t-t+-a$

　　　　　　$-tt=0$

　　　　　　$t\cdot（at+-a-t）+a-t+-a\cdot0=0$

　　　　　　$att+-at-t+a-t+-a\cdot0=0$

　　　　　　$at+-a\cdot0+a-t+-a\cdot0=0$

　　　　　　$at+0+a-t+0=0$

　　　　　　$at+a-t=a（t+-t）=a=0$

　　此式名曰普利斯基定律（Poresky's Law，俄人，首述之，故名）。在此定理中，$a=0$一式中並無 t。在此，t 名曰自由選取。依4.9，任何等式皆可變爲其中有一成分爲0之形式。因此，不拘任何等式，有多少自由選取之 t 式（其數可無限制），即有多少等值底式子。任何式子如何能變爲等於0之形式？即，將原等式之每一

邊乘之以他邊之否定，再將此兩乘積加起來，即等於0。以下吾人再論函值（function）。

在普通代數裏，對解方程式言，或在其他種種目的上說，常常把一些式子可以看成是一定成分之「函數」。但在這個代值學裏，則不必須。即，不必須一個式子必定對於某一定成分有一種關係以使它成爲該成分之「函值」。因爲即使一個成分不出現於一個特定的式子中，亦可因「擴張律」而引介進來。那些可主斷的式子，即含有「＝」或「⊂」這種關係底式子，常不視爲「函值」。但是不拘任何式子，它若只含有「＋」或「×」這種關係，即可以視爲任何成分 X 之函值。

在此代值學中，把「函值」排成一個「常態」（normal form），亦有用。一個成分 X 底函值之「常態」便是：

$$AX + B - X$$

任何函值可以成爲這個形式。假定以

$$ax + b + - xc$$

視爲 X 之函值，則可以如此辦，即：

$$ax + b + - xc = ax + b(x + - x) + - xc =$$

$$ax + bx + b - x + - xc = (a + b)x + (b + c) - x$$

此就是 x 這個成分底函值。那就是說，依以下兩規律而進行：(1)假定這個函值中的任何項（如上式中 b 項），x 與 - x 皆不出現於其中，則依 $a = ax + a - x$ 之擴張律，就該項而擴張之。(2)把 x 及 - x 之繫數（coefficients）集和起來。這裏可以注意：x 與 - x 不出現於其中的那個項就是 x 與 - x 兩者底繫數中之公項。

給式子以此形式有一種便利，即，這個代值學中的種種運算可

以簡單地只施一種作用於繫屬上即可形成：同一成分底兩個函值可以因加和繫數而加起來，可以因乘積繫數而乘起來，可以因否定每一繫數而得到一個函值之否定。如：

5.1　（AX＋B－X）＋（CX＋D－X）＝（A＋C）X＋（B＋D）－X

此隨4.4　a（b＋c）＝ab＋ac 而來。

5.2　（AX＋B－X）×（CX＋D－X）＝ACX＋BD－X

證明：依4.41，（AX＋B－X）（CX＋D－X）＝ACXX＋ADX－X＋BCX－X＋BD－X－X　＝ACX＋0＋0＋BD－X＝ACX＋BD－X

5.3　－（AX＋B－X）＝－AX＋－B－X

證明：依3.11，－（AX＋B－X）＝－（AX）×－（B－X）

$\qquad$ ＝（－A＋－X）×（－B＋X）

$\qquad$ ＝－A－B＋－AX＋－B－X＋X－X

$\qquad$ ＝－A－B（X＋－X）＋－AX＋－B－X＋0

$\qquad$ ＝－A－BX＋－A－B－X＋－AX＋－B－X＋0

$\qquad$ ＝（－A－B＋－A）X＋（－A－B＋－B）－X

依4.5，　－A－B＋－A＝－A，　－A－B＋－B＝－B

∴　　　　－（AX＋B－X）＝－AX＋－B－X

5.5　AB⊂AX＋B－X⊂A＋B

證明：（AB）（AX＋B－X）＝AABX＋ABB－X

$\qquad$ ＝ABX＋AB－X

$\qquad$ ＝AB（X＋－X）

$\qquad$ ＝AB

∴依1.03， AB⊂AX＋B－X

而（AX＋B－X）× －（A＋B）＝（AX＋B－X）

（－A－B）

＝A－A－BX＋

－A－BB－X

＝0＋0＝0

∴依2.8， AX＋B－X⊂A＋B

5.51　如 AX＋B－X＝0，則 AB＝0

證明：依5.5， AB⊂AX＋B－X

而如果 AX＋B－X＝0，

則依2.7， 如 a⊂0　a＝0，故 AB⊂0，則 AB＝0

5.52　如 AX＋B－X＝1，則 A＋B＝1

證明：依5.5， AX＋B－X⊂A＋B

而如果 AX＋B－X＝1

則依4.13， 1⊂a，則 a＝1

∴ 1⊂A＋B，則 A＋B＝1

以上兩定理表示 X 之除消。三段推理，除消中詞以得結論，即用此定理而得證明。

5.6　AX＋B－X＝0等值於 B⊂X⊂－A

證明：依4.71， AX＋B－X＝0等值於 AX＝0而且 B－X＝0

依2.8， AX＝0是 X⊂－A，而 B－X＝0是 B⊂X

∴B⊂X⊂－A

5.61　－AX＋A－X＝0等值於 X＝A

證明：依4.71，－AX＋A－X＝0等值於－AX＝0而且 A－X

$=0$

依2.8，$-AX=0$就等於 $X \subset A$

$A-X=0$就等於 $A \subset X$

故依2.2，$X=A$

5.62　$AX+B-X=1$等值於$-B \subset X \subset A$

證明：依2.92，$AX+B-X=1$等值於$-（AX+B-X）=-1$

$=0$

依5.3，$-AX+-B-X=0$

依4.71，$-AX=0$就等於 $X \subset A$

$-B-X=0$就等於$-B \subset X$

∴　$-B \subset X \subset A$

此下再論不等式：$a \neq b$

我們已知 A 命題可寫為等式：$a-b=0$，O 命題可寫為不等式：$a-b \neq 0$，依此，不等式是有用的。管轄不等式的規律如下：

⑴由「如 P 則 Q」可以引出「如 Q 假則 P 假」。

「如 $a=b$，則 $c=d$」給出「如 $c \neq d$，則 $a \neq b$」。

⑵「P 等值於 Q」給出「P 假等值於 Q 假」。

如「$a=b$ 等值於 $c=d$」給出「如 $a \neq b$ 等值於 $c \neq d$」。

⑶「如 P 與 Q，則 R」給出「如 P 成立，但 R 假，則 Q 假」，而且「如 Q 成立，但 R 假，則 P 假」。

「如 $a=b$ 而且 $c=d$，則 $e=f$」給出「如 $a=b$ 但 $e \neq f$，則 $c \neq d$」而且「如 $c=d$，但 $e \neq f$，則 $a \neq b$」

6.1　如 $ac \neq bc$，則 $a \neq b$　　　　　　　　　　〔2.1〕

6.12，如 $a+c \neq b+c$，則 $a \neq b$　　　　　　　　〔2.12〕

6.2　$ab \neq a$，$a-b \neq 0$，$-a+b \neq 1$，$a+b \neq b$，這一切皆等值，而又皆等值於「$a \subset b$ 是假的」。　　　　〔1.03，2.8，3.6，3.83〕

6.3　如 $a+b=x$ 而且 $b \neq x$，則 $a \neq 0$　　　　〔4.7〕

6.31　如 $a=0$，而且 $b \neq x$，則 $a+b \neq x$　　　　〔4.7〕

6.32　如 $a+b \neq 0$，而 $a=0$，則 $b \neq 0$　　　　〔4.71〕

6.4　如 $a \neq 0$，則 $a+b \neq 0$　　　　〔4.71〕

6.41　如 $ab \neq 0$，則 $a \neq 0$　　　　〔1.4〕

6.42　如 $a+b \neq 1$，則 $a \neq 1$　　　　〔3.4〕

6.5　如 $ab \neq x$，而 $a=x$，則 $b \neq x$　　　　〔1.1〕

6.6　如 $a \neq 0$，而 $a \subset b$，則 $b \neq 0$

證明：依1.03，$a \subset b$ 等值於 $ab=a$

　　　因此，如果 $a \neq 0$，而 $a \subset b$，則 $ab \neq 0$

　　　依6.41，如 $ab \neq 0$，則 $b \neq 0$

6.7　$a \neq b$ 等值於 $a-b+-ab \neq 0$　　　　〔4.9〕

6.72　$a \neq 0$ 等值於 $t \neq a-t+-at$　　　　〔4.92〕

6.8　如 $AX+B-X \neq 0$，則 $A+B \neq 0$　　　　〔5.51〕

　　以上6.3，6.31及6.32在三段推理變爲項底邏輯時常有用。

　　此代值學演至此止。以下講其在傳統邏輯方面的應用。以上的推演系統是根據 Lewis 與 Langford 合著的《符號邏輯》（*Symbolic Logic*）而作成。大體是照抄。

第四節　在傳統邏輯方面的應用

　　我們已知傳統邏輯中的 AEIO 可以寫爲如下：

A：a−b＝0

E：ab＝0

Ⅰ：ab≠0

O：a−b≠0

它們的對當關係則如下：

(1)A與O為矛盾，E與Ⅰ亦然。a−b＝0與a−b≠0不能同真，不能同假。ab＝0與ab≠0亦然。

(2)假若A真，而且其主詞不空，即a≠0，則Ⅰ也真。此為間接推理。假若a＝0，則A可以真，而Ⅰ必假。E與O亦然。

(3)假若A與E同真，則其主詞是空類，即a＝0。假若a≠0，則不能同真。

(4)假若主詞不空，a≠0，則Ⅰ與O不能同假。

以上四種情形，第一種很顯然，不必證明。因為根據矛盾律，同一乘積（a−b，或ab）不能既等於零又不等於零。

第二種情形，可以陳述並證明如下：

7.1 如果a≠0而且a−b＝0，則ab≠0。

證明：依據4.6，a＝a（b＋−b）＝ab＋a−b

　　　因為已知a−b＝0

　　　∴　　a＝ab＋a−b就等於a＝ab＋0＝ab

　　　但因　　a≠0，故ab≠0

7.11 如果a≠0而且ab＝0，則a−b≠0

證明：依4.6，a＝a（b＋−b）＝ab＋a−b

　　　因已知　ab＝0

　　　∴　　　　a＝0＋a−b＝a−b

但　　　 $a\neq0$，故 $a-b\neq0$

7.12　如果 $a=0$，則 $a-b=0$眞，而 $ab\neq0$假。

　　證明：如果 $a=0$，則依2.6，$0\subset a$，可有 $0\subset b$

　　　　　依1.03，　 $0\subset b$ 等於 $0b=0$

　　　　　依2.8，　 $0\subset b$ 等於 $0-b=0$

　　　　　因　　 $a=0$，故 $0-b=0$就是 $a-b=0$

　　　　　　　　　 $0b=0$就是 $ab=0$

　　　　　∴如 $a=0$，則 $a-b=0$眞

　　　　　而如果 $ab=0$也眞，則 $ab\neq0$必假。

7.13　如果 $a=0$，則 $ab=0$眞，而 $a-b\neq0$假。

　　證明同上

　　以上7.12及7.13即表示如 a 不存在，則「所有的 a 是 b」（ $a-b=0$ ）所有的 a 不是 b」皆眞，「而有 a 是 b」（ $ab\neq0$ ）「有 a 不是 b」（ $a-b\neq0$ ）皆假。此即「 $0\subset a$ 」之所表示。0可以是任何東西。如果無「飛翼馬」存在，則「凡飛翼馬是希臘人」眞，而「有飛翼馬是希臘人」假。總之，如 a 爲空類，則每一全稱命題以 a 爲主詞皆眞，而每一特稱命題以 a 爲主詞皆假。

　　第三種情形可以陳述並證明如下：

7.2　如果 $a-b=0$而且 $ab=0$，則 $a=0$

　　證明：依4.6，$a=a（b+-b）=ab+a-b$

　　　　　 $a=0+0=0$

　　此甚顯然，由上7.12及7.13已可看出。根據1.6亦可證明。因爲 $a-b=0$是 $a\subset b$，$ab=0$是 $a-（-b）=0$，也就是 $a\subset -b$。而根據1.6，如 $a\subset b$ 而且 $a\subset -b$，則 $a=0$。

7.21　如果 $a\neq0$，則 $a-b=0$ 與 $ab=0$ 不能同眞，即前者眞，則後者假；後者眞，則前者假。

　　　證明：如果 $a\neq0$ 而且 $a-b=0$

　　　　　　則依7.1,$ab\neq0$

　　　　　　而 $ab\neq0$ 與 $ab=0$ 爲矛盾

　　　　　　∴如 $a\neq0$ 而 $a-b=0$ 眞，則 $ab=0$ 假，

　　　　　　同時如果 $a\neq0$ 而且 $ab=0$，

　　　　　　則依7.11,$a-b\neq0$

　　　　　　而 $a-b\neq0$ 與 $a-b=0$ 爲矛盾

　　　　　　∴如 $a\neq0$ 而 $ab=0$ 眞，則 $a-b=0$ 假，

　　　第四種情形可以陳述並證明如下：

7.3　如果 $a\neq0$，則或 $ab\neq0$ 或 $a-b\neq0$

　　　證明：依4.6，$a=a(b+-b)=ab+a-b$

　　　　　　如果 $a\neq0$，則 $ab+a-b\neq0$

　　　　　　依6.32，　如 $ab+a-b\neq0$，而 $ab=0$，則 $a-b\neq0$

　　　　　　　　　　　如 $ab+a-b\neq0$，而 $a-b=0$，則 $ab\neq0$

　　　　　　∴如 $a\neq0$，則 $ab\neq0$ 與 $a-b\neq0$ 兩者必有一爲眞，不能

　　　　　　　同假。

　　　　　　而 $ab+a-b\neq0$ 也就等於說：或 $ab\neq0$ 或 $a-b\neq0$

　　　此即表示可以同眞，不能同假。

7.31　如果 $a=0$，則 $ab\neq0$ 與 $a-b\neq0$ 俱假。

　　　此由上7.12及7.13即可證明。

　　　並且，如 $a=0$，則 $ab=0\times b=0$，如 $ab=0$ 眞，$ab\neq0$ 當然假。

　　　　　　如 $a=0$，則 $a-b=0\times-b=0$，如 $a-b=0$ 眞，則 $a-b$

$\neq 0$當然假。

關於三段推理，我們已知其有效的式子可分兩類：(1)前題俱全，結論為全，(2)前題一全一偏，結論為偏。這兩類三段式底普遍公式如下：

I. $b - c = 0$　　II. $bc = 0$

　$a - b = 0$　　　$ab \neq 0$

∴ $a - c = 0$　∴ $a - c \neq 0$

依此兩類之分，真正合法有效的三段式只有十五個。（參看第七章第三節。）此十五個式子俱可依此代值學底演算方法證明。而原來認為有效的十九個式子中前題為全結論為偏的四個式子便不能證明。即不真是合法地有效，而如要證明，便須補以 $a \neq 0$；而傳統邏輯中根本無效的三段式，在此代值學裏亦根本不能證明。

關於「前題為全結論為全」的三段式，我們可以舉例證明如下。設以「凡 M 是 P，凡 S 是 M，∴凡 S 是 P」（凡 b 是 c，凡 a 是 b，∴凡 a 是 c）為例：

7.4　如果 $b - c = 0$ 而且 $a - b = 0$，則 $a - c = 0$

　　證明：依4.71，如果 $b - c = 0$ 而且 $a - b = 0$，則 $b - c + a - b = 0$

　　　　　而依1.2，$b - c + a - b = -cb + a - b = 0$

　　　　　依5.51，如 $-cb + a - b = 0$，則 $-ca = 0$

　　　　　依1.2，$-ca = a - c = 0$

　　此即除消中詞而成為「$a - c = 0$」之結論。

7.41　如果 $bc = 0$ 而且 $a - b = 0$，則 $ac = 0$

　　此即「凡 M 非 P，凡 S 是 M，∴凡 S 非 P」一推理。

證明：依4.71，　如 bc＝0而且 a－b＝0，則 bc＋a－b＝0

依1.2，　bc＋a－b＝cb＋a－b＝0

依5.51，　如 cb＋a－b＝0，則 ca＝0

依1.2，　ca＝ac＝0

其他照算。

再以「前題一全一偏，結論為偏」者為例：

7.5 如果 bc＝0而且 ab≠0，則 a－c≠0

此即「凡 M 非 P，有 S 是 M，∴有 S 非 P」一推理。

證明：依4.6，　bc＝0就是 bc＝bc（a＋－a）＝abc＋－abc＝0

⋯⋯⋯⋯⋯⋯⋯⋯⋯⋯⋯⋯⋯⋯⋯⋯⋯⋯ (1)

ab≠0就是 ab＝ab（c＋－c）＝abc＋ab－c≠0 ⋯⋯ (2)

而依4.71，則(1)式中 abc＝0

依6.32，　如果 abc＝0，則(2)式中 ab－c≠0

依6.41，　如果 ab－c≠0，則 a－c≠0

7.51　如果 b－c＝0而且 ab≠0，則 ac≠0

此即「凡 M 是 P，有 S 是 M，故有 S 是 P」一推理。

證明：依4.6，b－c＝0就是 b－c＝b－c（a＋－a）＝ab－c＋

－ab－c＝0 ⋯⋯⋯⋯⋯⋯⋯⋯⋯⋯⋯⋯⋯⋯ (1)

ab≠0就是 ab＝ab（c＋－c）＝abc＋ab－c≠0 ⋯⋯ (2)

依4.71，(1)式中 ab－c＝0

依6.32，如果 ab－c＝0則(2)式中 abc≠0

依6.41，如果 abc≠0，則 ac≠0

其他照算。只要把兩個前題（一全一偏）依「擴張律」擴張為
含有三項一組之加和式，將其中等於零之公共項組消除，即可得出

結論。

關於「前題為全結論為偏」的推理式，如補以 $a \neq 0$，則仍可依此代值學而證明。否則不能。可是，如其如此，則從 A 推 I 之直接推理便不是直接推理，而在三段推理中亦不是兩前題，而是三前題。

設先以從 A 推 I 為例。即，由「凡 a 是 b」，而且 a 存在，可推知有「有 a 是 b」。此即上面的7.1。從 E 到 O，則是上面的7.11。

在三段式方面，設以第三格底 EA【O】為例：

(1)凡 b 非 c：$bc = 0$

(2)凡 b 是 a：$b - a = 0$

(3)b 存在：$b \neq 0$

∴(4)有 a 非 c：$a - c \neq 0$

此可寫為定理，證明如下：

7.6　如果 $bc = 0$ 而且 $b - a = 0$ 而且 $b \neq 0$，則 $a - c \neq 0$

證明：依4.6，$b = b(a + -a) = ab + -ab$

但因 $b \neq 0$，∴ $ab + -ab \neq 0$

但因 $-ab = 0$（即 $b - a = 0$）

故依6.32，$ab \neq 0$

依4.6，$ab = ab(c + -c) = abc + ab - c$

依是，$abc + ab - c \neq 0$ ⋯⋯⋯⋯⋯⋯⋯⋯⋯ (1)

又依4.6，$bc = bc(a + -a) = abc + -abc$

而因　$bc = 0$，　∴ $abc + -abc = 0$ ⋯⋯⋯⋯⋯ (2)

依4.71，　(2)式中 $abc = 0$（abc 為(1)及(2)中的共項）

　　依6.32，　　故(1)式中 ab－c≠0

　　依6.41，　　ab－c＝a－cb≠0，　　∴a－c≠0

　　關於三段式中無效的式子亦可由此代值學表其無效。設以「凡 a 是 b」與「凡 c 是 b」為例：

　　　　凡 a 是 b：a－b＝0

　　　　凡 c 是 b：c－b＝0

　　其錯誤的結論必是：凡 a 是 c：a－c＝0

　　在此，如將兩前題加和起來必為：

　　　　a－b＋c－b＝0

因為這是兩個全稱的前題，如果有結論，則必可因除消公式（5.51）而從此兩前題中得出。但那個除消公式不能應用於此。因為在此沒有一個成分與5.51中的 x 相應。x 在那個公式中，一次為正，一次為負，而此處之 b 卻俱為負。是以不能算出 a－c＝0 之結論。（在傳統邏輯中，其所以不能得結論，是因為中詞無一次周延。）

　　茲再以在第四格中無效的 AO 為例。

　　　　凡 c 是 b：c－b＝0

　　　　有 b 非 a：b－a≠0

其錯誤的結論應為：有 a 非 c：a－c≠0

依以上關於有效式的辦法（前題一全一偏者），將每一前題擴為三元素：

　　　　c－b＝c－b（a＋－a）＝ac－b＋－ac－b＝0

　　　　b－a＝b－a（c＋－c）＝b－ac＋b－a－c≠0

此兩式中無公共項，不能消除，故無結論。

　　不一致的三支式或「反理式」亦可由此代值學證其為真。設以

上面「7.4如果 b－c＝0而且 a－b＝0，則 a－c＝0」（此為有效的三段式，即第一格第一式）為例。其「反理式」即為：

$$b－c＝0，a－b＝0，而 a－c≠0$$

我們可證此三命題必有一為假，即以任兩命題為前題，其餘一命題必假，而其矛盾面必真，此真者即為其結論。

7.7　$b－c＝0, a－b＝0$ 與 $a－c≠0$ 此三者至少有一為假。

　　證明：如果 b－c＝0而且 a－b＝0，

　　　　　則依7.4，　a－c＝0，如是 a－c≠0必假。

　　　　　如果 a－b＝0而且 a－c≠0

　　　　　則依4.6，　a－b＝a－b（c＋－c）＝a－bc＋a－b－c

　　　　　　　＝0 ·· (1)

　　　　　　　a－c＝a－c（b＋－b）＝a－cb＋a－c－b

　　　　　　　≠0 ·· (2)

　　　　　依4.71，　(1)式中 a－b－c＝0

　　　　　依6.32，　如 a－b－c＝0，則(2)式中 a－cb≠0

　　　　　依6.41，　如 a－cb≠0則－cb＝b－c≠0

　　　　　∴　如 a－b＝0而且 a－c≠0，即 b－c≠0

　　　　　如是，則 b－c＝0為假。

　　　　　同理，如是　b－c＝0而且 a－c≠0

　　　　　則4.6，　b－c＝b－ca＋b－c－a＝0 ··············（1'）

　　　　　　　　　 a－c＝a－cb＋a－c－b≠0 ··············（2'）

　　　　　依4.71，　（1'）式中 b－ca＝a－cb＝0

　　　　　依6.32，如 a－cb＝0，則（2'）式中 a－c－b≠0

　　　　　依6.41，如 a－c－b≠0，則 a－b≠0

　　　　如是，則 $a-b=0$ 爲假。

　　其他照算。

　　以上吾人依代值學將傳統邏輯中 AEIO 底系統全部吸收進來而予以確定化。如是，傳統邏輯中有效或無效的推理式，以及有漏而不眞有效的（如前題俱全而結論爲偏的）推理式，皆由此而得確定，而循此以衡，則不至遊移而隱晦。故傳統邏輯必發展到代值學始眞到充分形式化而完成其自己的境地。而代值學不但承前而完成之，而且啓後以使邏輯更歸於其自己而完成其自己。此即下兩章所呈列之系統，即命題演算之系統。

第十章　真值函蘊系統

第一節　綜述此系統底基本特性

現在我們再介紹另一個系統，這是關於命題演算的系統。這個系統，我們叫它是「直值函蘊系統」（system of material implication）。這個系統是羅素與懷悌海（Whitehead）合著的《數學原理》（*Principia Mathematica*）中所呈列的。這是最流行而又為讀邏輯者所周知的一個典型系統。

真值函蘊是 "material implication" 一詞之間接的意譯。此詞，普通譯為「實際函蘊」。這是就本字直譯。我們以為「實際」一詞易令人望文生意而又不當其意，不得其解。故直接就這個函蘊底定義之符式而譯為「真值函蘊」。這不是就字面譯。故對字面言，為間接的意譯。

「真值」一詞是 "truth-value" 之譯語，亦可譯為「真理值」。而所謂「真理值」亦是省語，實則當為「真假值」（truth-falsehood value）。因為這個系統是以命題底真假二值為基本條件（亦可以說為底據），而函蘊又是以真假值來規定的，故此系統亦

云「二值系統」（two-value system），（或云二價系統、二價邏輯，皆可。）而「實際函蘊」實亦可改爲「眞值函蘊」（truth-value implication）。此則可免望文生意而不得其解之弊。

羅素所以取" material "一詞，吾意可與其所言之「形式函蘊」（formal implication）相對而解。形式函蘊是指已分解的命題間之關係言，它是一種意義間的關係，或至少也意指著一種意義底連結。如：「x 是人」函蘊著「x 是有死的」，此種函蘊便名曰形式函蘊。「凡人有死，x 是人，∴x 有死」，這一種推理也是形式函蘊所成的推理。它是由已分解的命題所顯之結構而成的。但是眞值函蘊則是未分解的命題 p, q 間的關係，不注意它們的結構或意義，而只從它們的眞假值以確定它們之間的函蘊關係，故云眞值函蘊。" material "與" formal "相對而立。這個相對好似亞里士多德所說的" form "與" matter "之相對。" matter "譯爲" 材質 "，而此" material "一詞亦即材質義。其所指的材質爲何？即眞假值是也。即以命題底眞假值爲材質而定函蘊，不涉其結構或意義，故云" material implication "，而此" material "並非「factual」之意，故譯「實際」爲不恰。此曰眞值函蘊，則注意命題之結構或意義的，但曰「形式函蘊」。眞值函蘊好像是更普遍，更抽象，更外延的一種函蘊。任何形式函蘊都可含有一種眞值函蘊於其中。

關於函蘊，我現在略解詞義於此。以後我還要從推理上討論它。

現在我進而要說：這個系統也是一個縱貫的推演系統。它一方既不像傳統邏輯那樣爲散列的，一方也不像邏輯代值學那樣是關於

項的演算。它是關於命題的演算，而命題 p, q 等是未分解的。它之成演算系統，除乘積與加和等副助關係外，還有一個主要的關係，那就是 p, q 間的函蘊關係，因爲唯賴此關係才可以成爲縱貫的推演。而這個函蘊也不像代值學中的「包含關係」（a⊂b）那樣就傳統邏輯中的 A 命題之主謂項間的包含關係（外延地觀之）而形成，而是直接就傳統邏輯中的假然推理裏的假然命題而形成。一個假然命題是一個複合命題，其中包括兩個成分命題，即所謂前後件是，亦就是根據與歸結。根據（前件）是一個句子（命題），歸結（後件）也是一個句子（命題）。假定以 p 代作爲根據的那個句子，以 q 代作爲歸結的那個句子，則一個假然命題便成爲「如 p，則 q」底形式。這個「如果一則」形式便叫做「函蘊關係」。寫爲符號便是「p⊃q」。這不是項間的包含關係：a 含在 b 中（a⊂b），而是命題間的跟隨關係：q 隨著 p, p 函著 q。例如：「如果天下雨，則地濕」，即「天下雨」函蘊「地濕」；「如果 x 是人，則 x 是有死的」，即「x 是人」函蘊「x 是有死的」。如果由項之解爲類的包含關係，則我們可說人類包含在有死類裏面，這樣假然命題中的前後件之命題形式便泯滅了。依是，類底包含關係是由前後件之命題形式中而歧出的。現在講「函蘊」，則是恢復其原來的命題形式。所以函蘊是一個最基本的邏輯關係，是一個「基礎形式」（basic form）。就是三段推理究其實也是由這個形式形成的。凡有推理處無不有函蘊形式。這個系統便把這個「函蘊」凸顯出來。這是傳統邏輯與代值學所未作到的。所以這個系統顯得並不歧出，而更歸於邏輯之自己。因爲邏輯就是「推理自己」（inference itself）之呈現。

在假然推理中，前件眞，後件眞；後件假，則前件假。這便是
「函蘊」（如 p，則 q）底眞假關係。不管 p, q 等分解出來是什麼
命題，只要套在「如果—則」這個形式中，便具有這樣的眞假關
係。我們就可以拿這種眞假關係來規定函蘊，不必管命題結構或意
義。函蘊關係是推演系統底主幹。故套在函蘊關係中的命題 p, q
等，首先表現出來的是它們的眞假二值。這個系統用函蘊符⊃表示
出來是推演系統，但從眞假值方面看，則只是些「眞假關係式」。
扣住這一點說，表現在函蘊系統中的命題，其值就是或總眞或總
假。或 p＝1，或 p＝0。代值學中的1與0之對偶性，在這個系統
中，便被消融於眞假底對偶性中。「 p 」表示「 p 是眞的」或「 p
之肯定」，「 ～p 」表示「 p 是假的」，「 p 之否定」，或讀曰
「非 p 」（ not－p ）。眞假即由肯定否定而來。p 眞與 p＝1是一
事，p 假與 p＝0是一事。故代值學中 a 與－a 底對偶性以及1與0底
對偶性，在此即歸於眞假二值這一個對偶性。

依是，在這個系統中，亦有以下之情形：

⑴p 底否定即爲非 p：～（ p ）＝～p

⑵非 p 底否定即爲 p：～（ ～p ）＝p

⑶而「 或 p 或非 p 」（ 即 p 與非 p 底加和 ）即爲「 1 」，此
「 1 」代表「 必然 」或「 套套邏輯 」（ tautology ），而必然與眞是
一事，無分別：

$$pv\sim p = 1$$

在此，「 ＋ 」變爲「 v 」，都表示「 加和 」（ logical addition, logical
sum ），讀曰「 或 」（ or ），專名爲「 析取 」（ disjunction ）。

⑷而「 p 與非 p 」（ 即 p 與非 p 底乘積 ）即爲「 0 」，此0代表

「不可能」,而所以不可能由於「自相矛盾」,而不可能與假是一事,無分別:

$$p \cdot \sim p = 0 , \sim (p \cdot \sim p)$$

在此,「·」代表乘積,與代值學中同。讀爲「與」(and),專名爲「絜和」(conjunction)。

這個系統雖與代值學不同,其自身可以是一個獨立的系統,然在推演結構所表現的形式上,以及其結構所依以進行的基本規律,卻完全相同。在代值學中,任一項 a,由其開爲正負兩項,此兩項加起來便是「1」,此「1」表示「宇」。如是:

$$a + -a = 1$$

如果在 a, b 兩項上,則

$$1 = ab + -ab + a - b + -a - b$$
$$= (a + -a) (b + -b)$$

在這個系統上亦然。任一命題 p,由其眞假二值,可以爲:

$$pv \sim p = 1$$

如果在 p, q 兩個命題上,則

$$1 = pqv \sim pqvp \sim qv \sim p \sim q = (pv \sim p) \cdot (qv \sim q)$$

其演算底方式亦完全相同。不過這個「1」不表示「宇」,而表示「必然」(tautology)。我們仍可以圖表之如下:

Ⅰ.在項方面:

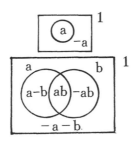

Ⅱ.在命題方面：

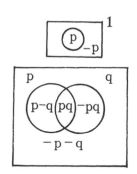

依照這個基本思想，我們對於任一命題 p，可有四種可能：

(1)p 之眞是眞的，p 之假是假的：此即爲 p。

(2)p 之眞是假的，p 之假是眞的：此即爲～p。

(3)p 之眞是眞的，p 之假也是眞的：此即爲「必然」：pv～p
＝1。

(4)p 之眞是假的，p 之假也是假的：此即爲「不可能」：p・～
p＝0

這四個可能，我們可以用「眞理圖表」（truth-table）表之如下：

(1)		(2)		(3)		(4)	
P	＋P	P	～P	P	P＝1	P	P＝0
＋	E	＋	N	＋	E	＋	N
－	N	－	E	－	E	－	N

表中左行表示 p 有眞（＋）假（－）兩可能，右行表示此眞假兩可
能存在或不存在，有或沒有。E 表示存在，N 表示不存在。例如：
對應「＋」標之以 E，即表示「p 之眞是眞的」，即承認其眞一可
能。（E 改爲＋，N 改爲－，亦可）餘類推。

這裏雖有四可能，然在這個推演系統內，p 與 p＝1意義無別，

～p 與 p＝0意義無別。這就是說，在推演式子中呈現出來的是 p 或
～p，而 p＝1與 p＝0是它的論謂或估價。

這四個可能，我們叫它是 p 底「函值」（function）亦曰「真
理函值」（truth-function）。即是說：p 底值是由它的真假兩可能
之存在或不存在而決定。故曰「真理函值」。

一個命題 p 有真假兩可能，兩個命題 p, q 便有四個真假可能，
如下表：

p	q
＋	＋
－	＋
＋	－
－	－

對於這四個真假可能，由它們的存在或不存在，我們便有16種
真理函值（p, q 兩者底真理函值），也就是說：由之可以決定出16
種關係。可先列表如下：

p	q	1	2	3	4	5	6	7	8	9	10	11	12	13	14	15	16
＋	＋	E	N	E	E	E	N	N	N	E	E	E	N	N	N	E	N
－	＋	E	N	E	E	E	N	E	N	N	E	N	N	E	N	N	N
＋	－	E	E	E	N	E	E	N	E	N	E	N	N	E	N	N	N
－	－	E	E	E	E	N	E	E	N	E	N	E	N	N	N	N	N

在以上16種關係中，第5就是「析取」，第15就是「絜和」，
而第4就是「函蘊」。這是這個系統中最基本而且重要的關係。如
果我們依照代值學底演算方式，這三個基本關係都可疏證如下：

第5，析取：pvq＝pqv～pqvp～q＝～（～p～q）

　　疏證：pvq＝p（qv～q）vq（pv～p）

　　　　　　　＝pqvp～qvqpvq～p

　　　　　　　＝pqvpqv～pqvp～q

　　　　　　　＝pqv～pqvp～q

此表示「pvq」就等於此三者底加和，而此三者底加和也就等於「～p～q」（既非p又非q）底否定，即：～（～p·～q）。「或p或q」就等於說：「非p與非q」底否定，即：「既非p又非q」是假的。這完全合乎代值學中所說的任一項（一個可能）之否定便是「1」中餘三項之加和，而任三項底加和之否定便是「1」中其餘一項之肯定。在兩項亦然。

　　　第15，絜和：p·q ＝～（～pqvp～qv～p～q）

　　　　　　　　　＝～（～pqv～p～qv～p～qvp～q）

　　　　　　　　　＝～（～p（qv～q）v～q（pv～p））

　　　　　　　　　＝～（～pv～q）

此表示：「p與q」就等於說：「或p假或q假」是假的。我們還可以證明～（～pqvp～qv～p～q）＝p·q，如下：

　　　～（～pqvp～qv～p～q）＝～（～pqv～p～qvp～q）

　　　　　　　　　　　　　＝～（～p（qv～q）vp～q）

　　　　　　　　　　　　　＝～（～pvp～q）

　　　　　　　　　　　　　＝～（～p）·～（p～q）

　　　　　　　　　　　　　＝p·（～pvq）

　　　　　　　　　　　　　＝p·～pvp·q＝0vp·q＝p·q

　　第4，函蘊：p⊃q＝pqv～pqv～p～q

$$= \sim (p \sim q) = \sim pvq$$

疏證：$p \supset q = pqv \sim pqv \sim p \sim q$

$$= \sim pqv \sim p \sim qvpqv \sim pq$$

$$= \sim p (qv \sim q) vq (pv \sim p)$$

$$= \sim pvq = \sim (p \cdot \sim q)$$

此表示：「p 函蘊 q」就等於說：「或 p 假或 q 眞」，也就等於說「p 眞而 q 假」是假的。這與代値學中（$a \subset b$）=（$a \cdot -b = 0$）=（$-a+b = 1$）完全相似。從意義上說，「a 含在 b 中」就等於說「a 而非 b」是沒有的，這一層很順適顯明，但是「$-a+b = 1$」在意義上就有點古怪，不甚順適顯明了。然而在演算上卻一定如此。同樣，「p 函蘊 q」就等於說「p 眞而 q 假」是假的，這一層也很順適顯明。但「或 p 假或 q 眞」（$\sim pvq$）在意義上卻有點古怪，然而在演算上也一定如此。不幸，在眞値函蘊系統中，卻正是用「$\sim pvq$」來規定「$p \supset q$」的。這是一個依照規律以形式化的演算系統中的事，不必定要從我們日常順適顯明的意義立場上來想它。因爲在這種依照規律以成的符式結構上，本來可以轉來轉去，離我們順適顯明的意義很遠的。邏輯本不能爲我們的日常順適顯明的意義所限。讀者可先弄熟了這一套演算程序，然後再慢慢了解它的意義。

以上依照代値學所作的演算，在這個系統內也同樣完全合法有效。讀者可依照這演算方式將其餘13種關係一一予以疏證。（參看上章第三節4.6及4.61。）

由以上的叙述，可知這個眞値函蘊系統與代値學有相似的結構。那麼，如果我們以代値學爲標準，我們也可以說，那個代値學

亦可應用於命題，或說亦可用命題來解析。惟這裏所謂命題是外延
觀點的命題。在外延觀點下，命題雖是一個陳述，但只注意在其中
陳述爲眞的那個事例類（class of cases），而不注意其「內容的意
義」（intensional meaning）。例如，凡人有死，在這裏，我們並
不注意「人性」與「有死性」（變滅性）這兩個「意義」底連結，
而只注意這個陳述在其中爲眞的那個事例類，譬如孔子是一個事
例，孟子也是一個事例，他們都是這事例類中的些分子。這個事例
類就是這個陳述的外延。如果，「如 A 是 B，則 C 是 D，今 A 是
B，故 C 是 D」，可以翻爲：在其中 A 是 B 的那一切事例就是在其
中 C 是 D 的那些事例，這個事例就是在其中 A 是 B 的一個事例，
所以這個事例就是在其中 C 是 D 的一個事例。這些事例類就組成
陳述之外延。在此外延觀點下的命題，那個代值學即可應用於其
上。如是，

(1)a, b, c 等代表外延的陳述：即在其中陳述爲眞的那些事例
類。

(2)a×b 表示 a 及 b 之聯主（joint assertion），即在其中 a 與 b
俱眞的那個事例類。

(3)−a 表示 a 之矛盾面，即 a 是假的，在其中 a 不眞的那個事
例類。

(4)a＋b 表示「或 a 眞或 b 眞」，即在其中 a 與 b 至少有一爲眞
的那個事例類。

(5)0表示空的事例類，故 a＝0就表示「沒有一種事例，a 在其
中爲眞」，即「a 總是假」。

(6)a＝1表示「a 在每一事例上爲眞」（a is true in every

case ），即「a 總是眞 」。

　⑺a⊂b 表示「在其中 a 爲眞的那一切事例就是在其中 b 爲眞的那些事例 」，或「如 a 眞則 b 眞」。

　⑻a＝b 表示「在其中 a 爲眞的那些事例同一於在其中 b 爲眞的那些事例 」，或「當 b 眞，a 眞，b 假，a 假」。

　如此解析後，我們即可命題 p,q,r 代表 a,b,c：

　1.p,q,r 代表命題。

　2.～p 是 p 之矛盾面，即「p 是假的」。

　3.pvq 表示「p 與 q 至少有一爲眞」，即「或 p 或 q」。

　4.p‧q 表示「p 與 q 兩者俱眞」即「旣 p 又 q」。

　5.p⊃q 表示「如 p 則 q」，即「p 函著 q」（ p implies q ）。

　6.p≡q 表示「p 及 q 俱眞俱假」，即「p 等値於 q」。

　經此解析，我們知眞値函蘊系統中的命題就是這外延觀點下的命題。我們在上面已明在此系統內0與1已被消融於眞假二値中。故此系統，路易士亦名之曰「二價代値學」（ two-value algebra ）。惟因其用於命題而不用於項，又因其將「如果—則」這個基礎形式凸顯出，而使邏輯歸於其自己，故此系統底結構雖與代値學極相同，但仍爲一獨立自足之系統。而且成爲表現「邏輯推理自己」的一個典型系統。由此觀之，代値學只是其前身。由代値學發展至這個系統實在是經過一步「反身的轉化」（ reflexive transformation ）。此步轉化，試看下節便知。

第二節　推演系統

Ⅰ.原始觀念（Primitive Ideas）

⑴p,q,r 等代表未分解的原子命題（atomic propositions）。

⑵原子命題底函值，亦曰「真理函值」，如～p,pvq,p‧q 等，都是真理函值。

⑶斷定（assertion）：斷定即是關於一個命題的主斷。任何命題可以被斷定，也可以只是被提及，而未被斷定。例如說：「這是紅的」，這表示我是斷定或主張「這是紅的」。但是當說：「這是紅的是一命題」，此時，「這是紅的」便不是一個斷定，而只是被提及。在假然命題，如「如 a＝b，則 b＝a」，此中包有兩個未斷定的命題，但這整個命題卻是斷定的。即是說，我們是在斷定「如果一則」這個關係。凡被斷定的命題，在命題之前，我們用「⊢」以標識之。「⊢」名曰「斷定符」（assertion-sign）。例如「⊢‧p」。其中的點（dot）表示斷定底範圍。與括弧有同一作用。點愈多，範圍愈廣。例如：

⊢.p　⊢:p.v.q，　⊢:p.⊃.q

⊢∴p⊃q.⊃:q⊃r.⊃.p⊃r

其餘準此。

⑷否定（negation）：以～p 表之，讀曰「非 p」，或「p假」。

⑸析取（disjunction）：「pvq」。在此系統中，此為未界定的原始觀念。

Ⅱ.基本定義

Ⅱ.1　p⊃q. = . ~pvq　Df.

「p函q」（如p則q）等於說「或p假或q真」。這是由否定與
析取兩原始觀念來規定的。Df.是「definition」之縮寫，表示定
義。這個定義並非偶然。它是以第一節所講的「真理函值」（由真
理表所表示的）爲背景的。這是正面的表示，它的反面表示當爲：

p⊃q. = . ~（p. ~q）

不過在一個推演系統裏，這裏是以否定與析取爲首先出現的未界定
的原始觀念，而「契和」（‧）則是可被界定的，尙未出現，即不
以之作原始觀念，故不用此反面表示的定義。若是這個縱貫的推演
系統都經過了，綜起來看，則此正反面的兩個表示實在是連等的
（是一回事）。如下：

p⊃q. = . ~（p. ~q）. = . ~pvq

這情形可與代值學中的

（a⊃b）=（a. −b=0）=（−a+b=1）

相類比。由此可知將p⊃q定爲~pvq並非偶然。

Ⅱ.2　p.q. = . ~（~pv~q）　Df.

「p與q」等於說「或p假或q假」是假的。這是用否定與析取來
規定契和。代值學是用否定與契和來規定析取，契和是未界定的原
始觀念：

a+b= −（−a. −b）

若類比這情形，我們也可以規定析取如下：

pvq. = . ～（ ～p . ～q ）

不過在這個系統裏，不採取這個次序。這無關係。

Ⅱ.3　p≡q. = .p⊃q.q⊃p　Df.

「p 等值於 q」等於說「p 函 q 而且 q 函 p」。這是以已知的函蘊與契和來規定「等值」（equivalence）。「等值」（≡）是說同真同假。在這個系統內，與「同一」（ = ，identity）不必相同。在代值學中，沒有這個分別，而「a＝b」又列在未界定的原始觀念中。所以當在推演系統中要證明某某兩者爲等值時，在手續上完全成爲無根據的。它也是用如果 X 則 Y，如果 Y，則 X，來證明等值，但是在那系統中，旣未凸顯出「如果—則」這個函蘊形式，亦未以互函來規定等值，所以那證明底手續是無根的，是丐題的。這點我於上章第三節中2.8那裏已經指出。現在，在這個系統內，「函蘊」首先凸顯出來了，而又用互函來規定了等值，這即表明這個系統已歸於邏輯自己，而一切手續亦都是自足的。

　　以互函來規定等值，我們亦可由眞理圖表依據代值學中的演算方式（在此系統中亦合法）來疏證一下。等值底眞理圖表如下：

p	q	p≡q
+	+	E
－	+	N
+	－	N
－	－	E

有同眞同假兩可能，其餘兩可能則無。如是，

$$p≡q. = ：pq.v\cdot～p～q：= ：～（～pq.v.p～q）：$$
$$= ：～（～p.q）.～（p.～q）：$$
$$= ：pv～q.～pvq：$$

$$= : \sim pvq. \sim qvp :$$
$$= : p \supset q.q \supset p$$

Ⅲ.原始命題（Primitive Propositions）

Ⅲ.1　⊦：pvp.⊃.p　Pp.

此是說：「如果 p 或 p，則 p」。此為「套套邏輯原則」（Principle of Tautology）。「Pp」表示是原始命題。這有類於代值學中的「設準」（postulate）。

Ⅲ.2　⊦：q.⊃.pvq　Pp.
此是說：「如果 q 真，則或 p 或 q 真」。此為「增加原則」（Principle of Addition）。

Ⅲ.3　⊦：pvq.⊃. qvp　Pp.
此是說：「如果 p 或 q 真，則 q 或 p 真」。此為「對換原則」（Principle of Permutation）。此可類比代值學中的

$$a + b = b + a$$

在加和上，兩項底先後次序無關。於乘積亦然。

Ⅲ.4　⊦：pv（qvr）.⊃.qv（pvr）　Pp.
此為「聯合原則」（Principle of Association）。此表示在析取中，成分底次序及由括弧而成的聯合皆可隨汝所願，不生影響。

Ⅲ.5　⊦：q⊃r.⊃：pvq.⊃.pvr　Pp.
此為，「加和原則」（Principle of Summation）。即，如果 q 函 r 真，則 p 或 q 函 p 或 r 亦真。

以上為五個形式的原始命題。

Ⅳ.推斷上的手續原則

Ⅳ.1「代替原則」（Principle of Substitution）：在任何命題中，我們可有常項（constant）與變項（variable）之分。如在「pvq」中，p, q 是變項，「v」是常項。變項皆可以代替。如在「pvq」中，以 p 代 q，以 q 代 p，或以～p 代 p，以～q 代 q，皆可。代替在證明上很有用。這是一種手續上的原則，不能用符號表示。如果以～p 代 p 時，可以寫爲～p/p。

Ⅳ.2「推斷原則」（Principle of Inference）：此原則是說：「凡被一眞命題所函者亦眞」。如果 p 已被主，而且 p⊃q 亦被主，則 q 亦可被主。也是一種推斷上的手續原則，不能用符號表示。不可與下式

$$p.p \supset q.\supset.q$$

相混。

我們根據以上的基本定義、原始命題，以及推斷上的手續原則，即可作如下的推演系統。（抄自《數學原理》，號數亦是原書之號數）

2.01 $\vdash : p \supset \sim p. \supset. \sim p$

「如果任一命題 p 函其自身爲假，則它是假的」。此爲「歸謬原則」（Principle of the *reductio ad absurdum*），即反證其自身爲假。故此原則亦譯「反證論法」。例如「一切人都說謊」，這句話如是眞的，則說此話的人便不說謊。如是，「一切人都說謊」即函其自身爲假，所以它是假的。

證明：【依Ⅲ.1，～p/p】 $\vdash : \sim p v \sim p. \supset. \sim p$

【依Ⅱ.1】　├：p⊃~p.⊃.~p

2.02　├：q.⊃.p⊃q

「如果 q 真，則 p 函 q 真」。此即「真命題為任何命題所函」之詭辭（paradox，古怪情形）。

證明：【依Ⅲ.2，~p/p】　├：q.⊃.~pvq

　　　　【依Ⅱ.1】　　　　├：q.⊃.p⊃q

案：如果在此系統中，p 真就是 p＝1，而 p＝1 就是說：p 在每一情形中皆真（p is true in every case），則說「一真命題為任何命題所函」亦不見若何古怪。因為 p＝1，此「1」即是「pv~p」，這個便表示 p 總是真（必然）。故「在每一情形中 p 皆真」這個 p 之外延實就是「1」或「pv~p」所示的外延。因此，如果 p 真是這樣的真，即套套邏輯式地必然的真，則說任何命題 q 函著它，亦是可以的。這情形可以與代值學中的「a⊂1」（任何類含在 1 中）相類比。這情形的真與普通的真不同。依是，「一真命題為任何命題所函」就等於說：「一必然真的命題（窮盡一切可能的那種命題，其假不可能的命題）為任何命題所函」。但如其如此，便不能以普通的實際命題作例，譬如說：如果「2＋2＝4」真，則「孔子是人」函著「2＋2＝4」，或如果「醋是酸的」真，則「孔子是聖人」函著「醋是酸的」真。如果這樣舉例，這當然有點太詭譎。如果要向實際命題上應用，似乎當該這樣說：「如果 2＋2＝4 真，則凡能函著它的任何命題函著它亦真。」寫成符式，當如下：

　　　q.p⊃q.⊃.p⊃q

可是在真值函蘊系統內，「必然真」與「真」並無分別。（在路易士的嚴格函蘊系統中始有這種分別，見下章。）如是，這必然有兩

結果：(1)只是必然眞的命題爲任何命題所函，而此系統內的眞都是必然眞（ p. ≡ . p＝1），決不是普通的眞，此系統內亦無普通的眞。如是，便不能以普通的實際命題作例。而心中亦必須牢記必然眞與眞不同，因爲在這個系統內，對於必然眞與眞的區別，並無明文規定，即並無形式化的區別。(2)必然眞與眞不分，而在此系統內亦實沒有界劃開，如是，則即沒有理由禁止人以普通實際命題作例，如是，上面那太詭譎的情形便不可免。由第一結果，必然逼迫著我們要區別開必然眞與眞底不同。此即是路易士系統之所作。不然，由第二結果，則即確定出眞值函蘊之特性以及其不足處。此即是路易士批評眞值函蘊之著眼點。關此問題，暫略說明如上。後第三節，再綜和一論。

2.03　├ : p⊃~q.⊃.q⊃~p

此爲「換位原則」（ Principle of Transposition ）。

證明：【依Ⅲ.3, ~p/p , ~q/q】　├ : ~pv~q.⊃.~qv~p

　　　　【依Ⅱ.1】　　　　├ : p⊃~q.⊃.q⊃~p

2.04　├ ∴ p.⊃.q⊃r : ⊃ : q.⊃.p⊃r

此爲「交換原則」（ Principle of Commutation ）。

證明：【依Ⅲ.4, ~p/p, ~q/q】├ : ~pv（ ~qvr ）.⊃.~qv（ ~pvr ）

　　　　　　【依Ⅱ.1】├∴.p.⊃.q⊃r : ⊃ : q.⊃.p⊃r

2.05　├ ∴ q⊃r.⊃ : p⊃q.⊃.p⊃r

此爲「三段式原則」（ Principle of Syllogism ）。

證明：【依Ⅲ.5, ~p/p】├∴.q⊃r.⊃ : ~pvq.⊃.~pvr

　　　　　　【依Ⅱ.1】├∴.q⊃r.⊃ : p⊃q.⊃.p⊃r

2.06　⊢∴p⊃q.⊃：q⊃r.⊃.p⊃r

此亦爲三段式原則。

證明：【依2.04,q⊃r/p,p⊃q/q,p⊃r/r】

　　⊢∷q⊃r.⊃：p⊃q.⊃.p⊃r∴⊃∴p⊃q.⊃：q⊃r.⊃.p
⊃r

　　　　【依2.05】⊢∴q⊃r.⊃：p⊃q.⊃.p⊃r

　　　　【依Ⅵ.2】⊢∴p⊃q.⊃：q⊃r.⊃.p⊃r

2.07　　⊢：p.⊃.pvp

此式同於Ⅲ.2之「增加原則」。只要在Ⅲ.2中以p代其中之q即
可。

2.08　　⊢·p⊃p

此表示任何命題自身相函。此爲「同一原則」（Principle of
Identity）同一律即由此引出。在《數學原理》中，同一律爲13.15
⊢·x＝x。如果就命題說，則此同一原則即可作同一律：由p⊃p，
即可至p＝p。

證明：【依2.05，pvp/q,p/r】

　　　　　　　⊢∷pvp.⊃.p：⊃∴.p.⊃.pvp：⊃.p⊃p

　　　　【依Ⅲ.1】⊢：pvp.⊃.p

　　　　【依Ⅳ.2】⊢∴.p.⊃.pvp：⊃.p⊃p

　　　　【依2.07】⊢：p.⊃.pvp

　　　　【依Ⅳ.2】⊢·p⊃p

2.1　⊢·∼pvp

證明：【依2.08及Ⅱ.1】⊢·∼pvp

此即∼pvp＝1，即p必然眞。

2.11 ├·pv~p

此為「排中律」（Law of Excluded Middle）。

  證明：【依Ⅲ.3，~p/p，p/q】├：~pvp.⊃.pv~p

    【依2.1】├·~pvp

    【依Ⅳ.2】├·pv~p

2.12 ├·p⊃~（~p）

  證明：【依2.11，~p/p】├.~pv~（~p）

    【依Ⅱ.1】├·p⊃~（~p）

2.13 ├·pv~｛~（~p）｝

  證明：【Ⅲ.5,~p/q,~｛~（~p）｝/r】

    ├：.~p.⊃.~｛~（~p）｝·⊃：pv~p.⊃.pv~

     ｛~（~p）｝

    【依2.12，~p/p】├：~p.⊃.~｛~（~p）｝

    【依Ⅳ.2】├：pv~p.⊃.pv~｛~（~p）｝

    【依2.11】├·pv~p

    【依Ⅳ.2】├·pv~｛~（~p）｝

2.14 ├·~（~p）⊃p

  證明：【依Ⅲ.3，~｛~（~p）｝/q】

    ├：pv~｛~（~p）｝.⊃.~｛~（~p）｝vp

    【依2.13】├.pv~｛~（~p）｝

    【依Ⅳ.2】├.~｛~（~p）｝vp

    【依Ⅱ.1】├.~（~p）⊃p

2.15 ├：~p⊃q.⊃.~q⊃p

2.16 ├：p⊃q.⊃.~q⊃~p

2.17　├：～q⊃～p.⊃.p⊃q

此三命題同於2.03，同爲換位原則底表示。證明略。

2.18　├：～p⊃p.⊃.p

如果一個命題爲其自己之否定所函，則它就是眞的。或說：如果一個命題之假即函其本身之眞，則它即是眞的。此爲「必然眞之原則」。此是說的一種不可反駁的必然眞的命題。例如，假定說矛盾律是假的。如果它是假的，它就不能旣是假又不是假，而此就是矛盾律之爲眞。故矛盾律是不可反駁地必然的。（但在此系統，眞與必然不分。）

　　證明：【依2.12】　├·p⊃～（～p）

　　　　　【依2.05】　├∵.p⊃～（～p）.⊃：～p⊃p.⊃.～p⊃～（～p）

　　　　　【依Ⅳ.2】　├·～p⊃p.⊃.～p⊃～（～p）　　　　　(1)

　　　　　【依2.01，～p/p】　├：～p⊃～（～p）.⊃.～（～p）　　　　　(2)

　　　　　【依三段推理】　├∵.(1).(2).⊃├：～p⊃p.⊃.～（～p）　　　　　(3)

　　　　　【依2.14】　├·～（～p）⊃p　　　　　(4)

　　　　　【依三段推理】　├·(3).(4).⊃├·～p⊃p.⊃.p

2.2　├：p.⊃.pvq

此同於增加原則（Ⅲ.2）。證明略。

2.21　├：～p.⊃.p⊃q

「如果 p 假，則 p 函著 q」。此即：「一假命題函任何命題」之詭辭。與「眞命題爲任何命題所函」爲一對。

　　證明：【依2.2，～p/p】　　├：～p.⊃.～pvq

　　　　　　【依Ⅱ.1】　　　　├：～p.⊃.p⊃q

　　案：如果在此系統中，p假就是p＝0，而p＝0是說：「沒有一種情形p在其中爲眞」（p is true in no case），則說：「一假命題函任何命題」，亦不見得若何古怪。此可與代値學中的「0⊃a」（零含在任何類中）相類比。如果一類無分子存在，它可以是任何東西。如果p假就是p＝0，而p＝0就是p.～p＝0，則p亦可以函著任何命題。在代値學中，（0⊃a）＝（0×a＝0），或「0⊃a.＝：－0＋a.＝.1」。在此，如果p＝0，則p⊃q就是「0⊃q.＝.～0vq」，而「～0vq.＝.1vq」。所以這情形的假也與普通的假不同。依是「一假命題函任何命題」，就等於說：「一不可能的命題函任何命題」。但如其如此，我們也不能直接隨便舉一個實際的假命題，例如「醋是甜的」，而說它函蘊「2＋2＝4」，或「孔子是聖人」。我們不能這樣舉例，以弄成無謂的玄虛。如果要舉，似乎當該是這樣的例：如果「圓方是三角形」是假的（其假是p＝0，或p.～p＝0），則「圓方是三角形」函蘊任何命題如「2＋2＝4」。因爲「圓方是三角形」根本是無意義的胡謅，等於零。此即「一不可能的命題函任何命題」。如果以普通實際的假命題爲例，則當該這樣說：「如果p假而且p函著q，則p函著q」。寫成符式，當如下：

　　～p.p⊃q.⊃.p⊃q

可是，在眞値函蘊系統內，「不可能」與「假」亦無分別。因此，它亦無理由禁止人以普通的假命題爲例。

　　2.25　├：.　p：v：pvq.⊃.q

2.26　⊢∴　~p：v：p⊃q.⊃.q

2.27　⊢∴　p.⊃：p⊃q.⊃.q

2.3　　⊢：　pv（qvr）.⊃.pv（rvq）

2.31　⊢：　pv（qvr）.⊃.（pvq）vr

2.32　⊢：　（pvq）vr.⊃.pv（qvr）

2.33　⊢：　pvqvr.=.（pvq）vr　Df

2.4　　⊢∴　p.v.pvq：⊃.pvq

2.41　⊢∴　q.v.pvq：⊃.pvq

2.42　⊢∴　~p.v.p⊃q：⊃.p⊃q

2.43　⊢∴　p.⊃.p⊃q：⊃.p⊃q

2.45　⊢：　~（pvq）.⊃.~p

2.46　⊢：　~（pvq）.⊃.~q

2.53　⊢：　pvq.⊃.~p⊃q

3.1　　⊢：　p.q.⊃.~（~pv~q）

3.11　⊢：　~（~pv~q）.⊃.p.q

此兩命題合起來，就是 p.q.≡.~（~pv~q）

3.13　⊢：　~（p.q）.⊃.~pv~q

3.14　⊢：　~pv~q.⊃.~（p.q）

3.2　　⊢∴　p.⊃：q.⊃.p.q

3.21　⊢∴　q.⊃：p.⊃.p.q

3.22　⊢：　p.q.⊃.q.p

以上諸命題證明皆從略。

　　3.24　⊢·　~（p.~p）

此命題表示「矛盾律」。~（p.~p）就等於 p.~p＝0

證明：【依2.11，～p/p】　├·　～p∨～（～p）

　　　　【依3.14，～p/q】　├：　～p∨～（～p）.⊃.～（p.～p）

　　　　【依Ⅳ.2】　　　　　├·　～（p.～p）

3.26　├：　p.q.⊃.p

3.27　├：　p.q.⊃.q

3.3　　├　　p.q.⊃.r：⊃：p.⊃.q⊃r

「如果p與q契和起來函著r，則p函著q函r」。此叫做「輸出原則」（Principle of Exportation）。此名得之於皮亞諾（Peano）。

證明：【依2.Q08，及Ⅱ.2.】　├∴　p.q.⊃.r：⊃：～（～p∨～q）.⊃.r：

　　　　【依2.0.3】├∴　　　　　　⊃：～r.⊃.～p∨～q：

　　　　【依2.08及Ⅱ.1】├∴　　　　⊃：～r.⊃.p⊃～q：

　　　　【依2.0.4】├∴　　　　　　⊃：p.⊃～r⊃～q：

　　　　【依2.03及2.06】├∴　　　⊃：p.⊃.q⊃r

　　　　　　　　　　├∴ p.q.⊃.r：⊃：p.⊃.q⊃r

3.31　　　├∴　p.⊃.q⊃r：⊃：p.q.⊃.r

「如果p函著q函r，p與q契和起來函著r」。此曰「輸入原則」（Principle of Importation）。此名亦得之於皮亞諾。

證明：【依2.08及Ⅱ.1】　├∴p.⊃.q⊃r：⊃：～p∨～q.v.r：

　　　　【依2.53】├∴　　　　　　⊃：～（～p∨～q）.⊃.r：

　　　　【依2.08及Ⅱ.2】　├∴　　⊃：p.q.⊃.r

　　　　【依2.06】├∴　p.⊃.q⊃r：⊃：p.q.⊃.r

3.33　├：　p⊃q.q⊃r.⊃.p⊃r

3.34 ├： q⊃r.p⊃q.⊃.p⊃r

此兩命題亦爲三段式原則。

3.35 ├： p.p⊃q.⊃.q

此爲「斷定原則」（Principle of Assertion）。如果 p 而且 p 函 q，則可以斷定 q 眞。此與Ⅳ.2（推斷原則）相似，但不可混。

證明：【依2.27及3.31】 ├：： p.⊃：p⊃q.⊃.q∴⊃：

p.p⊃q.⊃.q

3.37 ├：. p.q.⊃.r：⊃：p.~r.⊃.~q

此爲「反理式原則」（Principle of Antilogism）。如果 p 與 q 函 r，則 p 與「r 之否定」契和起來即函 q 之否定。同樣我們亦可以說：如 p 與 q 函 r，則 q 與「r 之否定」契和起來即函 p 之否定。

3.43 ├∴ p⊃q.p⊃r.⊃：p.⊃.q.r

3.44 ├∴ q⊃p.r⊃p.⊃：qvr.⊃.p

此兩命題證明略。

3.45 ├：. p⊃q.⊃：p.r.⊃.q.r

證明：【依2.06，~r/r】├∴p⊃q.⊃：q⊃~r.⊃.p⊃~r

：

【依換位原則】├∴⊃：~（p⊃~r）.⊃~（q⊃~r）

【依2.08及Ⅱ.1與Ⅱ.2】├∴. p⊃q.⊃：p.r.⊃.q.r

3.47 ├∴ p⊃r.q⊃s.⊃：p.q.⊃.r.s

證明：【依3.26】├∴ p⊃r.q⊃s.⊃：p⊃r：

【依3.45】├：. ⊃：p.q.⊃.r.q：

【依3.22】├：. ⊃：p.q.⊃.q.r (1)

【依3.27】├∴ p⊃r.q⊃s.⊃ : q⊃s :

【依3.45】├∴ ⊃ : q.r.⊃.s.r :

【依3.22】├∴⊃ : q.r.⊃.r.s　　　　　　　　(2)

【(1)及(2)及2.06】├∴ p⊃r.q⊃s.⊃ : p.q.⊃.r.s

3.48　├∴ p⊃r.q⊃s.⊃ : pvq.⊃.rvs

證明：【依3.26，Ⅲ.5，3.27，Ⅲ.3】

4.02　p≡q≡r. = .p≡q.9≡r　Df

4.1　├ : p⊃q.≡.～q⊃～p

證明：【依2.16及2.17】

4.11　├∴ p≡q.≡.～p≡～q

4.13　├·p≡～（～p）

此爲「重負原則」（Principle of Double Negation）。

證明：【依2.12及2.14與Ⅱ.3】

4.14　├∴ p.q.⊃.r : ≡ : p.～r.⊃.～q

4.15　├∴ p.q.⊃.～r : ≡ : q.r.⊃.～p

此兩命題與3.37同爲「反理式」底表示。

4.2　├·p≡p

此表示等值關係是「反身的」（reflexive）。

4.21　├ : p≡q.≡.q≡p

此表示等值關係是「對稱的」（symmetrical）。

4.22　├ : p≡q.q≡r.⊃.p≡r

此表示等值關係是「傳遞的」（transitive）。

4.24　├ : p.≡.p.p

4.25　├ : p.≡.pvp

4.3 　├： 　p.q.≡.q.p

4.31 　├： 　pvq.≡.qvp

4.32 　├： 　（p.q）.r.≡.p.（q.r）

4.33 　├： 　（pvq）vr.≡.pv（qvr）

4.34 　├： 　p.q.r.=.（p.q）.r 　　　Df

4.36 　├∴ 　p≡q.⊃：p.r.≡.q.r

4.37 　├∴ 　p≡q.⊃：pvr.≡.qvr

4.38 　├∴ 　p≡r.q≡s.⊃：p.q.≡.r.s

4.39 　├∴ 　p≡r.q≡s.⊃：pvq.≡.rvs

4.4 　├∴ 　p.qvr.≡：p.q.v.p.r

此爲「分布律」（Distributive Law）之第一形式。證明略。

4.41 　├∴ 　p.v.q.r：≡.pvq.pvr

此爲「分布律」之第二形式。證明略。以上兩形式同於代値學中的：

$$a（b+c）=ab+ac$$

$$a+bc=（a+b）（a+c）$$

4.42 　├∴ 　p.≡：p.q.v.p.~q

此與代値學中的「擴張律」〔a=a（b+-b）=ab+a-b〕同。故亦可寫爲：

p.≡.p（qv~q）.≡：pq.v.p~q

由以上分布律與擴張律，可知第一節中依代値學中的演算方式所作的疏證，在本系統中，完全合法有效。

4.43 　├∴.p.≡：pvq.pv~q

此式亦可寫爲： 　p.≡：p.v.q.~q：≡：（pvq）.（pv~q）

此同於代值學中的：$a = a + (b - b) = (a + b) \cdot (a + -b)$

此亦同於：$a = a + (b - b) = a + 0 = a$

4.44　⊦∴ p.≡∶p.v.p.q

4.45　⊦∶.p.≡·p.（pvq）

4.5　　⊦∶ p.q.≡.～（～pv～q）

4.51　⊦∶ ～（p.q）.≡.～qv～q

4.52　⊦∶ p.～q.≡.～（～pvq）

4.53　⊦∶ ～（p.～q）.≡.～pvq

4.54　⊦∶ ～p.q.≡.～（pv～q）

4.55　⊦∶ ～（～p.q）.≡.pv～q

4.56　⊦∶ ～p.～q.≡.～（pvq）

4.57　⊦∶ ～（～p.～q）.≡.pvq

以上八式表示 pq 兩者底1（$1 = pq.v.～pq.v.p～q.v.～p～q$）中任一項底肯定等於其餘三項底否定，任一項底否定等於其餘三項底肯定。亦與代值學中的情形同。參看上章第三節4.61。

4.6　　⊦∶p⊃q.≡.～pvq

4.61　⊦∶ ～（p⊃q）.≡.p.～q

4.62　⊦∶p⊃～q.≡.～pv～q

4.63　⊦∶ ～（p⊃～q）.≡.p.q

4.64　⊦∶ ～p⊃q.≡.pvq

4.65　⊦∶ ～（～p⊃q）.≡.～p.～q

4.66　⊦∶ ～p⊃～q.≡.pv～q

4.67　⊦∶ ～（～p⊃～q）.≡.～p.q

以上八式是前八式底另一種表示，即用函蘊來表示。這八種關係

（亦可說 p, q 兩者底真理函值）俱含在上節中用真理圖表所列的16種關係中。其餘八種亦可同樣用符式寫出來，並亦可依分布律與擴張律底辦法把它們疏證出來。讀者試之。

又以上所列諸式，所未證明的，原書中都有證明或證明底指示。茲略。

第三節　綜論真值函蘊之特性

關於真值函蘊之特性的討論，路易士（C. I. Lewis）甚感興趣。他見到它可以成一獨立的系統，但不是唯一的系統，而且亦有所不盡，故有他的嚴格函蘊系統底造成。

他綜括敘述真值函蘊底特性實在是以下列四原則爲綱領：

(1)　$p. \equiv .p = 1$

(2)　$\sim p. \equiv .p = 0$

(3)　$0 \supset p.$（類比於 $0 \supset a$）

(4)　$p \supset 1$（類比於 $a \supset 1$）

這個二值系統實不脫代值學底結構模型。當 $p = 1$，$\sim p = 0$ 時，此系統中的 p, q, r 等實不表示命題，即，不表示不同的有意義的主斷，而只表示其值之爲真或假，即，在事例類 1 或 0 中它們之爲真。有「1」這個值的任何兩個成分是同一的（當其在此系統中之特性被論及時），而有「0」這個值的兩個成分亦皆是同一的。是以在此：「二價代值學」（two-value algebra）裏，只有兩個成分，即兩個真理值（truth-values），或「0」與「1」這兩個外延（命題底外延）。每一成分 p 實只是表示此兩成分之或此或他。依

此，外延「1」（即任何眞命題之外延）含有（contains）每一外延，亦即爲任何外延所函蘊（implied by），此即：

$q. \supset .p \supset q$　　（$q=1$）$. \supset .p \supset q$

之眞實意義（即「一眞命題爲任何命題所函」之眞實意義）。而外延「0」（即任何假命題之外延）是含在每一外延中，亦即函蘊任何外延，此即：

$\sim p. \supset .p \supset q$　　（$p=0$）$. \supset .p \supset q$

之眞實意義（即「一假命題函蘊任何命題」之眞實意義）。

　　路易士復由眞值函蘊之定義進而表述另一特殊情形。依眞理圖表，函蘊有三個眞假可能：(1)pq，(2)$\sim$pq，(3)$\sim$p$\sim$q，就是不能有「p$\sim$q」一可能。而前三可能加和起來，就是「$\sim$pvq」，此即爲眞值函蘊之定義。依此，在前三可能底任一可能上，「p$\supset$q」皆可成立，惟在「p$\sim$q」一可能上，「p$\supset$q」始不成立。如是，亦可以說：「p函q」就等於說「p眞而q假」是假的。依此，

(1)$p=1, q=1$：　$p \supset q$,　$q \supset p$,　$\sim p \supset q$,　$\sim q \supset p$.

(2)$p=0, q=1$：　$p \supset q$,　$\sim(q \supset p)$,　$\sim p \supset q$,　$\sim q \supset p$.

(3)$p=1, q=0$：$\sim(p \supset q)$,　$q \supset p$,　$\sim p \supset q$,　$\sim q \supset p$.

(4)$p=0, q=0$：　$p \supset q$,　$q \supset p$, $\sim(\sim p \supset q)$,　$\sim(\sim q \supset p)$.

根據以上四行，我們可有以下諸式：

1.　$pq. \supset .p \supset q$,　$pq. \supset .q \supset p$

2.　$\sim p \sim q. \supset .p \supset q$,　$\sim p \sim q. \supset .q \supset p$

3.　$\sim pq \supset .p \supset q$

4.　$\sim(p \supset q). \supset .p$

5.　～（p⊃q）.⊃.～q

6.　～（p⊃q）.⊃.p⊃～q

7.　～（p⊃q）.⊃.～p⊃q

8.　～（p⊃q）.⊃.～p⊃～q

9.　～（p⊃q）.⊃.q⊃p

在這裏，我們可以注意第6式：如果 p 不函 q，則 p 函 q 之假。所謂「p 不函 q」（～（p⊃q））意即 p 與 q 為獨立，所謂「p 函 q 之假」（p⊃～q）意即 p 與 q 不一致。而如果「p 不函 q 之假」（～（p⊃～q）），則 p 與 q 一致。根據真值函蘊系統，我們亦有

10.　～（p⊃～q）.⊃.p⊃q

此即是說：如果「p 不函 q 之假」，「則 p 函 q」。第6式是說：如果 p 不函 q，則 p 函 q 之假。p 不函 q，p 與 q 為獨立，如是第6式是說：如果 p 與 q 為獨立，則 p 與 q 即不一致。而 p 不函 q 之假，p 與 q 為一致。如是，第10式是說：如果 p 與 q 一致，則 p 即函 q（不獨立）。在第6與第10這兩個普遍陳述中，我們不能有既「獨立」又「一致」的命題，而卻是任何兩個命題或是相函（p⊃q），或是不一致（p⊃～q）。如是，遂有：

　　　p⊃q.v.p⊃～q

一命題。即「或 p 函著 q 或 p 函著非 q」。但是在一個形式系統裏，開始的原始命題（或設準）必須具備既獨立又一致這兩個條件。如是我們總有一些命題既不相函（獨立），也不衝突（一致）。但是真值函蘊不能表示這情形。而路易士的嚴格函蘊卻能。（見下章）。

　　如是，路易士總起來說，拿「～pvq」所定的函蘊不表示「可

推性」，即「p⊃q」不表示「q可以從p推出」。這個函蘊本身不是套套邏輯，不是必然，但可以眞。於p⊃q上，不能即推出q眞。依路易士，要想推q眞，必須兩個前題，只p一個前題並不能推q。如是必須

$$p.p⊃q.⊃.q$$

即p眞，而且p函q眞，則始可以推出q眞。此式始表示推，而且是必然的。例如：在「醋是酸的是眞的，有人有鬍子是假的」是假的，（～（p.～q）），這個陳述中，或在：「或醋不是酸的，或有人有鬍子」（～pvq）這個陳述中，顯然「有人有鬍子」不能從「醋是酸的」推出。但是它可以從：

(1)「醋是酸的」（p）

(2)「醋是酸的而無人有鬍子」是假的（～（p.～q））

這兩個前題中推出。

如果我們這樣舉例來表示～（p.～q）或～pvq，則p⊃q誠然不表示推，而且有點別扭而玄虛。如是，在「一眞命題爲任何命題所函」上，我們也可以說：如果「醋是酸的」，則「2＋2＝4函醋是酸的」。在「一假命題函蘊任何命題」上，我們也可以說：如果「無人有鬍子」假，則「無人有鬍子函2＋2＝4」。這些例都是玄虛的。但是大家關於這方面，一提到眞值函蘊，都是這樣舉，以示眞值函蘊只注意眞假值，而不注意命題之內容（意義）。

羅素與懷悌海兩人合著的 *Principia Mathematica* 中，對於函蘊無多文字上的解析。但是在此書以前羅素個人著的《數學原理》（ *The Principles of Mathematics* ）裏，則有以下兩段話：

「兩種函蘊之差別，可以解析如下。歐氏幾何中之第五命題從

第四命題推出：如果第四真，則第五真；如果第五假，則第四假。此情形是真值函蘊。因為此兩命題皆是絕對的常項。在其意義上說，它們並不依靠指定一個值（value）給變項。但是此兩命題中之每一個自身卻陳述一種形式函蘊。第四命題是說：如果 x 及 y 是滿足某一定條件的三角形，則 x 及 y 也必是滿足某些其他條件的三角形，並且說：這種函蘊在 x 及 y 之一切值上都可成立。第五命題是說：如果 x 是一等腰三角形，則 x 是一等底角三角形。此兩命題中之每一個所具的形式函蘊大不同於那兩命題間的真值函蘊」（《數學原理》，14頁）。

　　此段是區別真值函蘊與形式函蘊之不同。形式函蘊是說及「意義連結」的假然命題：等腰三角形與等底角三角形這兩個意義間的必然連結。意義是概念義理，用亞里士多德的名詞說，是本質（essence），所以其連結說為形式函蘊。依是，如果 x 具有人性（humanity），則 x 具有變滅性（mortality），這也是個形式函蘊，這是說「人性」與「變滅性」間的必然連結。命題中的 x 是變項。這兩個意義間的必然連結在 x 這個變項底一切值上皆可成立。真值函蘊則是兩個定常命題間的真假關係，只就它們的前者真後者真，後者假前者假，這種真假關係而說函蘊，而不必注意它們的意義連結。譬如歐氏幾何中第四命題函蘊第五命題（第五自第四推出），又如：「天下雨」函蘊「地濕」（如天雨則地濕：前真後真，後假前假）。可是，如果如此，這只是注意面的不同。注意它們的真值關係並不函說它們便無意義底連結，亦不函說它們的後者不能從前者推出。因為若果真如此，則「如果─則」便根本無意義了。既然套在「如果─則」中，則所謂真值函蘊不過是只從真假關

係來表示函蘊而已，藉眞理值底結構方式把函蘊表示成「眞理值的形式」（ truth-value form ）而已。在眞理值底形式結構中，我們只看這些形式結構如何形成，如何轉換，而不必涉及意義與內容。這只表示撇開這一面，不表示在實際舉例時，可以舉不相干的或無意義連結的命題以表示「如果—則」。可是，話雖如此說，但在眞值函蘊之爲一形式系統上，卻又有那不相干的或無意義連結底古怪情形出現。

因此，羅素又有一段云：

「在發展函蘊預設之後果時，我們達到了一些結論，而這些結論是與普通所論的函蘊很難契合的。因爲我們發見了以下的情形，即：任何假命題函蘊每一命題，以及任何眞命題爲每一命題所函。依是，命題，在形式上說，恰如一個長度組，在此組中，每一長度是一寸或兩寸，而函蘊則好似這些長度間的等於或小於的關係。大家必不認爲「2＋2＝4」能從「孔子是人」推出，也不認爲「2＋2＝4」及「孔子是人」兩命題爲「孔子是一三角形」所函蘊。但是所以不願承認這種函蘊，我想，是由於先有形式函蘊底成見（形式函蘊是一最常見的觀念）。並且即當說到眞值函蘊時，形式函蘊也常常在心中。在從「孔子是人」而作的推斷中，習慣上我們並不是說一個哲學家之周遊列國，但只把「孔子」看爲一個符號，可以用任何其他人所代替。只偏好一個眞命題，而不願以數目、桌子，或麵包代孔子，我以爲只是流俗之偏見。可是，縱然如此，如在歐氏幾何中，一個特殊命題從另一個中推出，眞值函蘊即被包含在內。雖然眞值函蘊可以看爲某種形式函蘊之一特例，但其中總有一個眞值函蘊（此爲一特例之眞值函蘊之成立是由於給所說的形式函蘊中

之變項或所有變項以定常之值而成）」（同書，33-34頁）。

現在大家所故意舉的不相干的或無意義連結的命題以表示真值函蘊（如果─則關係）這情形，實皆由此而來。羅素此段話（除最後兩句外）不是很恰當的。而且亦很模糊，故弄玄虛。照此段話最後兩句看，真值函蘊不過是「如果─則」這個關係底兩面觀中之一面觀而已。但是何以會有那古怪情形呢？當我們說，「$a \subset b$」就是「a 與 b 積等於 a」的時候，其意義是很順適顯明的，當我們進一步說：它也就是「a 而非 b 是沒有的」（$a - b = 0$），其意義也很順適顯明。惟當依代值學底結構，演算底結果，說「$a - b = 0$」就等於「$-a + b = 1$」的時候，從「$-a + b$」這個類去了解 $a \subset b$，才顯得有點彆扭。當我們說「人類含在有死類中」就等於說「或者不是人的那些分子或者是有死的那些分子所成之加和類」時，光從這個「加和類」方面看，當然是兩項散列的，不表示包含，但我們不能即以此為準，於舉例時，就隨便舉兩個不相干的項，如「石頭」項與「孔子」項，而說：「或不是石頭或是孔子」，且說此即是「石頭含在孔子中」，因而說石頭實不包含在孔子中，故此「包含」實不表示包含。須知加和類只是依演算規律而得的一個形式結構，而若舉例仍得以「$a \subset b$」為準。同理，當我們說「$p \supset q$」就等於「p 真而 q 假是假的」時候，這也很順適顯明。惟當我們進一步而說 $p \supset q$ 就等於「或 p 假或 q 真」的時候（這個「析取式」也可以視為依演算規律而得的一個形式結構），才顯得有點彆扭。光從「或 p 假或 q 真」這個析取式方面看，p, q 亦當然是散列的，不表示函蘊關係，但我們亦同樣不能即以此為準，於舉例時，就隨便舉兩個不相干的命題，如「孔子是人」與「$2 + 2 = 4$」，而說「或孔

子不是人或2+2=4」，且說此即是「孔子是人函蘊2+2=4」，因
而說「孔子是人」實不函蘊「2+2=4」，故此函蘊實不表示「可
推性」，或另一說法：孔子只是一符號，可以用任何其他物代替
之。我們似不應有這些古怪的想法。那個析取式亦只是依眞理值系
統底結構，演算底規律，而得的一個形式結構。若舉例，仍得以
「p⊃q」爲準。p⊃q 是「如果一則」關係，而「或 p 假或 q 眞」
這個析取式（散立而並列的），則只表示在這個情形下，我們即可
說「p 函 q」，而並非就其爲散立而並列，即可舉兩個不相干的命
題以表示函蘊。

可是當發展到「一眞命題爲任何命題所函」以及「一假命題函
任何命題」時，則又反顯出眞值函蘊實不表示「可推性」。是以就
上面的辨論，光從眞值函蘊之定爲「或 p 假或 q 眞」上看，尙不能
一定說它不具有可推性。惟當發展到那兩種情形時，才見出它不具
有可推性。

這不具有可推性所表現的古怪情形，完全是因爲在這個系統
中，只有 p.≡p.＝1 與～p.≡.p＝0這兩個值，因此，必然眞與眞
不分，不可能與假不分。若按照「p.≡.p＝1」說，則「一眞命題
爲任何命題所函」，實即等於說：「一必然眞的命題爲任何命題所
函」。如是，我們便不能說：「醋是酸的」爲「孔子是聖人」所
函。可是在這個系統內，必然眞與眞無分別，則又不能禁止人這樣
舉例。如果嚴格地限於必然眞的命題，則在一形式系統內，須有形
式化的區別。可是在這個系統內，並無這種區別。如果沒有區別，
必然眞與眞不分，則那種不可推性的古怪情形即不可免。這即表示
眞值函蘊之特性及其不足處。這不是羅素所說的「流俗之偏見」問

題，而是必然真與真不分的問題。這表示「一真命題為任何命題所函」不能向普通實際命題上應用。若應用，便須是下式：

$$q.p \supset q. \supset .p \supset q \quad \text{〔參看上第二節2.02〕}$$

否則，便有那不通的古怪情形。若限於必然真的命題，則即不能用普通的實際命題作例。或者說，若限於必然真的命題，則「醋是酸的」為「孔子是聖人」所函，固然不行，但「2＋2＝4」為「孔子是聖人」所函，卻行。因為「2＋2＝4」是必然真的命題。曰：這也不行。此恐不是「一必然真的命題為任何命題所函」之意義。蓋此所謂必然真的命題是「p＝1」底意思，而p＝1就是「p或非p」（pv～p），這表示是窮盡一切可能的那種命題。即其真是真的，其假亦是真的。對這種命題，說任何命題函著它，這是可以說的。但這種命題恐不是任何普通的實際命題。

就「～p.≡.p＝0」說，則「一假命題函任何命題」，實即等於說：「一不可能的命題函任何命題」。但在真值函蘊系統內，「不可能」與「假」並無分別。如是遂有那不通的古怪情形。若舉普通的實際命題作例，則須如下式：

$$\sim p.p \supset q. \supset .p \supset q \quad \text{〔參看上第二節2.21〕}$$

而不能只是：

$$\sim p. \supset .p \supset q$$

否則，那不通的古怪情形亦不可免。如嚴格地限於不可能的命題，則不能以普通的假命題作例。如：「醋是甜的」函「孔子是聖人」。蓋不可能是p＝0，而p＝0就是「p.～p」（自相矛盾）。如是，當該是這樣的例：「圓方是三角形」函「孔子是聖人」，或「孔子是一三角形」函「2＋2＝4」。蓋「圓方是三角形」或「孔

子是三角形」根本是無意義的胡謅，說實了，亦即是自相矛盾，根本不可能的命題（即其眞是假，其假亦是假的。）。這不能以普通的「假」來看。（上面引羅素那段話中，是把「孔子是一三角形」作普通的假看了。）無意義的胡謅當然可以函任何東西。這猶之乎，一個空類可以說它是任何東西。但是，在眞值函蘊系統內，「不可能」與「假」並無分別。所以也不能禁止人以普通的假命題作例，因而那不通的古怪情形亦不可免。惟因此，始見出眞值函蘊之不具可推性。（這不是俗見問題。符號就是符號，而實際命題總是實際命題。）

由以上的說明，我們可以看出只有「1」與「0」這兩個界線所劃成的平板（一個較爲構造的，只是眞假值之變換的系統），雖可以成一獨立自足的系統，然不是唯一的系統，而且有所不足。

如是，我們實在於「1」及「0」兩個界線外，還須增加一些新界線，以另成一系統。在此，「1」爲必然眞，「0」爲不可能。除此以外，還當有眞與假，可能眞與可能假。這就是路易士的嚴格函蘊系統之所由成。增加一些新界線，成立一些新眉目，能使邏輯關係或邏輯意義表現得更爲確定，更爲分明。我們以爲這部工作是須要作的。

增加一些新界線所成的系統，一方既脫離代值學底結構方式，一方亦不是眞理值系統（由眞理圖表爲根據而成的），而卻更能歸於邏輯自己。眞值函蘊系統是較爲「構造的」（more constitutive），嚴格函蘊系統則較爲「軌約的」（more regulative）。故前者較近於數學，而後者則更能反顯邏輯自己。

第十一章　嚴格函蘊系統

第一節　此系統底淵源及其基本概念

我們在第九章第一節裏，已說到那個代值學中的 a, b, c 等，旣可代之以類，解之以類，亦可代之以區，解之以區（面中的區），復可代之以概念，解之以概念（意義、內容）。普通是從外延的觀點解之以類，此如第九章所爲。如解之以面中的區，則如下：

(1)a×b 指示公共於 a 及 b 的那個區。但必須 a 及 b 是重疊的（overlapping），即：那個重疊的區位（portion）才是「a×b」。如果不重疊，則 a×b 是空區（null region）。此解不同於類。類可以不重疊而共在。

(2)a＋b 指示或是 a 或是 b 或是 a 與 b 兩者的那個區。

(3)a⊂b 則指「a 完全含在 b 中」。b 或有餘，或無餘。此即「a⊂b」相當於 a≤b，而不相當於 a＜b。

(4)0指示空區。空區含在每一區內。類可以是空類，而區不能是空區，是以空區將只是「無」。

(5)1指示全面（plane）自己，或平面中的那一切區之加和

（sum）。

⑹對任何區 a，而施以否定，即爲「－a」。－a 指示除去 a 的那個面，即：面中所有是「非 a」者。a 以外的那一切即是「－a」。

⑺如果 a 及 b 是面中的區，則公共於 a 及 b 的那個區（即 a×b）亦在該面中。

關於那六個設準，則如下：

1.1　a×a＝a：對任何區 a，公共於 a 與 a 的那個區，還是 a 自己。

1.2　a×b＝b×a：公共於 a 及 b 的區就是公共於 b 及 a 的區。

1.3　a×（b×c）＝（a×b）×c：公共於 a 及 b×c 的區就是公共於 a×b 及 c 的區，亦就是公共於此三者的區。

1.4　a×0＝0：公共於 a 及0的那個區便是0，即空區。

1.5　如果 x－a＝0，則 x×a＝x，或 x⊂a：對任何區 a，有一個它的否定，即－a，即外於 a 或不含在 a 中，而如果這個－a 及任何區 x 相乘積而爲空區（即 x－a＝0），則公共於 x 及 a 的那個區便是 x 自己（即 x×a＝x），或說即是 x 含在 a 中（x⊂a）。

1.6　如果 y×a＝y，而且 y×－a＝y，則 y＝0：如果公共於 y 及 a 的那個區等於 y，而且公共於 y 及－a 的那個區亦等於 y，則 y 這個區必是空區。

這個解析，在邏輯上無甚重要。與從外延觀點解之以類相對的便是從內容觀點解之以概念。解之以概念或意義，便是內容的解析（intensional interpretation）。這種解析，在邏輯關係或邏輯意義

底展露上，是很重要的。譬如：

A：凡 a 是 b：可以解爲：a 概念含 b。凡落在 a 之意義下的必然有 b 之性質。一切可能的或邏輯地可思議的 a 必須是 b。

E：無 a 是 b：a 概念排拒 b。沒有旣落在 a 之意義下而能有性質 b。沒有可能的或邏輯地可思議的 a 而能是 b。

I：有 a 是 b：a 之可思議的一目是 b。

O：有 a 非 b：a 之可思議的一目不是 b。

「有」=「什麼東西底一個可規定的目」（a definable species of something）或「某種邏輯地可思議的東西」（something logically conceivable）。

依此，那個代值學能完全而準確地應用於這種內容底關係。此即爲解之以概念。如下：

(1)以 a,b,c 等代表概念底意義或項之內容。

(2)a×b 表示 a 概念因概念 b 而成的限制或形容，或 b 概念因 a 概念而成的限制或形容。

(3)–a 表示「不是 a」。

(4)0 表示「邏輯地不可思議的」，或「自相矛盾的」。

(5)因爲當 a＝0，–a＝1，所以「1」即表示：其否定方面不可思議，即：一個概念，每一可思議的東西皆在其下。

(6)a≠0 表示：「a 不是自相矛盾的」，或「a 是可思議的，可能的」。

(7)a≠1 表示：a 不是每一可思議或可能的東西皆落於其下的一個概念。

(8)因爲 a⊂b 等值於 ab＝a 及 a–b＝0，所以 a⊂b 表示「凡是 a 而不是 b 者是邏輯地不可思議的」，或「所有可能的 a 皆是 b」。

　　經此解析，我們可說代值學中的一切定理皆可成立於其上。試就若干方面略明如下：

　　1.在外延的解析中，我們說，當 a＝0時，a⊂b，不拘 b 是什麼。此即「0⊂a」（0含在任何類中）一情形。這情形也發生在「邏輯地不可思議的東西」上。即對於 a, b, c 等作內容的解析時，也可有此古怪情形。例如「圓方」是邏輯地不可思議的一個概念，不只是無存在而已。如是，你說圓方是圓的、圓方是方的、圓方是三角形，皆無不可。因爲圓方等於0（在此是邏輯地不可思議的），所以任何東西皆可論謂它。

　　2.但是關於雖無現實的存在而有可能的概念，「獨角獸」，則情形即不相同。「一切獨角獸皆只有一個角」，若內容地說，此命題是眞的。其爲眞是分析命題式的眞：「獨角獸」這個概念，就函著「只有一個角」。若說：「一切獨角獸皆有兩個角」則必假。此即是說，關於非存在但可思議的東西必有一確定的內容上的眞及假。這並不能隨汝所願說它是什麼。推之，飛翼馬、金山、龜毛、兔角，皆是如是。因爲這些概念都不是矛盾的。惟獨「圓方」才是自相矛盾的。所以在內容的解析中，只有「圓方」這類自相矛盾或不可思議的概念，才可說它是任何東西，即符合「0⊂a」這個定理，至於獨角獸、飛翼馬，則不能如此。此即表示，在內容的解析中，「不可能」與「雖無存在而卻可能」有分別，而在外延的解析中，則皆視爲0，無分別。

　　3.由此代值學可以解爲「內容的關係」，則隨著來的就是：凡傳統邏輯中的推理式不合於這個代值學的（當外延地解之時），同樣當內容地解之時，亦不能眞正有效。例如，「凡 a 是 b」函著

「有 a 是 b」，這個推理，如從內容關係上說，則亦因一些例外而無效。所謂例外就像「圓方」這類的概念。在此，a 是表示「某種不可思議的東西」。依此，如果「a 是可思議的」（a≠0）這個附加的前題被預定時，則必須把它顯明地陳述出來。加上這個前題，那個推理便有效，否則無效。但這卻不是傳統原則所說的，而那個推理亦不是直接推理。此考慮同樣適於其他傳統的推理式。當外延地解之時，見出其有錯誤，在內容上亦同樣無效。項，如意味外延的項，則是指示某種存在或不存在的東西，如意味內容的項，則是指示某種邏輯上可思議或不可思議的東西。在此兩種情形中，所確定需要的「假設」，如果在默默中被預定時，必須顯明出來。否則，推理便不是妥當有效的形式。

4.在每一外延底律則上，總有一類比的內容之律則。但由此不能即說：內容的項之關係即平行於它們的外延關係。此兩者不能相混。例如：「人」類含在「有死」類中，人之內容亦包含「有死」之內容。這雙方是平行的。但是，「無毛兩足動物」類（the class "featherless bipeds"）含在「人」類中，然而平行的內容關係卻不成立。即是說：「無毛兩足」之內容並不含「是人」一屬性（the attribute "human"）。

5.依是，一個邏輯，它若是要恰當地討論推理中的項之關係，它必須表示項底內容關係不同於它們的外延關係。而這樣一個邏輯必須不只包含內容律及外延律，且亦須包含連結此兩者的規律。例如，它必須包含「如 a 之內容包含 b 之內容，則 a 類含在 b 類中（但反之不成）」，這種規律。那個代值學雖能完整地應用於外延之關係，亦能完整地應用於內容之關係，但是對於這樣的「項之邏

輯」之完整的表象卻未作到。一個完整而準確的「項之邏輯」尚未
爲任何人所發展。

由以上的說明，我們可知對於項的內容解析之意義。在這種解
析中，我們比較有更多的界線：

1.有邏輯地不可思議的概念，此爲「不可能」。

2.有可思議的概念，此爲「可能」。

3.有「每一可思議的東西皆在其下」的概念，此爲「必然
眞」。

4.有不是必然的概念，此爲 $a \neq 1, a$ 之假是可能的。

通過這些界線，若用於命題（不是用於項），便是路易士的嚴
格函蘊系統。依是，

1.有必然眞的命題：$\sim \diamondsuit \sim p$：p 之假是不可能的。

2.有不可能的命題：$\sim \diamondsuit p$：p 是不可能的，p 可能是假的。

3.有眞的命題：p：p 眞。

4.有假的命題：$\sim p$：p 假。

5.有可能眞的命題：$\diamondsuit p$：p 可能，p 是可能的。

6.有可能假的命題：$\diamondsuit \sim p$：p 假是可能的。

代值學，經過外延的解析，便成爲類底演算。若再依外延的觀
點而用於命題，便成爲眞值函蘊系統。眞值函蘊系統只有 $p . \equiv . p$
$=1$ 與 $\sim p . \equiv . p = 0$ 這兩個界線。所以它的結構與代值學很相似，
而依眞理圖表底辦法，它也只是眞假二值底轉來轉去。但是現在若
經過內容的解析而用於命題，以成爲嚴格函蘊系統，則有上面所列
的那六個界線。依此，它的結構便離代值學較遠，而亦不以「眞理
圖表」爲根據。以下便介紹這個系統。

第二節　嚴格函蘊底演算

Ⅰ.原始觀念

1.命題：p,q,r 等。

2.否定：～p,p 是假的，或「非 p」。

3.乘積：p.q,p 與 q 共眞。

4.p 自身一致或可能：◇p，p 自身一致，p 是可能的，p 眞是可能的。

這是這個系統中基本而重要的一個概念。有這個觀念底凸出，則 p 與～p 便受了限制，便不會只是眞與假，0與1底轉來轉去。

5.邏輯的等值：p＝q

Ⅱ.基本定義

11.01　pvq. ＝.～（～p.～q）

這是以否定與乘積來規定「析取」。關於析取與絜和的演算同於眞值函蘊系統。

11.02　p ≺q. ＝.～◇（p.～q）

「P 嚴格函蘊 q」等於說：「p 眞而 q 假」是不可能的。當 q 可以從 p 推出，則「p 眞而 q 假」便是不可能的（矛盾的）。這是以否定、乘積與可能三觀念來規定「嚴格函蘊」。嚴格云者即表示「q 可以從 p 推出」，而且有意義上的必然關係。這與

p⊃q. ＝.～（p.～q）

好像差不多，但因這個系統有六個界線，所以便顯出它在系統中的作用很不同，而且它不能有類比於「～pvq」這一類的形式。在眞值函蘊中，有 $p \supset q . = . \sim (p. \sim q) . = . \sim pvq$ 這種連等，但在嚴格函蘊上，則只有 $\sim \diamondsuit (p. \sim q)$ 一形式。

11.03　$p = q . = . p \prec q . q \prec p$

這是以乘積與嚴格函蘊來規定等值。

Ⅲ.設準

11.1　$pq . \prec . qp$

11.2　$pq . \prec . p$

11.3　$p . \prec . pp$

11.4　$(pq) r . \prec . p (qr)$

11.5　$p . \prec . \sim (\sim p)$

11.6　$p \prec q . q \prec r : \prec . p \prec r$

11.7　$p . p \prec q : \prec . q$

Ⅳ.運算上的規律

1.代替。例如以～p 代 p，～p/p。

2.合主（adjunction）：如 p 被主，而且 q 被主，則 pq 亦可被主。

3.推斷原則：如 p 被主，而且 $p \prec q$ 被主，則 q 亦可被主。

Ⅴ.推演系統：基本定理

12.1　$p \prec p$

12.11　$p = p$

12.15　$pq. = .qp$

12.17　$pq. \prec .q$

12.2　$\sim p \prec q. = .\sim q \prec p$

證明：【依12.11：$\sim \diamondsuit (\sim p \sim q) / p$】

$\qquad \sim \diamondsuit (\sim p \sim q) = \sim \diamondsuit (\sim p \sim q)$　　　　　(1)

　　　【依12.15：$\sim p/p$，$\sim q/q$】

$\qquad \sim p \sim q. = .\sim q \sim p$　　　　　(2)

　　　【(1).(2)】

$\qquad \sim \diamondsuit (\sim p \sim q) = \sim \diamondsuit (\sim q \sim p)$　　　　　(3)

　　　【11.02：$\sim p/p$】

$\qquad \sim p \prec q. = .\sim \diamondsuit (\sim p \sim q)$　　　　　(4)

　　　【11.02：$\sim q/p$，p/q】

$\qquad \sim q \prec p. = .\sim \diamondsuit (\sim q \sim p)$　　　　　(5)

　　　【(4).(5)】　(3). = ：$\sim p \prec q. = .\sim q \prec p$

12.25　$\sim (\sim p) \prec p$

12.3　$p = \sim (\sim p)$

12.4　$\sim p \prec q. \prec .\sim q \prec p$

12.41　$\sim p \prec \sim q. \prec .q \prec p$

12.42　$p \prec \sim q. \prec .q \prec \sim p$

12.43　$p \prec q. \prec .\sim q \prec \sim p$

12.44　$p \prec q. = .\sim q \prec \sim p$

12.45　$p \prec \sim q. = .q \prec \sim p$

12.5　$(pq) r = p (qr) = q (pr) = (qp) r = \cdots\cdots$

12.6　　pq ≺ r. = ：q~r. ≺. ~p： = ：p~r. ≺. ~q

此為「反理式」（antilogism）。

證明：【12.11】 ~◇（pq. ~r）= ~◇（pq. ~r）　　　　　　(1)

　　　　【12.5】 ~◇（pq. ~r）= ~◇（q~r.p）　　　　　　(2)

　　　　【12.3】 (2). = ： ~◇（pq. ~r）. = . ~◇（q~r. ~

　　　　　　　　　（~p））　　　　　　　　　　　　　　(3)

　　　　【11.02】 (3). = ∴pq. ≺.r：= ：q~r. ≺. ~p

　　　　同理　　pq. ≺.r：= ：p~r. ≺. ~q

12.7　　p. = .pp

12.72　　~p ≺ ~（pq）

12.73　　~q ≺ ~（pq）

12.75　　q ≺ r.p ≺ q：≺.p ≺ r

12.77　　p ≺ q.qr ≺ s：≺.pr ≺ s

12.78　　p ≺ q.q ≺ r.r ≺ s：≺.p ≺ s

12.8　　p~q. ≺. ~（p ≺ q）

12.81　　p ≺ q. ≺. ~（p~q）

但是~（p~q）. ≺.p ≺ q 不能從此系統之設準中證明。亦即 p ≺ q 不等於 ~（p~q）。但是在真值函蘊上，~（p~q）= p⊃q，當然也可以有~（p. ~q）. ≺.p⊃q。在真值函蘊系統內，因為只有 p. ≡.p = 1 與 ~p. ≡.p = 0，這兩個界線，所以當「一真命題為任何命題所函」時，便界劃不出「必然真」與「真」底不同，因此可以有「孔子是人」函「2 + 2 = 4」這古怪情形。因此在說明「p⊃q」時，便不必是有意義關聯的句子。在「p 真而 q 假」是假的上，我們也可以有「玫瑰是紅的而糖是甜的假」是假的。但是在此若

說：「p 函 q」，q 實不能從 p 推出，「糖是甜的」並不能從「玫瑰是紅的」推出。但是這情形，眞值函蘊系統並不能簡別出，也並不能禁止人這樣舉例。可是嚴格函蘊便把必然眞與眞界劃出來了，而於函蘊也不能有這樣不相干的例。是以 p ≺q 並不等於～（p～q）。

12.84　pq.≺.～（p ≺～q）

12.85　p ≺～q.≺.～（pq）

12.86　p.≺.～（p ≺～p）

12.87　p ≺～p.≺.～p

一個命題若嚴格地函著其自身之假，則它是假的。此爲歸謬原則。

12.88　～p ≺p.≺.p

一命題之假若嚴格地函著自身之眞，則它是眞的。此爲「必然眞之原則」。

12.89　～p ≺～（～p ≺p）

如果 p 是假的，則它不函 p。或說：一假命題不函其自身之眞。

12.9　～（p～p）

此爲矛盾律。

13.1　pvq.≺.qvp

13.2　p.≺.pvq

13.21　q.≺.pvq

13.3　pvp.≺.p

13.31　p.=.pvp

13.5　pv～p

此爲排中律。

此下講吸納眞值函蘊。

14.01　$p \supset q. = . \sim (p \sim q)$

14.02　$p \equiv q. = . p \supset q . q \supset p$

14.1　$p \prec q. \prec . p \supset q$

證明：【12.81】$p \prec q. \prec . \sim (p \sim q)$

　　　　【14.01】$p \prec q. \prec . p \supset q$

14.12　$\sim (p \supset q). = . p \sim q$

只有當 p 眞 q 假，$p \supset q$ 始不成立。但是其餘三可能 pq，$\sim pq$，$\sim p \sim q$，皆可使 $\supset$ 成立，不管 p，q 之意義（或邏輯的表意）如何。

14.2　$p \supset q. = . \sim pvq$

證明：【11.01：$\sim p/p$】$\sim pvq. = . \sim [\sim (\sim p) \sim q]$

　　　　　　　　　　　　　$= . \sim (p \sim q)$

【14.01】　　　　　　　　$= . p \supset q$

14.21　$pq. = . \sim (\sim pv \sim q)$

證明：【12.11】$\sim (\sim pv \sim q) = \sim (\sim pv \sim q)$

　　　　【11.01】　　　　$= \sim [\sim \{ \sim (\sim p) . \sim$

　　　　　　　　　　　　$(\sim q) \}]$

　　　　【12.3】　　　　$= \sim (\sim p) . \sim (\sim q)$

　　　　　　　　　　　　$= p.q$

14.22　$pvp. \supset . p$

證明：【13.3及14.1】$pvp. \prec . p : \prec : pvp. \supset . p$

14.23　$q. \supset . pvq$

證明：【12.21及14.1】$q. \prec . pvq : \prec : q. \prec . pvq$

14.24　$pvq. \supset . qvp$

證明：【13.1及14.1】pvq.≺.qvp：≺：pvq.⊃.qvp

14.25 pv（qvr）.≺.qv（pvr）

14.251 pv（qvr）.⊃.qv（pvr）

證明：【14.25及14.1】14.25.≺：pv（qvr）.⊃.qv（pvr）

14.26 pq.≺.r：＝：p.≺.q⊃r：＝：q.≺.p⊃r

證明：【12.6】pq.≺.r：＝：q~r.≺.~p

$$＝：p.≺.~（q~r）$$

$$＝：p.≺q⊃r$$

【同理】pq.≺.r：＝：q.≺.p⊃r

14.27 q⊃r.≺：pvq.⊃.pvr

14.28 q⊃r.⊃：pvq.⊃.pvr

凡被主斷的⊃皆可代之以≺。

15.15 p⊃q.＝.~q⊃~p

15.2 p.≺.q⊃p；p.⊃.q⊃p

但是「p.≺.q≺p」不成立。

15.22 ~p.≺.p⊃q；~p.⊃.p⊃q

但是「~p.≺.p≺q」不成立。

15.24 p.＝.~p⊃p

此表示在眞值函蘊上，眞與必然不分。

15.25 ~p.＝.p⊃~p

此表示在眞值函蘊上，假與不可能不分。

15.3 ~（p⊃q）.≺.p⊃~q.

15.31 ~（p⊃q）.⊃.p⊃~q.

此表示：如果 p 不函 q 則 p 函 q 之假。

15.32　～（p⊃～q）.≺.p⊃q

15.33　～（p⊃～q）.⊃.p⊃q

此表示：如果 p 不函 q 之假，則 p 函 q。

15.72　p⊃q.v.p⊃～q

「或者 p 函 q 或者 p 函 q 之假」。但是

「p≺q.v.p≺～q」

不成立。「p 不函 q」表示 p 與 q 為獨立，「p 不函 q 之假」表示 p 與 q 一致。但是在真值函蘊（⊃）上，如 p 不函 q（獨立），則 p 便函 q 之假（p 與 q 不一致）；如「p 不函 q 之假」（p 與 q 一致），則 p 則函 q（p 與 q 不獨立）。是則獨立就不一致，一致就不獨立。而沒有既獨立又一致的命題。故15.72成立。但在嚴格函蘊上，則不如此。故嚴格函蘊能表示既一致又獨立的命題。關此，下面還要詳為疏導。因為這是嚴格函蘊很重要的一個特徵，而且也是它表現出來的一個優點。

此下講「一致」（consistency）及「程態函值」（modal function）。

17.01　poq. = .～（p≺～q）

當兩命題一致，則以任一個為前題，不能推出另一個之假。如是，如果 p≺q 有「q 可從 p 推出」之意，則「poq」（一致）等於～（p≺～q）。

由12.42　p≺～q.≺.q≺～p

可有　　～（p≺～q）. = .～（q≺～p）

依是，poq. = .～（p≺～q），亦等於～（q≺～p）。此即是說：「p 與 q 一致」就等於說：p 不函 q 之假，亦等於說：q 不函 p

之假。

　　17.1　pq.≺.poq

　　證明：【12.84】pq.≺.～（p≺～q）

　　　　　【17.01】pq.≺.poq

但 poq 不能嚴格地函著「p.q」，因爲很可以一致而不並眞。此即是說：「poq」並不等於「p.q」。

　　17.12　p≺q.=.～（po～q）

「p 嚴格地函著 q」等於說：「p 與 q 之假一致」是假的。例如：「孔子是聖人嚴格地函著孔子是人」等於說：「孔是聖人與孔子不是人相一致」是假的。〔案：此式在原書中與眞值函蘊相比較，其解析有不淸楚處。其意是：「玫瑰是綠的」與「糖是甜的」，在眞值函蘊上可以發生函蘊關係，但在嚴格函蘊上則不能。即，眞值函蘊在此例子上成立，而嚴格函蘊在此例子上不成立。其意只如此。而說明有不當。故舉「孔子是聖人嚴格地函著孔子是人」一例明之即足。〕

　　17.13　～（po～p）

　　17.2　poq.≺.qop

　　17.21　poq.=.qop

　　17.5　～（por）.～（qo～r）：≺.～（poq）

　　17.51　p≺～r.q≺r：≺.～（poq）

　　17.52　p≺～q.p≺～q：≺.～（pop）

　　17.53　p≺q.pop：≺.qoq

　　17.54　p≺q.～（qoq）：≺.～（pop）

　　17.55　pop.～（qoq）：≺.～（p≺q）

17.56　p ⥽q.pop：⥽.poq

「p ⥽q.⥽.poq」，此式，我們自然希望它成立。但事實上不能無例外，因爲有些命題不與任何其他命題一致，但可以有函。

17.57　　p ⥽q.～（poq）：⥽.～（poq）

17.58　　poq.～（poq）：⥽.～（p ⥽q）

17.59　　poq.p ⥽q：⥽.～（p ⥽～q）

17.591　pop.⥽：～（p ⥽q.p ⥽q）

17.592　pop.⥽：poq.v.po～q

此表示：自身一致的命題始可與其他命題（q 或～q）一致。不與任何其他命題一致的命題，其自身必不一致，而這種命題卻可以有函。「自身不一致」即是「不可能」。那也就是說：「不可能的命題函蘊任何命題」。

17.6　　p.⥽.pop

p 眞嚴格地函著 p 自身一致。但 p 自身一致並不嚴格地函著 p 眞。此即 p 眞並不等於 p 自身一致。因爲 p 自身一致只是等於 p 可能。

17.61　～（pop）.⥽.～p

「p 自身不一致」嚴格地函蘊著 p 假。但是 p 假並不嚴格地函著「p 自身不一致」。此即表示 p 假並不等於「p 自身不一致」。因爲「p 自身不一致」等於「p 不可能」。

18.1　◇p. = .pop. = .～（p ⥽～p）

「p 可能」等於「p 自身一致」，也等於「p 嚴格地函 p 之假」是假的。

18.12～◇p. = .～（pop）. = .p ⥽～p

「p 不可能」等於「p 自身不一致」，也等於「p 嚴格地函 p 之

假」。

18.13 $\Diamond\sim p. = .\sim po\sim p. = .\sim(\sim p \prec p)$

「p 之假是可能的」（p 可能假）等於「假 p 自身一致」，也等於「p 假嚴格地函著 p」是假的。

18.14 $\sim\Diamond\sim p. = .\sim(\sim po\sim p). = .\sim p \prec p$

「p 之假是不可能的」（p 必然眞）等於「假 p 自身一致」是假的，也等於「p 之假嚴格地函著 p 之眞」。

以上四式，在眞值函蘊上，則如下：

18.1 $p. = .p\sim(\sim p). = .\sim(p\supset\sim p)$

18.12 $\sim p. = .\sim[p\sim(\sim p)]. = .p\supset\sim p$

18.13 $\sim p. = .\sim p\sim p. = .\sim(\sim p\supset p)$

18.14 $p. = .\sim(\sim p\sim p). = .\sim p\supset p$

由此四式可知在眞值函蘊上只有 p 與 ~p，眞與「可能」及「必然」不分，假與「不可能」及「可能假」不分。

可能、不可能、必然，有是相對的，有是絕對的。在本系統中，上面的講法是絕對的。相對的，大體是知識上的講法，即，對著一個特定內容而言。茲列如下：

相對的	←—p 是—→	絕對的
poQ	可能的	pop
與所已知者（Q）一致或與根據（data）一致。		邏輯地可思議，不矛盾，自身一致。
~（poQ）	不可能的	~（pop）

與根據（data）不一　　　　　邏輯地不可思議，自身
致。　　　　　　　　　　　　　不一致。

～（～poQ）或 Q ≺p　　必然的　～（～po～p）或～p ≺p
「p 之假與 Q 一致」是　　　　p 之假是不可思議的，
假的，
或「p 爲所已知者所　　　　　p 之假即函其自身之眞。
函」。

絕對的講法是只用邏輯分析即可決定。因爲它只說命題對其自身之
關係或對其自身之否定之關係，而不是對另一個其他東西的關係。
所以單由邏輯即可由命題中分析出它是可能的、不可能的，或必然
的。所以這種講法的「程態概念」是純邏輯的概念，純爲反身的而
歸於邏輯自己，並沒有歧出。

　　因爲 p ≺q 是以「不可能」來規定的，如：～◇（p～q），所
以它是函蘊底狹義或嚴格義。假定我們的定義及預設互相一致，並
與所指給之意義一致，則 p ≺q 等於「p～q 函其自己之否定」必可
證明：

　　18.2　p ≺q. = : p～q. ≺. ～（p～q）: = : ～（p～q.o.p～
q）: = . ～◇（p～q）

　　證明：【12.44】p ≺q. = . ～q ≺～p
　　　　　【12. 7】　　　 = : ～q～q. ≺. ～p
　　　　　【12. 6】　　　 = : p～q. ≺.q
　　　　　【12. 7】　　　 = : （pp）～q. ≺.q
　　　　　【12. 5】　　　 = : p（p～q）: ≺.q
　　　　　【12. 6】　　　 = : p～q. ≺. ～（p～q）

【17.12】　　　＝：∼（p∼q.o.p∼q）

【18.12】　　　＝．∼◇（p∼q）

18.3　◇（pq）＝：pq.o.pq：＝.poq.＝.∼（p≺∼q）

18.31　∼◇（pq）.＝：∼（pq.o.pq）：＝.∼（poq）.＝. p≺∼q

此兩式，前式是說：p與q共眞是可能的，等於說：pq自身一致，也等於說：p與q一致，也等於說：p不函q之假。後式是說：p與q共眞是不可能的，等於說：pq自身不一致，也等於說：p與q不一致，也等於說：p函q之假。

18.4　p≺◇p

p眞嚴格地函著「p是可能的」。但p可能不嚴格地函p眞。此即p不等於◇p。

18.41　∼◇p≺∼p

p不可能嚴格地函著p假。但反之亦不成。即∼p≠∼◇p。

18.42　∼◇∼p≺p

p是必然的嚴格地函著p眞，但反之則不成。即p≠∼◇∼p。

18.43　∼◇∼p≺◇p

p是必然的嚴格地函著p可能。但反之則不能。即◇p≠∼◇∼p

18.44　∼p≺◇∼p

p假嚴格地函著p假是可能的。但反之亦不能。即∼p≠◇∼p

18.45　∼◇p≺◇∼p

p不可能嚴格地函著p假可能。但反之亦不能。即◇∼p≠∼◇p

18.61　∼◇∼p：pq.≺.r.∴.≺.q≺r

在眞值函蘊上，有以下諸式：

pq.⊃.r：≡：p.⊃.q⊃r：≡：q.⊃.p⊃r

pq.⊃.r：⊃：p.⊃.q⊃r

p.⊃.q⊃r：⊃：pq.⊃r

所以，亦可有 pq.⊃.r：p :.⊃.q⊃r，因爲 pq.⊃.r：≡：p.⊃.q⊃r。但在嚴格函蘊上，因爲 pq.≺.r：≢：p.≺.q≺r，所以如果 pq≺r 而且 p 眞，則並不能普遍地說 q≺r。但18.61說：如果 p 必然眞，而且 pq.≺.r，則 q≺r。在此，p 可省。例如：

凡人有死・孔子是人：≺.孔子有死。

「凡人有死」是否爲必然眞？如是，可省，否則，不可省。

18.7　　p≺q.=.~◇~（p⊃q）

18.8　　~◇（p~p）

18.81　　~◇~（pv~p）

18.9　　p.≺：pq.v.p.~q

18.91　　pq.v.p~q：≺.p

18.92　　p.=：pq.v.p~q：=.p（qv~q）

此同於代値學及眞値函蘊系統中的擴張律。

此下講「一致設準」及其結果。

19.01　　◇（pq）.≺.◇p

此爲「一致設準」。

19.02　　◇p≺◇（pvq）

19.1　　~（pop）.≺.~（poq）

一自身不一致的命題與任何命題不一致。

19.11　　poq.≺.pop

與任何命題一致的命題，其自身亦一致。

19.13　◇（pq）≺◇q

19.14　◇（pq）.≺.◇p◇q

19.16　～◇p≺～◇（pq）

19.17　～◇q≺～◇（pq）

19.18　～◇pv～◇q.≺.～◇（pq）

19.19　～◇～pv～◇～q.≺.～◇～（pvq）

19.2　◇～p≺◇～（pq）

19.21　◇～q≺◇～（pq）

19.22　◇～pv◇～q.≺.◇～（pq）

19.23　～◇～（pq）.≺.～◇～p

19.24　～◇～（pq）.≺.～◇～q

19.25　～◇～（pq）.≺.～◇～p～◇～q

19.26　～◇（pvq）.≺.～◇p

19.27　～◇（pvq）.≺.～◇q

18.28　～◇（pvq）.≺.～◇p～◇q

19.3　◇p≺◇（pvq）

19.31　◇q≺◇（pvq）

19.32　◇pv◇q.≺.◇（pvq）

19.33　～◇～p≺～◇～（pvq）

19.34　～◇～q≺～◇～（pvq）

19.57　p.（q～q）：=.q～q

此即 p×0＝0，因爲 q～q＝0。在此系統內，自身矛盾的，不可能的，等於零。

19.58　p.=：p.v.q～q

此即「p＝p＋0」。

    19.7   pop. ＝：poq.v.po～q

p 自身一致等於：「p 與 q 一致或 p 與～q 一致」。

    證明：【17.592】   pop.≺：poq.v.po～q

         【19.01】   poq.v.po～q：≺.pop（即此須依一致設

                 準）

         【11.03】   pop. ＝：poq.v.po～q

    19.71 ◇p. ＝：poq.v.po～q：＝：◇（pq）.v.◇（p～q）

    19.72 ～◇p. ＝：～（poq）.～（po～q）：＝：p ≺q.p ≺

         ～q

不可能的命題與任何命題不一致，也函任何命題。

    19.73 ～◇～p. ＝：q ≺p.～q ≺p

一必然真的命題等於說：它為 q 所函而且為～q 所函。

    19.74 ～◇p.≺.p ≺q

一不可能的命題嚴格地函著任何命題。此由19.72而來。

    證明：【19.1：～q/q】～（pop）.≺.～（po～q）   (1)

        【18.12,17.12】 (1). ＝.～◇p.≺.p ≺q

在此系統內，只能說「不可能的命題嚴格地函著任何命題」，而不能說：「一假命題函任何命題」。「不可能」等於零，「必然真」等於「1」。但在此系統內，1與0與真假及可能都分開了。

    19.75 ～◇～p.≺.q ≺p

必然真的命題為任何命題所函。此由19.73而來。

    證明：【19.74：～p/p,～q/q】～◇～p.≺.～p ≺～q   (1)

        【12.44】   (1). ＝：～◇～p.≺.q ≺p

在此系統內，只能說「必然眞的命題爲任何命題所函」，而不能說：「一眞命題爲任何命題所函」。在此，必然與眞及可能都分開了。是以代値學中的0⊂a及a⊂1亦皆吸收於嚴格函蘊系統中，而只在「必然」與「不可能」上成立，不像眞値函蘊中，眞與必然不分，假與不可能不分。我們以爲旣用於命題，能將這些界線區劃開，是比較完美的。

19.76　～（p ≺q）≺◇p

19.77　～（q ≺p）≺◇～p

19.8　～◇p～◇q. = . ～◇（pvq）

19.81　～◇～p～◇～q. = . ～◇～（pq）

19.82　◇pv◇q. = .◇（pvq）

19.83　～◇p～◇q. ≺. p＝q

一切不可能的命題皆相等。猶之乎一切「0」皆相等，0是獨一的。

19.84　～◇～p～◇～q. ≺. p＝q

一切必然眞的命題皆相等。猶之乎「1」皆相等，1是獨一的。但任何一對只是自身一致或可能的命題不必相等。如其不然，則不能有「旣一致又獨立」的命題。一對不必眞的命題（假可能）亦不必相等。旣非不可能亦非必然眞的命題，從已預定之設準中，不能使我們說它們等或不等。但是路易士此後將預定：並非一切只是眞的命題皆等値，也並非一切只是假的命題皆等値。即：有些只是眞或只是假的命題不等値。總之，除不可能的命題與必然眞的命題，其他不能皆相等。這個意思底關鍵只在「旣一致又獨立」的命題之存在。這是嚴格函蘊系統最見優勝的一點，它能表示有「旣一致又獨立」的命題，而眞値函蘊則不能。關於此系統，本書抄至此爲

止。關於「一致與獨立」，茲再疏導如下。

一致與獨立疏導

18.3　◇pq. = :pq.o.pq : = .poq. = .～（p ≺~q）

此命題是說：p 與 q 一致等於「p 不函 q 之假」：

poq. = .～（p ≺~q）

但是 poq. ≠ .p ≺q

因為～（p ≺~q）並不嚴格地函著 p ≺q，而～（p ≺~q）亦並不嚴格地函著 p ≺~q。是以 p ≺q 與 P ≺~q 不是排中的析取，故不能有：「p ≺q.v.p ≺~q」。此即表示。「p 不函 q 之假」為一致，但並不表示：p 必須函 q。既不表示 p 必須函 q，故 p,q 兩者亦可獨立而不相干。同時，「p 不函 q」表示 p,q 兩者獨立。但獨立，卻不表示 p,q 兩者就不一致（p ≺~q）。是以：

～（p ≺q.v.p ≺~q）. = :（∃p，q）:～（p ≺~q）.～
（p ≺~q）

此即表示：有些命題，既獨立又一致。「∃」表示至少有，或存在。

又因～（p ≺q）表示獨立，不表示亦因而就是「不一致」（p ≺~q），故 p 雖不函 q，而 p 可以是可能的。依是：

19.76　～（p ≺~q）.≺.◇p

而　19.02　◇p.≺.◇（pvq）

19.82　◇pv◇q. = .◇（pvq）

是以　　　◇pv◇q.≺.◇（pvq）

◇（pvq）.≺.◇pv◇q

所以～（p ≺q）.≺.◇p.≺.◇（pvq）.≺.◇pv◇q

而　19.71　$\Diamond p. =: poq.v.po\sim q: =: \Diamond(pq).v.\Diamond(p\sim q)$

此即表示：「p 不函 q」為獨立，雖獨立，而 p, q 未必不一致。既可一致，則 p 可能，q 可能，而且$\Diamond(pq)$，$\Diamond(p\sim q)$。

同理，$\sim(p\prec\sim q)$ 等於 p 與 q 一致。但不函 q 之假，未必即函 q，故 p, q 雖一致而可獨立。是以$(\exists p,q): \sim(p\prec q).\sim(p\prec\sim q)$。

又須知，此

19.76　$\sim(p\prec q).\prec.\Diamond p$

是　19.74　$\sim\Diamond p.\prec.p\prec q$

底換位。而

19.77　$\sim(q\prec p).\prec.\Diamond\sim p$

是　19.75　$\sim\Diamond\sim p.\prec.q\prec p$

底換位。此亦表示：「q 不函 p」為獨立，既獨立，則 q 與 p 雖可能，而不是必然，因不是必然，故有$\Diamond\sim p$。而

19.2　$\Diamond\sim p.\prec.\Diamond\sim(pq)$

19.21　$\Diamond\sim q.\prec.\Diamond\sim(pq)$

19.22　$\Diamond\sim pv\Diamond\sim q.\prec.\Diamond\sim(pq)$

所以　　$\sim(q\prec p).\prec.\Diamond\sim p.\prec.\Diamond\sim(pq)$

但$\Diamond\sim p\neq\sim\Diamond p$，而$\sim\Diamond p.=.\sim(pop).=.p\prec\sim p$。而

19.72　$\sim\Diamond p.=: \sim(poq).\sim(po\sim q): =: p\prec q.p\prec$
　　　　$\sim q$

19.74　$\sim\Diamond p.\prec.p\prec q$

現在只說$\Diamond\sim p$，$\Diamond\sim q$，不說$\sim\Diamond p$，故「q 不函 p」為獨立，而亦不表示不一致。因

18.13 ◇～p. = .～po～p. = .～（～p ⊰p）

此只表示～p自身一致，是可能的，並非～（pop）。是以

～（q ⊰p）.⊬.◇～p

不嚴格地函著～◇p，亦不嚴格地函著～◇p.⊰.p ⊰q。故

～（q ⊰p）.⊰.p ⊰q

此即15.4　～（p⊃q）.⊰.q⊃p

15.41～（p⊃q）.⊃.q⊃p

而　　　～（p ⊰q）.⊰.q ⊰p

不成立，且不能被證明之故。是以19.76及19.77皆表示「一致而又獨立」之思想。

又

19.83　～◇p～◇q.⊰.p＝q

19.84　～◇～p～◇～q.⊰.p＝q

但　　　◇p◇q.⊬.p＝q

◇～p◇～q.⊬.p＝q

pq.⊬.p＝q

～p～q.⊬.p＝q

因為如果◇p◇q.⊰.p＝q，則不能有「既一致又獨立」的命題。因為

p＝q. = .p ⊰q.q ⊰p

但據上19.76，◇p◇q 只表示 pq 一致而不必函。◇～p◇～q 只表示～po～p,～qo～q,不表示～（pop），～（qoq），故亦不表示～◇p,～◇q，故亦不表示 p,q 之有函。（因為「不可能的命題函任何命題」。）既不表示有函，因而亦不表示◇～p◇～q.⊰.p＝

q。

　　復次，據

　　19.73　　～◇～p.＝：q⊰p.～q⊰p

所以亦有～◇～p.⊰.q⊰p。但只是一可能的命題，則不必與任何其他命題有函。蓋只是一可能的命題，◇p＝pop≠〔～◇（p～p）＝p⊰p〕，而◇（pq）.＝：pq.o.pq：＝.poq.≠.p⊰q。故只是可能，不必有函。此亦表示「既一致又獨立」。但必然眞與不可能的命題卻可以與任何命題有函。故必然眞的命題皆相等，不可能的命題皆相等，而只是可能的（◇p，或◇～p），則不必相等。

　　至於一對只是眞或只是假的命題亦不必相等。如：

　　p.＝.p（qv～q）.＝：pq.v.p～q（18.92）

而pq.⊰.poq【17.1】，但poq.≠.p⊰q,qop.≠.q⊰p，故只是眞不能至於p＝q。同理，p～q.⊰.po～q，但po～q.≠.p⊰～q。

　　又～p.＝.～p（qv～q）.＝：～pq.v.～p～q。

據【17.1】，～p~q.⊰.～po～q，但～po~q.≠.～p⊰～q。故只是眞或只是假的命題，亦不必相等。

　　這些不相等，即表示有「既一致又獨立」的命題。此所以路易士的嚴格函蘊系統，繼上所抄者，又有以下之主斷：

　　20.1　　（∃p）.p　　　有眞命題。

　　20.11　　（∃p）.～p　　　有假命題。

　　20.2　　（∃p）.～◇p　　　有不可能的命題。

　　20.21　　（∃p）.～◇～p　　　有必然眞的命題。

　　20.26　　（∃p）.◇p　　　有可能眞的命題。

20.27　（∃p）.◇~p　　有可能假的命題。

20.25　（∃p,q）.~（p=q）　　有不等值（不相等）的命
題。

20.5　　（∃p,q,r）：◇p.◇q.◇r.~（p=q）.~（p=r）.
　　　　~（q=r）

20.51　（∃p,q,r）：◇~p.◇~q.◇~r.~（p=q）.~（p
　　　　=r）.~（q=r）

20.6　　（∃p,q,r,s）：~（p=q）.~（p=r）.~（p=s）.
　　　　~（q=r）.~（q=s）.~（r=s）

我們還可以說：

（∃p,q）：~◇p.~◇q.p=q

（∃p,q）：~◇~p，~◇~q.p=q

在原書中不直接如此表示。意義相同。

20.01（∃p,q）：~（p≺q）.~（p≺q）

此即是說：有「既獨立又一致」的命題。

　　路易士即根據以上諸觀念而言「存在設準」及「存在定理」。
本書對此不加介紹。亦如在眞值函蘊系統中，對於命題函值
（propositional function）如「øx」，以及由之而引出的有「似變
項」（apparent variable）的命題如「（x）.øx」,「（∃x）.øx」
等未加介紹。讀者如有興趣，繼續進修，則根據本書所言者，即可
順序前進。

第三節　推演系統底解析

我們在本部裏已經介紹了三個系統，這三個系統都是縱貫的推演系統（deductive system），而且都是形式化了的系統，所以我們也可以叫它們是些「成文系統」（code-form system）。這些系統都是代表「邏輯」的。我們現在就想對於這些推演系統略加解析。

這裏所謂解析（interpretation）不是像對於「代值學」中的「項」解爲類或解爲概念那樣，而是想就這整個系統予以「反省的說明」。這種反省的說明可分兩部：一是內在於這個系統中，說明這系統構成的成分，一是外在於這個系統說明它的「意義」。前者大體是技術性的說明，我們可以叫它是「形式的解析」（formal interpretation）；而後者則是邏輯底「必然性」與「先驗性」問題，說明它的意義就是問它有沒有「理性上的必然性」，有沒有理性上的「先驗根據」（apriori ground）。這種解析，我們可以叫它是「超越的解析」（transcendental interpretation）。

關於「形式的解析」，大體是一定的，無甚可爭辯處。即就本部所已介紹的系統言，其構成的成分不外：(1)未經界定的原始觀念，(2)基本定義，(3)設準，(4)推演手續上的原則，(5)根據前面四種所推演出的那些定理。任何純形式的成文系統，如幾何系統、算數系統，皆有不能違背這個模型。所以那五種成分是形式的推演系統所共同具有的。「定理」是爲設準所函蘊的些式子，實在是已經潛伏在設準中。不過只是經由推演手續原則，將它們一個一個地申明

出來就是。此即所謂「由隱之顯」。可是一個跟一個，愈引愈長，遂成為一個表現出來的推演系統。雖說全部都潛伏在設準中，然不經過抽引申明，我們也不知道這一組設準究竟函著些什麼東西。定理是引申的事，它一方必須為設準所函蘊著而不能橫溢，所以它一方也不能在原始觀念及設準以外無端增加上些新東西。所以定理所由出的那四種成分，必須統要符合以下四個條件：

1.它們必須是「必須的」（necessary）：若不必須，即須剔去。此是「奧坎刀」（Occam's Razor）之運用。

2.它們必須是「足夠的」（sufficient）：對應所欲造之系統言，它們若不夠，後來必有無端的橫溢，成為邏輯上所謂「丐題」或「乞求論點」（begging the question）之過。故必須足夠。此條與第一條合起來，就是說：它們既不能多，亦不能少。

3.它們必須是「一致的」（consistent）：即它們彼此之間不能衝突矛盾。

4.它們必須是「獨立的」（independent）：即互不推出。如果它們之中有一個為另一個所函而可以由之而推出，則此個便不是獨立的，因此也不是必須的。

關於這四個條件，大家都無異辭，所以無須多說。

就此形式的解析，我們可以確定邏輯為「推理結構之學」。惟此所謂「推理」並不是關於什麼東西的推理。這裏面並無「特殊的內容」。所以一個表示邏輯的推演系統乃純粹是形式的，它既不同於物理化學，它甚至也不同於幾何與算數。因為物理化學具有特殊的內容，這就是關於「什麼東西」的推理。其中的推理是依附在「特殊內容」上的，而它們的目的是在研究這特殊內容，而不在研

究「推理自己」（inference itself）。就是算數與幾何（廣義地統概之曰數學）這樣形式的科學，其中還是講數與點線面體等物項（entity），這便形成它所研究的對象，也就是說，它們都有特殊的內容，不過不是「經驗對象」（empirical object）而已。它們都整個是一個形式的推演系統，然而就因爲有這點內容，所以它們都表現「推理」，而不是在研究「推理自己」。惟獨邏輯，則什麼東西也不研究，它無特殊的內容，它只研究「推理自己之結構」。它把內容、對象，都抽去了，而唯是反顯「推理自己」。我們日常生活中，都是在一定的對象或內容上表現推理，而唯不自覺此推理本身。邏輯就是要作這一步自覺。它是要從依附於對象或內容上的這一切粘著中提起來而唯是呈現推理之自己。此就是表示邏輯的推演系統之所以爲「純形式的」之故。它之爲純形式的。尙不是關於對象的「形式」，如桌子底形式、美底形式，或運動底形式等，而根本是與對象無關，根本只是關於「推理本身底結構」之形式。所以它一方要抽去內容，一方還要抽去屬於內容（對象）的形式。它不但是抽象的，而且是「反顯的」：從依附於對象上的推理而反顯推理自己，從屬於對象的形式而反顯「推理本身底結構之形式」。這就是邏輯底特徵。

此義旣明，我們可進而講「超越的解析」。

關於此種解析，稍爲麻煩一點。我現在引路易士一段話以作這種解析底線索。路易士說：

「我們決不要設想這種用模胎法（matrix method，案即用眞理圖表以表示眞理函值的方法便名曰模胎法）所引出的特種套套邏輯，是舉盡了一切邏輯眞理，或認爲在邏輯上是基本的系統。在這

樣的眞理函值之外,還有些別的命題關係,也同樣是必然的眞,是
套套邏輯。惟此處所用的模胎法(案:即眞值函蘊系統中所用
的),將於那些命題關係上不能應用。因爲命題關係之成立或不成
立,並不是必然地被其原子命題底眞理值所決定。它要依於某種別
的東西上。譬如,嚴格函蘊系統中的定律或命題也是套套邏輯。但
它們卻不是眞理值底套套邏輯。眞理值系統中的模胎法所建設的眞
理,固是必然的眞,但它們卻不是邏輯之全體,或甚至也不是邏輯
之重要部分。 」(路易士與朗佛德合著之《符號邏輯》頁271)。

路易士的主張是如此:

(1)他認爲邏輯系統是多元的,並無唯一的系統,亦如有歐氏幾
何,亦有非歐幾何。所以他有「選替邏輯」(alternative logic)之
說。

(2)每一成文系統之成是靠著開端的原始觀念及若干定義(界
說),而原始觀念底選取是沒有必然性的,而定義底形成也是隨便
指給的。這裏面並無若何必然性與定然性。所以若選取的基本觀念
不同,所指給的界說不同,便可形成一不同的系統。這種隨意選取
隨便界說的說法便是所謂「約定主義」(conventionalism)。

(3)約定主義必函是「形式主義」(formalism),而在應用方
面則採取「實用主義」(pragmatism, conceptual pragmatism)。
實用主義(或概念的唯用論)是知識論方面的說法。我們這裏可不
涉及這一面。因爲儘有主張約定主義、形式主義,而不必主張實用
主義的。我們現在就推演系統說,只注意約定主義與形式主義這兩
點。

若從技術性的形式推演系統方面說(就事論事而言之),則約

定主義與形式主義是可以說的。而成文系統亦可以是多的，亦實在
是多的。但稍微再反省一下，進一步，便知有進於約定主義與形式
主義者；而成文系統之多，亦不礙邏輯是一。進於約定主義與形式
主義者，對約定主義言，我們便名曰「理性主義」
（rationalism），對形式主義言，我們便名曰「先驗主義」
（apriorism）。約定主義、形式主義，與理性主義、先驗主義，這
雙方從理上說並不是對立的，乃是兩個層次上的解析。若從「形式
的解析」方面說，約定主義與形式主義儘是可以的，這方面亦與構
成推演系統的那五種成分一樣，是不會有異辭的。一個專門作技術
處理的邏輯學家，只停在這個層次上，而不再作進一步的追論，也
是可以的。但他們若經過了反省，只停在約定主義與形式主義的立
場上，認為邏輯就等於那些成文系統，所以也就是多的，也就是隨
便約定的，並無理性上的必然與先驗的根據，則是不可以的。這種
認定的態度是與理性主義與先驗主義為對立的。這是抹殺有不同層
次上的解析，而以一層次上的解析為圓足，或者說這是一層次上的
解析之氾濫。這種氾濫，可以使邏輯成為無根而漫蕩的東西。

　　從「形式的解析」進到「超越的解析」是必要的。因為顯然邏
輯有它的必然性與定然性。亦如數學之有必然性與定然性。我們
說，任何思想，只要是思想，它不能不是邏輯的，它必須遵守邏輯
的法則。這就顯示出一個超越的標準。我們說邏輯有必然性與定然
性就是指這個標準而言。（必然性當然不是指推演系統內部推理之
必然言。）我們說：「任何思想，只要是思想，它不能不是邏輯
的」，這並不是說它必須遵守某一成文系統。這可見成文系統之
多，並不礙邏輯之一。無論那個成文系統，它總是呈現「推理自

己」，它總是研究「推理本身底結構」。推理自己要表現在成文系統中，不能不需要若干工具或手續，這就是落在一限定的圈套中，因而遂有許多特殊的姿態。譬如「推理自己」只是從 p 過渡到 q，然這種「推至」的過渡，如要型構出來，不能不需要一個補充品，此便是「p 函著 q」。而對於「p 函著 q」，在一成文系統中如要形式化，便可有不同的界說。此種不同只是藉工具與手續以形式化的姿態。譬如只以眞假值來規定的，便是眞值函蘊，加上「可能」來規定的，便是嚴格函蘊，這只是成文系統中形式化底不同，不是「推理自己」底不同。研究推理本身底結構，就是研究從前題過渡到結論底有效形式。而惟是呈現「推理自己」的有效形式或結構所成功的推理實只是「p 函 p」底形式，同語重複的形式，結論已含在前題中的「分析形式」，故一切皆是「必然的」。呈現的是這種形式的推理自己，而表現它的那成文結構卻有不同，而不同的也只是這成文結構。

　　成文結構雖然可以多，但不能無限的多，亦不能隨意的多。因爲成文結構是靠著若干基本觀念（即所謂從事形式化的工具與手續），而這些觀念是有一定性的，不能隨便俯拾即是。這些有一定性的觀念不出這個範圍，即：肯定、否定、一切、有些、「如果一則」、「或者」（or）與「而且」（and）〔這兩個還是輔助的〕、可能、不可能、必然。這便是我們第一部第一章中所說的「邏輯字」或「虛概念」。任何成文系統，若是邏輯的，它所資以形式化的基本觀念，不能離開這些邏輯字。不過在次序上有先後，在運用上有主從而已。如是，則成文系統之多實在並不是衝突對立的，它們不同的程度還達不到歐氏與非歐氏幾何不同的程度。因爲

那些基本概念並不是衝突的。憑藉它們以成功的形構底不同只是不同的面相。它們可以層層相即，融組而為一的。如果嚴格函蘊系統可以吸納眞值函蘊系統，代值學可以吸納傳統邏輯，則從傳統邏輯起，到嚴格函蘊系統止，實在是一個大系統。在層層發展中，將成文系統中所展示的邏輯眞理或邏輯意義逐步都予以釐清與確定。譬如代值學對於傳統的三段推理底確定，嚴格函蘊系統增加新界線所成功的確定，都是在發展中逐步明朗化的邏輯眞理或邏輯意義。〔路加西維支（Lukasiewicz）及塔斯基（Tarski）所作的三值系統只是眞值函蘊系統之一附屬形態。它也是眞理值系統，它也是以眞理圖表及模胎法為根據的。只不過於眞假二值外，再加一個「不定值」而已。〕

　　成文系統之多旣不礙邏輯是一，而形式上又實可層層融組而為一，則即表示成文系統之多實不是隨意的多，其成也不是隨意約定的成。由是，我們即可進而說：不同的形式結構所憑藉以成的那些基本概念實都可追溯其淵源於「理性底起用」（function of reason），因此都有「理性上的必然性」以及其「先驗的根據」。

　　⑴肯定否定是「理性起用」底最根本的兩種作用，不管它所肯定或否定的是什麼。在經驗環境或特殊境況中，我們也誠然有遲疑不決之時，但這个相干。在理性起用底超越意義上，它總有這個模型。我們也曾叫這個模型為「肯定否定底對偶性」。不是肯定就是否定，不是否定就是肯定。在任何成文系統中，這個對偶性總是表現著或持續著。不過常有特殊的決定而已。例如在傳統邏輯中表現在換質推理上，在代值學中表現在 a 與「−a」上，在眞值函蘊系統中表現在 p 與 ～p 上，在嚴格系統中亦然。而總是服從「重負原

則」（即～（～p）＝p）。由此重負原則即顯示肯定否定底對偶
性。

　　(2)我們也曾由肯定否定底對偶性來說明邏輯中命題底眞假值
（參看第六章第一節）。從肯定否定底外在化來說明眞假值，這只
表示邏輯中的命題之眞假並無知識上的意義，並無外面的意義。但
是這由肯定否定底外在化而說明的眞假只是眞假之一般的意義，未
決定的意義，而在一成文系統中則不能不有「特殊的決定」，例如
在眞值函蘊系統中，雖只有眞假二值，然因眞值函蘊這一成文結構
底特性，遂使這眞假二值亦獲得一特殊的決定，即「p.≡.p＝
1」、「～p.≡.p＝0」，而隱沒了必然、可能、不可能與眞假的
分別，也就是說混而爲一總是眞（等於1）總是假（等於0）的眞
假。這也就是在這一成文系統中的「特殊的決定」。既然見出其隱
沒了必然、可能、不可能與眞假的分別這一特性，則引出這些界線
來以區別開，這由區別開而成的眞假也是一種特殊的決定。這些特
殊決定的眞假雖可由肯定否定底外在化而說明之，以明其無知識上
的意義，然總不同於肯定否定底對偶性。是以由特殊決定的眞假而
成的二值系統雖無必然（因爲也可以有三值及其他），然而肯定否
定底對偶性則總是超越的、定然而必然的。附在命題上的特殊決定
的眞假值雖無必然（因爲我們也可以給命題一些別的值，這也就是
普通所謂自亞氏以來認命題底值「或是眞或是假」這個亞氏公理並
無必然性），然而肯定否定底對偶性則總是超越的、定然而必然
的。這兩層必須分別開。若不知定然而必然的肯定否定之對偶性，
而只就特殊決定的眞假值而言，則必只爲約定主義與形式主義，而
泯滅了邏輯底超越性與必然性。若只就特殊決定的眞假而言邏輯底

必然性，則勢必認定某一系統爲絕對的，而扼殺或忽視其他成文系統之可能與存在。

(3)既然由肯定否定底外在化而說明一般的眞假，復由眞假在成文系統中之特殊的決定而開出可能、不可能、必然，這些程態概念（modal concept），則眞、假、可能、不可能、必然，都可以純邏輯分析的決定，即只就命題對其自身之關係或對其自身之否定之關係而決定，這便是所謂絕對的講法（參看本章第二節18.14）。這些由純邏輯分析所決定的概念都可收攝於理性底起用中而予以「理性的必然性」，即都可看爲「理性自己決定底展示」。例如：凡自身一致，不矛盾的，就是可能的（$pop, \sim po \sim p$），凡不一致的，矛盾的，就是不可能的〔$\sim(pop)$〕，凡自身之假即函其自身之眞的，便是必然的（$\sim p \prec p$）。就可能（$\Diamond p$ 或 $\Diamond \sim p$）而直接肯定之，便爲眞與假（$p, \sim p$）。（總之理性不能矛盾。）

(4)「如果—則」是理性起用底推至過程中所展示的。一切、有些是理性底推概作用（generalization）。「一切」可即由「如果—則」所表示的原則之「普遍性」而展示，而「有些」則由推至過程中的例證而展示。

(5)「或者」（or）與「而且」（and）則由理性起用中展示思想律所說之特性而表現。例如矛盾律：$\sim(p.\sim p)$，p 非 p 是假的，這裏非用「而且」不可。排中律：$pv \sim p$，或 p 或非 p，這裏非用「或者」不可。

這第(5)條已說到了思想律。茲再對思想律作一超越的解析，以明邏輯底必然性與先驗性。

成文結構所憑藉的那些基本概念，我們已把它們都融攝於「理

性起用」中而予以理性的必然性。但說那些基本概念。還是分解的
說法，而理性起用不是零件，它是在「自己決定之有機關係」中呈
現它自己。思想律就是從這種「自己決定之關係」上顯示。依此而
言，思想律是「描述的論謂」（descriptive predicate）。理性起用
不是外在地遵守它，而是它本身「定然如此」而顯示它。

　　對思想律亦可有形式的解析與超越的解析兩種。在形式的解析
中，三條思想律都是成文系統中的式子，在推演中而申明出的，不
是基本的觀念，也不是首先出現的設準。如是，近人便以爲思想律
並無特別的優越性，只是有效推理所根據的許多原理中之幾個而
已。因此也可以說，凡成文系統中的推理式子都可以看成是思想
律。古典邏輯家把這三條思想律認爲是最優越的，而且是僅有的，
這是不對的。我們認爲這種說法，在形式的解析下對，在超越的解
析下不對。我們可以這樣說：在形式的解析下，它們是「構造原
則」（constitutive principle），即可以平鋪而爲推演系統中的一個
式子；在超越的解析下，它們是「軌約原則」（regulative
principle）即，又可以提起而見其超越性，見其「永遠在上」
（always over above）而不可以平鋪而爲一推演系統中之式子。這
兩者的差別就好像推斷手續上的「推斷原則」（如果 p 已被主，而
且 p⊃q 亦被主，則 q 亦可被主。此不可符示。）與「p.p⊃q.⊃·
q」這個符號式子間的差別。

　　在超越的解析下，p⊃p，～（p.～p），pv～p，不是那三條
思想律本身，而是表示思想律的些構造式子（即在命題方面的表
示）。在這三個式子中，如說：「同一命題 p 不能既眞而又假」，
這是二值系統中用於命題上表示矛盾的一個式子。如果我們就此提

起來而說：「任何東西不能旣是它自己而又不是它自己」，則是作為「軌約原則」的矛盾律本身。這情形，在嚴格函蘊系統中尤較爲顯明。在此系統中，旣有 $p \prec p, p = p, \sim (p . \sim p), pv \sim p$，又有 $\sim \diamond (p . \sim p), \sim \diamond \sim (pv \sim p)$，這些都是成文系統中表示思想律的構造式子。但是此系統有眞、假、可能、不可能、必然之分，如是我們很容易想到這裏的排中律：$pv \sim p, \sim \diamond \sim (pv \sim p)$，很有問題。它是否能這樣作一個普遍的原則呢？它旣不是二值系統，何以能說「或眞或假」是必然的？命題旣有可能、不可能、必然諸值，何以能說：「一命題 p 或眞或假」是必然的呢？這情形我不知路易士如何解析。不過我們可以把這些式子看爲成文系統中的些結構（旣在成文系統中被推演出，當然是成立的），無論表示排中律的那個式子有問題否，其意義如何，而在超越的解析下，則三條思律一起保持其超越性而無問題。我們可以說：

(1)「眞而不眞」是不可能的：$\sim \diamond (p . \sim p)$

(2)「可能而不可能」是不可能的：$\sim \diamond (\diamond p . \sim \diamond p)$

(3)「必然而又不必然」是不可能的：$\sim \diamond [\sim \diamond \sim p . \sim (\sim \diamond \sim p)]$

(4)就眞說，「眞或不眞」是必然的：$\sim \diamond \sim (pv \sim p)$，$pv \sim p = 1$

(5)就可能說，「可能或不可能」是必然的：$\diamond pv \sim \diamond p = 1$

(6)就必然說，「必然或不必然」是必然的：$\sim \diamond \sim pv \sim (\sim \diamond \sim p) = 1$

這即透顯出思想律底超越性以及其廣泛的「軌約原則」性。如果路易士的成文系統中能具備這六個式子，則一方關於排中律的疑

問可不發生，一方在此成文系統中很容易表示出思想律底構造性與
軌約性，即一方是構造原則，平鋪而爲一成文系統中的式子，一方
又透顯其爲軌約原則，永遠在上而保持其超越性（不能固定在一個
成文式子上而爲其所局限）。

在傳統邏輯中，思想律不在推理系統中而爲一式子，而是外在
於三段推理以及其他推理而爲一最高之原則，故其軌約性與超越性
容易表現，而古典邏輯家們也容易認識思想律底優越性以及邏輯底
必然性。

在代值學及眞值函蘊系統中，它們都是成文系統中的式子，所
以人們不易認識其軌約性與超越性，而對於邏輯系統底解析也只停
在形式的解析上，而只成爲約定主義與形式主義。實則由於這兩個
系統都以 a 與 - a，或 p 與 ~ p 底對偶性爲基本觀念，所以思想律
也很很容易經由超越的解析而透顯其軌約性與超越性。而且這兩系
統都以1與0爲基本觀念（代值學用於項，眞值函蘊系統用於命
題），所以思想律雖是成文系統中的式子，卻更直接符合肯定否定
底對偶性，而且直接無間地由之而程式出，即形式化而爲表示思想
律底式子。

在嚴格函蘊系統中，思想律也是成文系統中的式子。但因爲此
系統有眞、假、可能、不可能、必然諸界線，思想律不能直接無間
地由肯定否定底對偶性而程式出（排中律且可有疑問），但經由超
越的解析，這些界線所成的曲折倒更容易透顯思想律底軌約性與超
越性。

依是，經由超越的解析，我們可以完全把思想律提起來而繫屬
於「肯定否定底對偶性」。這個對偶性所成的邏輯關係（理性起用

自己決定的有機關係）即顯示思想律底必然性與超越性而爲一「軌約的型範」（regulative norm）。每一什麼都不說惟是表現「推理自己底結構」之成文系統，我們可以說，皆是表示依這個軌約型範而來的理性自己決定所成的種種邏輯關係。如是思想律有其必然性與超越性，而成文系統雖多，不礙邏輯是一，而邏輯底必然性亦成立。進到此，便是我們所謂理性主義與先驗主義，而進於約定主義與形式主義者。

以上所述，就本書底性質言，不是主要的部分。這部工作是邏輯哲學底問題。我將預備在另一部《邏輯哲學》裏專門討論這些問題。現在略說一點於此，一方表示讀此書者於讀完那些成文系統後，至少應當有「形式的解析」與「超越的解析」這點反省上的知識，一方也表示想給讀者一點理論興趣底鼓舞。

關於「超越的解析」當然有種種的傾向，我個人的意見是循以上所述那個路數走。「超越的解析」一詞，廣義地說，指形式的解析中約定主義與形式主義以上或進一步的那些解析而言；狹義地說，單指我以上所表示的那個路數而言，這大體是康德的路數。在廣義的說法中，外在的形而上的潛存說（給那些形式系統或形式結構一形而上的潛存上的根據），外在的形而上的邏輯原子論（將邏輯數學歸於一個原子論的形上學），以及杜威的邏輯論，都不是我所願走的路數。這些問題，都將在《邏輯哲學》裏討論。

至於近來加拿普（Carnap）等從句法（syntax）與句意（semantics）方面而作的工作還仍是技術上的事，對於那些系統重作一番句法與句意上的解析，這還是一種「形式的解析」，也是邏輯專家們繼續前進所可應有的工作。

第三部　方法學

第十二章　歸納法

第一節　經驗知識底對象及培根的四蔽說

　　講完形式邏輯以後，當該進到方法學（methodology）。這裏所謂方法學是指「經驗科學底方法」言。而經驗科學底方法實即是「歸納法」（induction）。是以歸納法者即是獲得「經驗知識」（empirical knowledge）底方法。

　　因爲歸納法是獲得經驗知識底方法，所以在講歸納法以前，必須先把經驗知識底對象弄清楚。經驗知識底對象即是官覺經驗所呈現的「具體事實」（concrete fact）。具體事實，如爲自然現象，便是自然科學底對象；如爲社會現象，便是社會科學底對象。不管是自然現象或是社會現象，如要成爲科學的研究，歸納法是主要而必不可少的方法。社會科學稍爲麻煩一點，不如自然科學之整齊劃一，故其所使用的方法也許不是歸納法所能盡，然歸納法是它的基礎方法，或至少它亦必用得著此方法，則是可以說的。

　　官覺經驗所呈現的具體事實，要成爲科學底對象，必須首先使其成爲純客觀的，而吾人之面對此事實亦必須是純客觀的。爲要達

成此純客觀的態度以呈露純客觀的事實為知識之對象，則必須首先
「解蔽」（借用荀子語）。入近代以來，培根（Bacon）是首先出
來講歸納法的，所以他有《新工具學》（ *Novum Organum* ）之寫
成，以別於亞氏邏輯之為《工具學》（ *Organum* 。亞里士多德弟
子將亞氏的邏輯作品集合起來名曰《工具學》。培根講歸納法，故
曰新工具學）。在他的《新工具學》裏，要使我們客觀地面對事
實，他首先講四蔽（four idols）。"idol"普通譯為偶像，其意不
顯，故直就荀子所說的「蔽」而譯為「蔽」。培根所說的四蔽，亦
實荀子「解蔽」之意。四蔽如下：

(1)劇場之蔽（idol of theatre）：此指傳統的各大哲學系統言。
在培根心目中，尤其指亞里士多德的系統言。這些大系統以其成績
斐然，而成為權威，亦以其成為權威，而轉為不幸。它足以錮蔽人
心，使知識不得進步。人的心思輾轉翻騰於這些大系統中，而不能
直接面對事實。凡有所說所解必須通過這些權威的系統。如此，為
能面對事實，獲得新知識？故這些大系統猶如劇場，人的心思只在
此劇場上表演，故是一蔽。如果我們想獲得新知識，必須從這些大
系統中解脫出來，而面對事實。

(2)市場之蔽（idol of market）：此指語言而言。語言是溝通人
的心思意見之媒介，如市場上之交換有無。但是語言常是隱晦不
明，歧義百出，足以矇蔽事實。故要求真知識，不要訴諸口耳，而
要訴諸具體事實。再進一步，此義即函科學要用科學語言，譬如數
學符號等，它可以避免普通字眼之歧出。

(3)洞窟之蔽（idol of cave）；此指個人之所學言。人們常是根
據自己所學之一孔，立一義以概其餘。譬如學化學的人，根據其化

學的知識，立一原則以解析全宇宙；學物理的人，立一物理原則以解析一切現象。此即爲一孔之蔽。這便不是科學的態度，亦不是面對事實。人圍於其自己之所學，如圍於洞窟。荀子深知此義。他批評莊子爲「蔽於天而不知人」，批評墨子爲「蔽於用而不知文」等，皆與培根所說的「洞窟之蔽」同。王船山亦說：「有即事以窮理，無立理以限事。」「立理以限事」即是「洞窟之蔽」，一孔之見。由此可知科學的研究不但要客觀地面對事實，而且要知有各種的事實：不可以偏概全，不可以一隅劃一一切。

(4)種族之蔽（idol of race）：此指種族底偏見與習氣言。個人有他所背服的偏見與習氣，亦有他所隸屬的種族傳下來的偏見與習氣。這些皆足影響眞理之發見與態度之客觀。如英國人底氣質不同於德國人氣質。因氣質底不同，故常只注意某一面的道理，而不注意其他面。再加上種族傳下來的習氣又膠固他們的心思，而常不能客觀地去求多方的眞理。面對事實是解蔽最佳之法門。

培根四蔽之說，其主要函義是在提煉知識對象。知識是關於對象的知識。對象必須從主觀的牽連中，個人的或種族的，語言的或傳統的，提煉出來，而保持其「純粹的對象性」（pure objectivity）。對象成爲純粹的對象，人的心思才能成爲純粹的客觀的認識。假若形式邏輯是提煉我們的「純粹思想」（pure thought），即純理智的思想，非經驗的思想，則科學方法即提煉我們的客觀認識（雖是經驗的）與客觀認識底純粹對象（雖亦是經驗的）。

所以科學知識底對象必須從主觀的情意中解脫，而使其成爲具體事實之本身，具體事實之如其爲具體事實。這層意思即函科學底

對象只是「是什麼」（what is），而不是「應當是什麼」（what ought to be）。這裏面沒有價值意義判斷底纏繞。價值意義底觀念須從「是什麼」底事實中剔除淨盡。所以科學底對象是「是什麼」底事實一層，而沒有價值高下底兩層。對象是如此，則了解此對象底心靈活動亦是純粹客觀的認識活動，即所謂「理解」（understanding）者是。這是「認識的心」（cognitive mind），不是價值判斷的心，審美的或道德的。依此，對科學的研究言，道德是中立的，故有「道德底中立」之一語（neutrality of ethics）。科學的研究只是對於「是什麼」底事實之「記述」（description，描述、摹狀）與「解析」（interpretation）或說明（explanation）。

第二節　記述底方法

每一具體事實可有多方面的性相，因此我們可以從各方面去描述它。描述底起點是根據著「感官知覺底領納」（apprehension of sense-perception）。例如眼前有一棵菊花在此，我們說它是屬於草本的植物，它的葉子底形狀是大凹曲的，或是小凹曲的，它的花瓣是白色的、黃色的，或是紫紅色的，它開花底時節是在秋天，秋天是氣候溫度底一個觀念，即在較為寒冷的氣候裏，它才開放。這一切都是根據感官知覺底領納而來的描述。每一種描述都是相應一種客觀的事實。而且每一種描述都含有一種類屬底概念在內。我們說它是屬於草本的植物，是說它是草本植物類中的一分子；說它的葉子底形狀是大凹曲的，或是小凹曲的，是說它的葉子形狀是凹曲形

類中的一分子；說它的花瓣是白色的、黃色的等，是說它的花色是白色類、黃色類等等類中的一分子。說它在較爲寒冷的氣候裏開放，是說它是「較爲寒冷的氣候裏開放」類中的一分子。依此，記述首先是：

(1)類分（classification）：類分表示記述是一種有系統的記述。一個個體屬於某一類裏，而且某一類又可屬於較高類裏。所以類分是「類屬層級」所表示的記述。在經驗知識中，這種類屬層級到何級爲止，完全是臨時的，經驗的（provisional, empirical）。當然在哲學中，我們可以從原理上立出類屬層級停止的最高原理。但這一層在科學知識上是不必要的。因爲科學總是就事論事的描述。純粹理性的追問而尋求一最高的理由，這不是科學研究中的事。跟著類分而來的，是：

(2)區分（division）：類分是上屬的，區分是下派的。例如我們把科學分成經驗科學與形式科學，而經驗科學又可分成自然科學與社會科學，自然科學又可分爲物理、化學、生物、生理、天文、地理等。層層下分，到何處爲止，這也是臨時的，經驗的，以我們的知識程度而定。所分出的各支，我們可以叫它是目，而由之而分的，我們叫它是綱。綱目所形成的層級當然是一個系統。這叫做「類族辨物」。

(3)定義（definition）：無論是類分，或是區分，其中的概念，作爲綱，或作爲目的，必須有確定的意義。其確定意義底形成是靠定義、界定，或界說。定義，我們在第一部第一章裏已經說明了。我們在那裏所以先講到了定義，爲的要表明概念底內容與外延。這一對概念，在邏輯裏，非常重要，而且隨時用到，所以我們得首先

說明它，因此便首先講到了定義。定義形成概念，並確定概念底內容與外延，因而給概念轉爲「項」（term）以了解上的背景。那裏的講法可以當作是形式邏輯中的講法。現在從科學方法方面講，則是對於所描述的具體事實給以知識上的界定。界定底程續與那裏所講的同。不過我們須知界定也是描述事實底方法。因爲不加界定，則類分區分無法進行，即進行，亦不過是隨意的，完全無定準的。

現在我們在這裏須進而指出，界說有「名稱界說」（nominal definition）與「眞實界說」（real definition）之別。這種區別是來布尼茲（Leibniz）所首先注意到的。

名稱界說是對於一個概念給以新名目，好像是一個人的綽號。如母夜叉孫二娘，孫二娘等於母夜叉，這便是一個名稱界說，不是一個眞實界說。因爲母夜叉只是孫二娘的綽號，另一個名稱。這種界說大體是在形式系統如數學幾何邏輯等，或可形式化的推演系統如理論物理中表現。例如第二部中所講的推演系統，我們以「ab＝a」來界定「a⊂b」，以「～pvq」來界定「p⊃q」，這都是名稱界說。因爲「ab＝a」只是「a⊂b」底另一個說法。我們以前者界定後者，只是想拿後者代替前者。因爲前者不甚方便。如果我們不厭煩，則不用「a⊂b」亦可。「～pvq」之界定「p⊃q」亦然。只要我們知道「乘積」（a・b）與等（＝），或加和（v）與否定（～），我們即可形成這兩個定義。這種定義只是原始觀念底重複敘述，依照一定的規律把原始觀念拼合起來，就算是一個定義。這其中並無新的內容，亦未接觸到實際的東西。從原始觀念到這名稱界說底形成只是一種分析的程序。

又如歐氏幾何以「沒有量度與部分的東西」來規定「點」，以

「無寬的長度」來規定線，這些都是名稱界說。如果我們不願用點或線，而用「無量度無部分的東西」或「無寬的長度」，亦是一樣。不過這樣太麻煩了，所以用一個界說來簡單化，名之曰點或線。大體名稱界說只是一個形式系統裏的「分析的重言」。「物體」是「有廣袤的東西」，亦可算是一個名稱界說。

　　真實界說，雖然「能界定」一面與「所界定」一面亦是相等的，可以互代互換，如「人＝無毛兩足動物」，「法律行為＝有意志的肌肉收縮」，但是這界說中的兩端是有不同內容的兩個概念，而且它亦接觸到實際的東西。在界說底形成上，是須要我們去接觸實際的內容的，這便是經驗。所以真實界說是有「經驗的綜和」作底子。經驗是有限制的，實際的事物（由之以成實際的內容）是有變化的。所以真實界說不能只是一個名稱底轉換。這要拿一個不同的新概念去規定其他一個概念。真實界說常常是可爭辯的，亦常是可變換的，這因為具體存在的東西本有無窮複雜的內容，而我們的經驗又是有限制的。我們不能把那無窮複雜的內容一下子統統攝受進來而無遺漏。但是名稱界說，在一個形式系統內，只是重言的分析，並不須有經驗的綜和作底子；而且亦都是一定的，既無爭辯性，亦無變換性。這是因為名稱界說只是形式一線，並不牽涉實際的內容，故為我們所能自由控制；而真實界說則須牽涉實際內容，不是我們所能隨意控制的。依是，我們可以說，在名稱界說中，兩端是同一的（identical）；而在真實界說中，則兩端是等值的（equivalent），而並不是同一。例如「2＋2＝4」，此式中的兩端是同一的，只是一個轉換表示，故維特根什坦（Wittgenstein）以為在數學中等號是可省去的，它只是同一個東西底轉換表示。故近

人以爲在數學與理論物理裏，許多界說都可看成是名稱的；而在生物學裏，則大都是眞實界說。這只是一種很顯明的區別。實則在記述具體事實的經驗知識中，其界說亦大都是眞實界說。其特徵是以「經驗綜和」作底子。

關於區分，傳統邏輯中曾有所謂二分法。我們在第一部第六章中已討論過。二分法底典型表示是以 a 與 $-a$（紅與非紅）來形成的。這可算是形式邏輯中的講法。其主要的概念是「$a+-a=1$」這個式子。所以我們可以把這種二分法轉爲肯定否定底對偶性，使它純成爲形式系統中構造的意義，而不使它成爲方法學的意義。故那種分法乃是先驗地排斥而窮盡，故 a 與「$-a$」加和起來亦必然地等於「1」。但是在方法學中的區分，當作記述具體事實底方法看，則不能採取此形式，即，它必須都從正面看，作正面的記述，而不能用一個負面表示的「負項」（$-a$）來表示。因爲負項是無定的，我們對於它所指的究竟是什麼，一無所知，這便不是經驗的事實。所以作記述的區別時，一定須要把顏色分成紅、黃、藍、白、黑等，把它們統統列舉出來。如果都列舉盡了，再分成綱下的各目，則各目間自然相排斥，而且所有的目加起來亦窮盡了那個綱。有此積極的知識作底子，再套之以「$a+-a=1$」，則 $-a$ 始可不至隱晦，且可使那區分有確定的邏輯形式。因爲此時的 $-a$ 實是已知的各目之代表或縮寫，而毫無隱晦與橫溢。假定 $-a$ 實代表 B、C、D，則 $a+-a=1$，實只是 $a+(B+C+D)=1$。依此，$a+-a=1$ 實只是一個形式的規範，一個衡量準確與否底標準。在方法學中不可直接的應用。它的直接應用是沒有任何報告的。

第三節　記述中的歸納

　　類分與區分是排列材料底方法，界說是使概念確定的方法。這三者本身都不是歸納法。但是界說中就含藏一種歸納作用。我們可以界定個體概念如孔子，我們也可以界定「類概念」（class concept）如「人」。當我們界定類概念時，就含有一種歸納作用在內。當我們說：「法律行爲是有意志的肌肉收縮」，「法律行爲」這個概念底外延（即它所包括的分子）是無限的，它一定要超出我們的觀察以外，我們不能把所有的法律行爲都觀察了。但是那個界說卻不只限於已觀察到的法律行爲，它所界定的「法律行爲」這個類概念是想叫它適用於「所有的法律行爲」，觀察的以及未觀察的。從已觀察的概括到未觀察的，這便是「推概作用」或「普遍化」（generalization）。推者據此類推，概者概括其餘。有推概，故能普遍化。這種推概作用就是「歸納」。是以歸納者根據已觀察的特殊事例而推概其餘一切未觀察的事例以期成一「普遍的陳述」（universal statement）之謂。簡言之，即是以偏概全。

　　以上是就界說而言。界說，如是眞實界說，其形成有一經驗綜和作底子，則必含有歸納在內。即不就界說言，普通的普遍陳述亦是由推概而成。例如：「所有的萊陽梨都是外皮很醜而內味很美的」。我們並沒有把所有的萊陽梨都吃了，都見了。而「所有」（all）亦一定概括過去現在未來的無窮數的梨而言。所以這裏面亦有一種推概作用。這種推概作用就是記述中的歸納。

　　如果「所有」是指某一棵樹上有限數的梨而言，則亞里士多德

曾名曰「完全歸納」（perfect induction）。完全歸納實不是歸納。因為我們雖然不必真地把這些有限數的梨都吃了，然而原則上我們是可以逐個去試的。凡可以逐個去試的，其總結皆不是歸納，而實是演繹。譬如有 A，B，C，D 四個梨，我們說：A 是甜的，B是甜的，C 是甜的，D 是甜的，所以 ABCD 都是甜的。這便是完全歸納，而實是演繹。即只把我們已有的知識重述一次，而給以普遍的形式（general form）而已。是以凡是歸納皆是原則上不能逐個去試的。這就表示其由推概而成的總結中之「所有」，其所指的事例數是無限的。惟在事例數無限上才需要有推概的歸納。所以「所有」這個字眼，我們說它是等於「無窮數的個體命題之絜和」。如果我們不願用這個字眼而想把它化除，我們可寫成一個無窮數的個體命題之絜和式，如下：

$$(x) \cdot øx \cdot = \cdot øa \cdot øb \cdot øc \cdot \cdots øn \cdot ø (n + 1) \cdots$$

此是說：在所有的 x 上，x 有 ø，就等於說 a 有 ø，b 有 ø，c 有 ø 等等之絜和（乘積）。所有萊陽梨都是甜的，就等於說：a 是甜的，b 是甜的等等，這無窮數的個體命題之絜和。但是我們並不能把這無窮數的梨都嚐過，所以那個總結的普遍命題是由推概而成的。當我們在前兩部講到普遍命題時，是「如此設置」的斷定講法，不須問那個總結中的「所有」是如何形成的，甚至在那裏「總結」字眼亦不能用，因為說「總結」即預伏著推概過程。所以在那裏只說是普遍命題就行。因為那裏的主要工作是在講明有效推理底結構。現在我們從經驗知識底獲得上。由歸納法以說明這種總結中的「所有」如何形成。這完全是兩部工作。在那裏，我們是把命題當作「邏輯句法」看，而現在則是當作「知識」看。

　　從已觀察的到未觀察的推概作用完全是建立在「類比推理」上（inference by analogy）。而類比推理則是根據于事例中情態之「相似」（similarity）。例如根據 A，B，C，D 四個萊陽梨都是外皮很醜而內味很美，以類推其他萊陽梨亦然。這裏的「相似點」是「萊陽出產」。究竟「萊陽出產」與「外皮很醜而內味很美」有什麼關係，我們不知道。也許這裏的土壤很有關係。但究竟是什麼關係，在這種記述的歸納裏，我們尚無所知。我們這裏只有一個類比作用，只知同是「萊陽出產」這一點相似性。在 A 這個梨上是如此，在 B，C，D 等上亦是如此，所以我們根據這點相似性推概其他一切萊陽出土的梨都是如此。或者我們這樣說：在 A，B，C，D 四個梨上，都是外皮醜而內味美，如是我們根據這四個例子，而說：凡是外皮醜的梨都是內味很美的梨。這裏外表可見的相似性是「外皮醜」。究竟「外皮醜」與「內味美」有什麼關係，在這種記述歸納裏，我們亦一無所知。我們只是見了 A，知道它外皮醜，吃了 A，知道它內味美。在 B，C，D 上亦然。如是，我們根據這些事例推概一切其他的梨亦然，即推概其他外皮醜的梨亦當是內味美的。

　　類比推理總是「從特殊推特殊」，即從這一個或若干個事例如此如此推另一個或其他個事例亦如此如此。由這種類比而來的推概便叫做「只是列舉的歸納」（induction by simple enumeration）。即由「有些個如此如此」而推概「一切個亦如此如此」：由「有些 S 是 P」推概到「所有的 S 是 P」。而「有些 S 是 P」是特稱命題，而特稱命題都是指陳事件的命題，散開說，即是：這個 S 是 P，那個 S 是 P 等等，所以這種歸納是列舉的，亦是記述的。因為

我們只因感官經驗而記下「外皮醜」這個特性與「內味美」這個特性。至於這兩者間有什麼關係，我們一無所知。我們只知這兩個情態（state）常常並在於這個事例（instance）上，那個事例上。此其所以爲記述的。由這種類比推概而成的歸納，其值當然是十分「概然的」（probable）。如果我們不知道「萊陽出土」與「外皮醜內味美」有什麼一定的關係，而只是情態底記述，則單憑此記述而推概說：「凡是萊陽出土的梨都是外皮醜而內味美」，這當然是十分沒有準的。很可以是：萊陽出土而旣不外皮醜亦不內味美，或雖外皮醜而內味不美，或內味美而外皮並不醜。

但雖是沒有準，我們也可以列舉幾個條件以明「概然值」之高低：

(1)所根據以推概的事例愈多愈好，愈多即愈增加其概然值。根據80個比根據8個，其推概較可靠。

(2)相似點愈多愈好或愈大愈好。因爲類比推概只是記述的，所以事例底特徵之相似性是很不確定的，亦很不是周匝圓滿的，所以常是「少分相似」。正因此故，相似底程度愈高，類比底概然值亦愈高。反之，亦愈低。若不注意此點，則必有「不倫不類」底情形發生。例如「百姓對於官吏」猶如「子女對於父母」。這在以前有父母官之說，皇帝是大家長，那麼這種類比尚有少分相似。即使有此分少相似，然以前也說「君臣以義合」，與父子之天倫不同。所以這種類比是不甚可靠的。若在今日，則那「少分相似」亦不存在，故根本不可類比。比之，則不倫不類。又如：鄰居失火，我們當該勇往撲救，所以鄰國與其他國有戰爭，我們也應當勇往助戰。鄰居的關係與鄰國的關係是很不同的，而失火之災難與戰爭之災難

也是很不同的。所以這種類比是沒有什麼道理的。

(3)類比必須注意事例中情態之「相干點」。「外皮醜」與「內味美」也許無什麼相干。「萊陽出土」與「內味美」也許相干性較大。相干性大，概然值即高。惟相干不相干，只在記述中，是很難決定的。如果我們能確定知道那種成分是相干的，必是已經知道了那個成分與其他情態有一種什麼確定的關係。這點不是單純的記述所能提供的。例如：月暈而風，礎潤而雨。在記述中，月之暈與刮風，礎之潤與下雨，常常是在一起的。但月之暈於刮風究竟是否相干，則是很難說的。只是根據感覺經驗如此記述而已。

如是，由記述中的歸納逼迫我們到解析中的歸納。即，科學知識須由記述階段進至解析階段，始能完成。

第四節　解析中的假設

記述只是報告事實之「是什麼」（what），而不能解答「為什麼」（why）。解答「為什麼」，便是「解析」或「說明」（詮表）。科學總要進到相當程度的解析，才算是確定的知識。

所謂相當程度的解析，亦須要說明一下。這裏，我們可以把解析分為科學的解析與哲學的解析兩種。假定我們順第二節所講的類分、區分、定義（記述的方法），進一步肯定一「體性學的根據」（ontological ground），如亞里士多德之所為，那便是哲學的解析。在此哲學的解析中，「體」與「義」是兩個重要的概念，而且亦都是體性學的概念。「體」是「substance」之譯語。我們由感覺經驗所記述的種種情態或特性必有其所隸屬的「持續不變之體」

（ permanent substance ）。義是「 essence 」，「 form 」之譯語，由
「屬性」（ attribute ）而指點到。我們由記述所得的特性或屬性進
而說明它所以然之「理」，這便是義（本質、形式，或體性，此云
體是以理為體）。我們所記述的是「事」（情態、事件），而說明
其所以然的「義」則是理。理與事為異質，而理是最後的，亦是事
所依止的，所以到了「理」，就可以停止。事一方依止於理，一方
亦依止於持續不變的體。有了體與義，則任何物無論千變萬化，總
有其定然之性，這便是類分、區分、定義之超越的根據，體性學的
根據。這一套都可算是哲學的解析，亦是質的解析。復次，假若我
們順「任何事情皆非無因而生」一命題進而追求一最後的因（第一
因）以使此命題為可能，這也是哲學的解析。因為原因中有原因，
這不能無窮地後退。如果停不下（原則上），則不能成就事象中的
因果關係，而事象亦終不可理解，即不可說明。故原因底追溯必須
能停下。使我們能停下的最後理由之肯定，藉以反而說明現象為可
理解，這是哲學解析中的事。

　　但是科學的解析，則一方不須如此，一方亦不能如此。因為科
學的解析總是對應一特殊經驗或特殊情況而施解析，所以它所提出
以行解析的那個概念必有特殊的內容。因為它有特殊的內容，所以
它亦有特殊的指向。如果它的解析能成立，便是一特殊的知識。科
學的解析總是散落在特殊的情況上。然而哲學的解析，則是普萬物
而為言的。它所肯定的「體性學的概念」並無特殊的內容，亦無特
殊的指向，故亦不能成特殊的知識。科學的解析要成特殊的知識，
故它不只是不須進到哲學的解析中那些概念，而且為其自身之目
的，它亦不能進到此。那就是說，它若進到此，它便越出它的本

分，而違背其自身之目的即成知識。所以它的「不須」是因它的「不能」而在原則上限制住，不只是隨便進退一步而已。我們要想說明「打雷」這個現象，就要說明它的原因，而找出它的原因就是完成這一特殊的知識。假若我們說它總須有一個原因，否則它不是時空中一個具體的變化的現象。這種純思辨地說明它總有一個原因，以明此現象及其理解為可能，而不提出一個具有特殊內容特殊指向的原因以解之，這便是哲學的解析。但卻不是一個知識。復次，假若我問「雷從何處起」，你說：「從起處起」。這不是科學的解答，而是哲學的解答。科學的解答一定要有特殊的內容，特殊的指向，而哲學的解答則否。故哲學不給吾人以知識。

依此，科學須進到相當程度的解析以完成其為科學的解析，此所謂「相當程度」是以對應特殊經驗或特殊情況而有特殊內容與特殊指向以為定，它的界限是以成知識與否而劃定。特殊經驗與特殊情況底報告是記述的，即對應此記述而施以切合的解析，便是有特殊內容與特殊指向的「科學解析」。所以科學解析解答「為什麼」所提供的理由是以成知識為準，與哲學解析中所提供的「理由」不同。它的「為什麼」之疑問與解答是有對應的與限制的。不是最後的，而且它亦不能成為最後的，因為它總是散落在特殊情況上而有特殊指向的。因此，一般地也說科學只講「是什麼」，不問「為什麼」，故它的方法一般地也只是「描述的」。此義是對哲學解析而言。若是狹義地細分之，則在此廣義的「描述是什麼」之下，亦可有記述與解析（相當程度的解析）之分。

在此相當程度的科學解析之下，因為要成知識，所以科學不只是一個一個的具體物之知識，而是要成為一般的知識，成類的知

識，所以它亦有相當的系統性。此系統與哲學解析所成的系統亦不同。後者仍然是不代表一個知識系統。科學知識之爲系統，通常說爲「一組命題」（a set of propositions），而哲學系統不是一組命題。我們可以說它是由體性學概念所成的一些無特殊指向的「最後原理之系統」（a system of ultimate principles）

科學知識之爲一系統，一組命題，完全由相當程度的科學解析而成。要解析所記述的材料必須提出「假設」（hypothesis）。假設說明爲什麼之理由，所以假設是指示事象之「原因」。科學的解析根本是在說明事象底因果關係，所以這種解析亦不是質的，而是量的。從將「假設」形成爲一命題形式言，解析根本是一種函蘊關係：「如 p，則 q」。即，提出 p 來以爲 q 底根據，由此指點到事象上，則說 p 所述的是原因，q 所述的是結果。由此假設所表示的函蘊關係，才能引生出一組命題，使科學成爲一個有系統的知識。

建立假設須合乎以下四個條件：

(1)一致（consistency）：假設必須自身一致，即不矛盾。如果一個假設引起矛盾的結論，那便是自身不一致的假設。這是說，一個假設首先須是其自身是「可能的」。可能與眞不同。眞不眞是它能解析事實否，有效否。這是它的證實問題。不眞不礙其可能。不可能（自身不一致），則根本不能說有效。

(2)相干（relevancy）：這是說它必須「當機」，必須與所解析的事實相干。假定以雷神來解析「打雷」，這在知識上說，便是不相干的。

(3)充分（sufficiency）：這是說它必須圓滿與周到：足以充分地解析已知的事實，並足以有效地預測同類的新事實。充分也可以

說是「中肯」。假定只沾一點邊，這便不是一個充分而中肯的假設。假定解析中國科學不發達的原因是因為秦漢一統，那便不是充分而中肯的假設。假定只用歐氏幾何底直線空間來解析物理宇宙，也是不充分的。

(4)簡潔（parsimony）：這是說它不可超出「必須」以外。充分是說它要夠，簡潔是說它「必須」，即是說合乎經濟原則，這個意思，中世紀唯名論者威廉奧坎（William Occam）即已說到，所謂「奧坎刀」（Occam's Razor）者是也。其意是說：「凡物項，不必須者，勿加多」。照假設言，數目愈少愈好：一個假設夠了，不要用兩個；假設性愈小愈好：假設性小的足以解析，便不可用假設性大的。相對論物理學所以能代替牛頓的物理學，主要地是在它的假設比較簡潔。絕對空間與絕對時間底假設是不必要的。以太底假設也是不必要的。

我們建立假設底目的是在說明一羣事象，亦即在指導歸納中的普遍化。惟須知有一種假設只在說明某一特殊事件，而無推概性，此如歷史中的考據，譬如要想證明老子道德經為戰國時期的作品便是。不過我們現在講歸納，這層可無須注意。

第五節　因果關係與米爾的歸納四術

我們說，一個假設是一個函蘊關係。函蘊關係指點因果關係（causal relation）。函蘊關係本身，從邏輯上說，是「根據」（ground）與「歸結」（consequence）間的關係，簡單言之，亦可說是「因故關係」。「因故」即「理由」（reason）。而它所指

點的因果關係，則是原因（cause）與結果（effect）間的關係，即
變化的事件（events）間的關係。因故關係與因果關係是平行的，
但不是同一的。依此，單是於具體的事件上才可說因果關係。

　　事件有是動態的，有是靜態的。例如「水之沸騰」由於「火的
熱力」。這兩者都是動態的事件。洒水滅火，水之流與火之滅也是
兩個動態的事件。一個彈子衝擊另一個彈子，另一彈子隨之而動，
這也是兩個動的事件。但是「桌腿支持桌面，使桌面保持原來的位
置」，「支持」是一件事，「桌面保持原來的位置」也是一件事。
但是這兩件事都是靜態的。這種事，我們可以叫它是「情態」
（state）或「境況」（situation）。因為並不是單是桌子腿可以使
桌面保持原來的位置，而是它們的佈置結構所形成的「支持境況」
得以使桌面保持原來的位置。但是，雖是靜態的，卻亦有一種因果
關係在內。惟此因果關係並無時間的流逝，所以亦是靜態的。

　　事件，可以從一個個體自身所引起的情態之變化言，亦可以從
兩個個體交互影響上言。前者是縱貫的事件串（a series of
events），後者是橫列的主被動。這兩者都可以說因果關係。

　　因果關係既至少包含原因與結果兩項，則「原因」一項即可說
是結果一項底條件。這個條件，從邏輯上說，我們可以從「充足」
與「必要」這兩方面去看它。充足是說：「有之即然」必要是說
「無之不然」。充足的不函它是必要的，必要的亦不函它是充足
的。這在第一部第五章裏已全講明了。現在我們要想決定 a 是否是
b 底原因，就依這兩個標準即可去規定它。惟單是必要的，並不是
科學家所想去發見的「原因」。「原因」一定要從正面說，即必須
從其為「充足條件」方面說。正面見其為充足，反面又見其為必

要，則其爲原因更確定。是以「必要」一義只是輔助。

由充足條件，我們可以想到來布尼茲所說的「充足理由」（sufficient reason）。但是在科學的解析中，因果關係是表示事件底平鋪，至於充足理由則是提起來說明平鋪的因果關係之所以然。依此，我們可以說，充足理由是哲學解析中「形而上的概念」，因果關係是科學解析中所指示的的事件間的關係，而充足必要則是「邏輯的言辭」，它可以作爲決定因果關係底邏輯軌範。

現在我們可以略爲介紹米爾（J. S. Mill）的「歸納四術」（canons of induction）：

Ⅰ.契合法（method of agreement）：在一羣事例裏，如果我們試驗了若干個事例，在其中只有一對情態或事件是契合的（或說在這些例子上都是相同的），則我們大概可以推斷說：在這些例子上相契合的那一對情態有因果關係，而我們亦可推斷說：在一切事例上亦將如此。

現在我們可以用符號表示一下。設以 X_1，X_2 等代表事例，以 A，B，C，D 等代表每一事例上的前件組，以 a，b，c，d 等代表每一事例上的後件組，則契合底符式如下：

X_1：ABCD$\longrightarrow$adef

X_2：AEFG$\longrightarrow$abde

……

∴　　　　A$\longrightarrow$a

例：設 A 代表鹼性物質與油之混合物。在許多個試驗上，這種混合物都產生「油膩的與有肥皂性的東西」，即這一點是契合的，如是，我們可以斷定說：將油質與鹼質合併起來即產生肥皂。

又，設 a 爲結晶狀態。在許多例子上，只有一個前件是相同的，即：物質從液體凝結成固體。因此，我們可以斷定說：物質從液體凝結成固體就是結晶狀態底原因。

這個方法只是從正面看。如果沒有反面的例子，我們尙不能確然決定 A 是 a 底原因，或 a 是 A 底結果。如果事實上沒有反面的例子或原則上根本沒有反面的例子，那也只好付諸缺如。這不過是方法中之一種而已。又作爲原因或結果的情態常常與其他諸情態簇聚在一起。也許那些情態都有力量。此即佛家所謂「緣」。我們很難把那對情態隔離起來。施用這種方法大體要靠實驗者底控制如何，技術如何。

Ⅱ.差異法（method of difference）：在一羣事例裏，如果試驗若干例子，在同一情況下都是有了 A 就有 a，而又試驗若干例子，在相同情況下，沒有 A 也沒有 a，那末我們可以斷定說：A 大概是 a 底原因，a 大概是 A 底結果。符示如下：

X_1：ABCD⟶adef

X_2：　BCD⟶ def

∴　　　　A⟶a

這個方法就是從反面看。當著加熱於水，水便沸騰，假若釜底抽薪，水便不沸騰，則很易看出：加熱是水沸騰底原因。這便是由差異而見。這個方法比契合法似乎更有力。因爲它不但能顯出 A 是 a 底充足因，而且似乎還能顯出它的必要的意義，這就表示更能確定 A 之爲原因。所以如果契合法是有用的，那它必須與差異法相輔而用。如是，便有：

Ⅲ.契合差異聯用法（joint method of agreement and difference）：這個方法正如其名稱所示，顯然是前兩種底合併使用。而且它的形式與差異法亦無多大區別。惟差異法只要從反面一顯就行，而此法則於反面事例上前後事件組可有種種不同，而惟在前的事件組中某成分不在，在後的事件組中某成分也不在。符示如下：

$$X_1：ABC \longrightarrow dbf$$
$$X_2：BDE \longrightarrow bcf$$
$$X_3：BFG \longrightarrow bdc$$
....
$$X_4：ACD \longrightarrow def$$
$$X_5：DEF \longrightarrow chg$$
$$X_6：FGH \longrightarrow dce$$
....
$$\therefore \qquad B \longrightarrow b$$

例：各種不同的土壤在各種不同的氣候下皆可產生一種植物性的菌類。惟在許多正面事例上，只在有蚯蚓的地方才生長，而在反面事例上，沒有蚯蚓的地方，便不生長。如是，我們便可斷定：蚯蚓是產生植物性菌類底主要原因。

Ⅳ.共變法（method of concomitant variation）：無論什麼現象以任何方式變化時，其他現象亦隨之而以特殊方式變化，則此現象便是其他現象的原因或與其他現象有因果關係。

現象底共變關係好似數學中的函數關係（functional relation）。故共變亦可稱「函變」。這是以函變來決定因果關係。函變可以是相順的，亦可以是相反的。水漲船高，水退船低，是很顯然地相順的函變關係。寒暑表裏的水銀與周圍的溫度共變，

這也是相順的函變關係。如果市場上的供給超過需要的時候。則物價賤，如果需要超過供給的時候，則物價貴。這便是相反的函變關係。在函變關係中，我們可以決定兩端的變化項有因果關係：或者其一是另一底原因，或者它們與其他事件組互相關聯，藉此它們可以互相決定。

除以上四種方法外，米爾還提供了一種「剩餘法」（method of residues）。它的原則是如此：從任何有關現象裏，減去前此由完全歸納所知的某些前項底結果這一部分，那麼所剩下的部分便是其餘前項底結果。有人說，天文學裏發現冥王星，就是用這種方法。因爲在太陽系裏，有一種現象不是已知的那些行星所能解析的，因此便斷定一定還有一個行星存在，那便是冥王星。這個方法，如其所述，實不是歸納法，而是演繹推理。因爲它以「完全歸納」作根據，而完全歸納我們已知實不是歸納。假若一人遺失了一部書，得知拾者不出 ABCD 四人，又知 ABC 未拾得，那麼拾者一定是 D。這顯然是演繹推理。其形式是「析取推理」：「或 p 或 q 或 r，今旣非 p 又非 q，那麼一定是 r」。這結論是必然的，但歸納的結果則總是概然的。

除剩餘法不計，以上四種方法不過是從正面看與從反面看。所謂四種者是就所觀察的現象之特殊情境而分。我們尙可進而純從邏輯上總持以論。又解析中的歸納一定要有「假設」。但米爾講歸納，「假設」卻並沒有在歸納過程中起作用。即並沒有把假設邏輯地或形式地擺進去。解析的歸納所以進於記述的歸納者，就在立定一標準（由假設而成者）以爲觀察現象決定相干不相干的指導原則（軌範）。否則，單憑感覺經驗所見的事物之情態之相似性以進行

類比推概，這是極漫蕩無定準的。培根於講完四蔽後，即告訴我們從正面反面多舉事例以行歸納。這純是記述的。米爾由四術以定因果，亦未立一原則，亦仍然只是記述的。這於歸納底手續（程續）上控制上，是邏輯地不足的。關此，許多邏輯家已鑒及之。如是，我們當進而總起來以論歸納之完整形式。

第六節　全幅歸納過程之完整形式

A.設準形式或原則形式

一個假設是一個函蘊關係：如 p，則 q。解析便是找出作為理由的命題，叫它函蘊著所要解析的表示當前事象的命題。但是這是個假設，能否成立，還待歸納的證實。這個假設便是「設準形式」或「原則形式」。眼前有 q，我們說大概是因為 p。在這個大概的臆測上，我們立定「如 p 則 q」一原則。如果相對論是正確的，則光線經過太陽附近必呈彎曲。經過試驗的結果，光線經過太陽附近呈彎曲，所以相對論這個假設大概是正確的。這是立定相對論以說明光線底彎曲。

但是一個假設須待證實，而且它也就是試驗時找例證底一個軌範。從它作為軌範以指導例證上說，我們須根據這個假設開出一個「定然的架子」，即指導我們尋找例證底一個「邏輯模型」。這個模型是由正反兩個假然命題（函蘊關係）而成。例如我們要證實「相對論」這個假設是正確的，我們可以先這樣開示：

光線經過太陽附近是彎曲的。

因為時空是相對的緣故（含有「宇宙曲度」一義。）

如果時空是相對的，則光線經過太陽附近是彎曲的。

如果光線經過太陽附近不是彎曲的，則時空不是相對的。

符式如下：

q

p 故

如 p 則 q （正面）

如 - q 則 - p （反面）

這個形式便是指導歸納底一個「邏輯模型」。這模型就是「因明」中的「三支比量」。（因明是佛教的邏輯。明者學也。因明者講因之學。比量者推比而知之義。三支比量者是比知底一種邏輯形式。由三支而成，故云。）照因明中的說法，是如此

宗：q

因：p

喻：$\left\{\begin{array}{l}\text{如 p 則 q} \\ \text{如 - q 則 - p}\end{array}\right.$　正面喻體

　　　　　　　　　　反面喻體

「宗」是所要解析的命題。「因」是所假設的理由。「喻」是舉例以證。也就是歸納所在。不過在我們舉例以前，先得設立舉例的標準。此標準，因明中叫做「喻體」。喻體者舉例時所依據的「原則」之謂。而此原則可開為正反兩行。正行叫做同喻體，反行叫做異喻體。而正反兩行中所舉之例，則曰「喻依」，即喻所依據之「事例」也。依此，相應喻體，亦可有「同喻依」與「異喻依」。宗因喻共為三支，故曰三支比量。佛教中喜歡舉下面的例：

宗：聲是無常（即有生滅可變化的）。

因：所作性故（即它是被造作的，有被造性）。

喻 {

同喻：如是所作，即是無常。　　　　　　（同喻體）

　　　喻如瓶等。　　　　　　　　　　　（同喻依）

異喻：如是其常（不是無常），則非所作。（異喻體）

　　　喻如虛空。　　　　　　　　　　　（異喻依）

我們可以把這個模型叫做歸納底設準形式。如果要講歸納底原則，則這個模型便是「歸納底原則」（principle of induction）。由這個原則，先把「所作—無常」與「常—非所作」分成兩大類（即劃成兩個大範圍）。反行一定由「否定正行底後件即否定其前件」而成。故這樣劃成的兩大範圍是排斥而窮盡的。

B.歸納形式：

依據設準形式即可進行歸納。喻如瓶等，喻如虛空，即是依據設準而作正反兩面的多方觀察，藉以形成歸納的推概。符式如下：

如 P 則 Q	如 $-Q$ 則 $-P$
$X_1：p \to q$	$X_1：-q \to -p$
$X_2：p \to q$	$X_2：-q \to -p$
………	

$$\therefore \quad P \to Q \;【P-Q=0】 \qquad \therefore \quad -Q \to -P \;【-Q-(-P)=0】$$

例：如是所作的即是無常的　　　如是其常則非所作

瓶：有所作性與無常性　　　　　虛空：有常性與非所作性

盆：有所作性與無常性　　　　　上帝：有常性與非所作性

　………　　　　　　　　　　　………

∴　凡是所作的皆是無常的。　　∴　凡是恆常的皆非所作的。

在此，有兩點須注意：⑴這個例子也許不是一個表示科學知識的例子。如是所作即是無常，如是其常則非所作，這很可以是哲學解析中的兩個命題，即對於本體與現象兩大界的劃分。又被造的即是無常的，恆常的即不是被造的，這很可以是兩個分析命題：被造本質上即函無常，否則便是矛盾；恆常本質上即不能是被造，否則亦是矛盾。如然，則雖有歸納過程，其推概的結果卻不是概然的，而實是必然的。是以這個例子不表示科學知識，歸納不過是一個形式而已。但這不關緊要。目的是在了解歸納底程續。換一個例子亦可。如：吃砒霜可以致死，有蚯蚓的地方可以生長植物性的菌類等，此則表示科學知識，而歸納的結果亦總是概然的。⑵在這正反兩行的歸納中，反行的歸納一定「從沒有 q 就沒有 p」方面看，而不能從「沒有 p 就沒有 q」方面看。這與米爾的「差異法」及「差異契合聯用法」，所表示的不同。所以這樣決定的原因總是「充足因」。這點很合乎科學解析底要求。我們在上節中已說到，必要條件不是科學解析中所要求的原因，但它可以輔助充足因而益增加其爲原因底確定性。如果在上列模式中，此點不夠，而我們亦須從必要否方面看（即從「沒有 p 即沒有 q」方面看），則我們的「設準形式」尚可以擴大。

其擴大法是如此：

每一假設是一函蘊關係，其中有前後兩端。對此兩端可從四方面去看它：⑴有 p 即有 q，⑵有 p 即無 q，⑶無 p 即有 q，⑷無 p 即無 q。此即下表：

p	q
+	+
+	−
−	+
−	−

對此每一看法，我們可以由一疑問而開爲兩種答覆：

Ⅰ.有 p 是否必有 q？　　Ⅱ.有 p 是否必無 q？

　(1)有 p 必有 q　　　　　(1)有 p 必無 q

　(2)有 p 不必有 q　　　　(2)有 p 不必無 q

Ⅲ.無 p 是否必有 q？　　Ⅳ.無 p 是否必無 q？

　(1)無 p 必有 q　　　　　(1)無 p 必無 q

　(2)無 p 不必有 q　　　　(2)無 p 不必無 q

照Ⅰ之(1)言，我們可以開爲設準形式，並依之而進行歸納如下：

$$有 p 必有 q$$

如 P 則 Q　　　　　　如 − Q 則 − P

X_1：$p \rightarrow q$　　　　　X_1：$-q \rightarrow -p$

X_2：$p \rightarrow q$　　　　　X_2：$-q \rightarrow -p$

……　　　　　　　　　……

∴ P − Q = 0　　　　　∴ − Q − (− P) = 0

（凡 P 是 Q ）　　　（凡非 Q 是非 P，凡非 Q 不是 P ）

照Ⅰ之(2)言，如果「有 p 不必有 q」，則即「有時有 p 亦可無 q」，而此即爲 O 命題：「有 p 非 q」。O 命題眞，則「P − Q = 0」之 A 命題便假，亦即推翻「如 P 則 Q」一原則。如是，我們由「有 p 非 q」一事件命題再設立一原則，此即Ⅱ之(1)「有 p 必無 q」。

照 II 之(1)，我們可以開爲設準形式，並依之而進行歸納如下：

有 p 必無 q

如 P 則 – Q　　　如 –（ – Q）則 – P

$X_1 : p \rightarrow (-q)$　$X_1 : - (-q) \rightarrow -p$

$X_2 : p \rightarrow (-q)$　$X_2 : - (-q) \rightarrow -p$

……　　　　　　……

$\therefore P - (-Q)$　$\therefore - (-Q) - (-P) = 0$

$= 0$

（凡 P 非 Q）　　（凡非非 Q 非 P）

此顯然表示 P 與 Q 相排斥：有 P 必無 Q。故知 P 決非 Q 之因。「凡 P 是 Q」與「凡 P 非 Q」皆是經過歸納而成的推概化的命題，故其主詞類決不空。如是，如「凡 P 是 Q」眞，則「凡 P 非Q」必假，如「凡 P 非 Q」眞，則「凡 P 是 Q」必假。此即是說，如果 I 之(1)之設準形式及其歸納成立，即 P 是 Q 之充足因，而 II之(1)之設準形式及其歸納便不成立。如果 II 之(1)成立，則知 P 決非 Q 之因。

照 II 之(2)言，如果「有 p 不必無 q」，則即「有時有 p 亦有q」，而此即爲 I 命題：「有 p 是 q」。「有 p 是 q」眞，則「凡 P非 Q」假，亦即推翻「如 P 則 – Q」一原則。如是，我們即由「有p 是 q」一事件命題再設立一原則，此即爲 I 之(1)：有 p 必有 q：「如 P 則 Q，如 – Q 則 – P」。此已作訖。

照 III 之(1)言，我們可以開爲設準形式並依之而進行歸納，如下：

無 p 必有 q

如 $-$P 則 Q　　　　如 $-$Q 則 $-(-$P)

$X_1 : -p \rightarrow q$　　　　$X_1 : -q \rightarrow -(-p)$

$X_2 : -p \rightarrow q$　　　　$X_2 : -q \rightarrow -(-p)$

……　　　　……

$\therefore -P-Q=0$　　　$\therefore -Q-[-(-P)]=0,\ -Q-P=0$

（凡非 P 是 Q）　　（凡非 Q 是 P）

此表示 P 與 Q 爲窮盡關係，至少亦表示 P 並非 Q 之因。因爲 P 不出現 Q 就出現，Q 不出現 P 就出現。邏輯上雖然窮盡不必函排斥，但在歸納上，PQ 兩個事件不能同時連帶出現，至少可以表示它們無積極的因果關係。例如：沒有障礙即可成功，但是在此障礙底去掉只是成功底消極條件，而成功究竟還要靠一個主因，譬如自己的努力。「不成功便成仁」亦然。如是，我們還須向積極的因果性方面尋求。

　　照Ⅲ之(2)言，如果「無 p 不必有 q」，則即「有時無 p 亦可無 q」，而此即爲反稱的 O 命題：「有非 p 不是 q」。「有非 p 不是 q」眞，則「凡非 P 是 Q」即假，亦即推翻「如 $-$P 則 Q」一原則。如是，我們即由「有非 p 不是 q」一事件命題再設立一原則，此即爲Ⅳ之(1)：「無 p 必無 q」。

　　照Ⅳ之(1)言，我們可以開爲設準形式，並依之而進行歸納如下：

無 p 必無 q

如 $-$P 則 $-$Q　　　　　　如 $-(-$Q) 則 $-(-$P)

$X_1 : -p \rightarrow -q$　　　　　$X_1 : (-q) \rightarrow -(-p)$

$X_2 : -p \rightarrow -q$　　　　　$X_2 : -(-q) \rightarrow -(-p)$

$$......$$ $$......$$

$$\therefore -P-(-Q)=0 \qquad \therefore -(-Q)-[-(-P)]$$
$$=0$$

（凡非 P 非 Q）　　　　（凡非非 Q 不是非 P）

此表示 P 是 Q 底必要條件：沒有 P 就沒有 Q。但是我們已說，光只是必要條件，尚不是科學解析所尋求的原因。如果 I 之(1)成立，此 IV 之(1)亦成立，則 P 之為原因甚確定。故雖不是科學解析所尋求的原因，因為必要不必是充足，但它可以增加充足因之確定性。故必要條件至少可以表示 PQ 有相當的因果關聯性。

照 IV 之(2)言，如果「無 p 不必無 q」，則即「有時無 p 亦可有 q」，而此即為反稱的 I 命題：「有非 p 是 q」。如果此 I 命題真，則「凡非 P 不是 Q」假，亦即推翻「如 -P 則 -Q」一原則。如果，我們即由「有非 p 是 q」一事件命題再設立一原則並依之而歸納，此即為 III 之(1)：無 p 必有 q：「如 -P 則 Q，如 -Q 則 -(-P)」。此已作訖。如果 III 之(1)成立，「凡非 P 是 Q」真，則 IV 之(1)中「凡非 P 不是 Q」即假。如果 IV 之(1)成立，「凡非 P 不是 Q」真，則 III 之(1)中「凡非 P 是 Q」即假。如果「非凡 P 不是 Q」表示 P 是 Q 底必要條件，PQ 有相當的因果關係，則「凡非 P 是 Q」，這個窮盡關係，即不表示 PQ 有因果關係。因為此表示窮盡關係的命題是由表示「不必要」的「有非 p 是 q」推概而成。

以上每一個假設可以從四種可能開為四個設準形式並依之以進行歸納。這四個設準形式循環為用，相助而行，必可使吾人發見出確定的因果關係來，而米爾的支離的歸納四術亦因而可總持起來而統於一。

關於以上所述，必須把第一部第五章讀熟。

C.演繹形式：

由以上四種設準形式所成的推概命題爲大前題，即可作成三段推理式的演繹推理。如下：

如 P 則 Q	如 － Q 則 － P
……	……
……	……
∴凡 P 是 Q	∴凡非 Q 是 P
凡 M 是 P	凡 M 是 P
∴凡 M 是 Q	∴凡 M 不是非 Q

一個假設雖有四種歸納程序（每一種依一設準形式進行），而最後目的，則總歸於「Ⅰ之(1)」，其他三種只是輔助，藉以增加「Ⅰ之(1)」中「充足因」之確定性。故四種歸納程序中皆有其所成的推概命題，因而亦可作成演繹推理，然而就歸納目的言，只於「Ⅰ之(1)」中作演繹推理爲相干，其餘皆不相干。故略。

此作爲演繹推理底大前題之推概命題，依米爾的說法，只是前期歸納過程底註冊。本此推概命題以爲通例（公則），吾人可按之得出一結論。據米爾之意，結論不是「從」通例中推出，而是按照通例推出，即依之以爲斷。

這種歸納過程中的演繹推理，因明中名曰「合、結」。茲將設準、歸納、演繹三形式，由以上所開示者，簡單化綜攝如下：

q

p 故

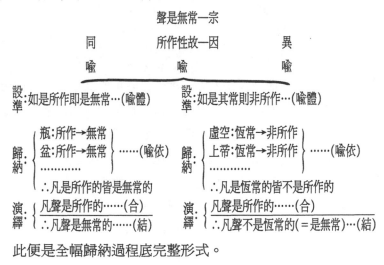

設準　　如 P 則 Q　　　設準　　如 −Q 則 −P

$$
\text{歸納}
\begin{cases}
X_1 : p \rightarrow q \\
X_2 : p \rightarrow q \\
\cdots\cdots \\
\therefore \text{凡 P 是 Q}
\end{cases}
\qquad
\text{歸納}
\begin{cases}
X_1 : -q \rightarrow -p \\
X_2 : -q \rightarrow -p \\
\cdots\cdots \\
\therefore \text{凡非 Q 不是 P}
\end{cases}
$$

$$
\text{演繹}
\begin{cases}
\underline{\text{凡 M 是 P}} \\
\therefore \text{凡 M 是 Q}
\end{cases}
\qquad
\text{演繹}
\begin{cases}
\underline{\text{凡 M 是 P}} \\
\therefore \text{凡 M 不是非 Q}
\end{cases}
$$

茲仍以因明中那個不表示科學知識的例子，例示如下：

聲是無常—宗

同　　　　所作性故—因　　　　異

喻　　　　　喻　　　　　　喻

設準·如是所作即是無常…(喻體)　　　　設準·如是其常則非所作…(喻體)

$$
\text{歸納·}
\begin{cases}
\text{瓶：所作} \rightarrow \text{無常} \\
\text{盆：所作} \rightarrow \text{無常} \\
\cdots\cdots\cdots \\
\therefore \text{凡是所作的皆是無常的}
\end{cases}
\cdots\text{(喻依)}
\qquad
\text{歸納·}
\begin{cases}
\text{虛空：恆常} \rightarrow \text{非所作} \\
\text{上帝：恆常} \rightarrow \text{非所作} \\
\cdots\cdots\cdots \\
\therefore \text{凡是恆常的皆不是所作的}
\end{cases}
\cdots\text{(喻依)}
$$

$$
\text{演繹·}
\begin{cases}
\underline{\text{凡聲是所作的……(合)}} \\
\therefore \text{凡聲是無常的……(結)}
\end{cases}
\qquad
\text{演繹·}
\begin{cases}
\underline{\text{凡聲是所作的……(合)}} \\
\therefore \text{凡聲不是恆常的(＝是無常)…(結)}
\end{cases}
$$

此便是全幅歸納過程底完整形式。

第七節　歸納、統計、概然

歸納可以發見因果關係，由之可以得一普遍化的命題。但是在沒有因果關係的地方，就不能用歸納法。譬如人羣中死亡底情形，

人壽底平均歲數，以及商業中的許多情形如每月的物價指數，這都是不能用歸納法的，而須用統計法。我們可以統計成人底平均長度，統計七月台灣底平均溫度，統計長江流域或黃河流域一年中或數年來雨水降落底平均數量。可以用數量記錄的現象才可統計。我們不能統計虹之平均色澤。因為它不能排列成一個數量的等級。

在自然科學裏，平常是相信因果秩序的，所以大體都是用歸納法。但是在現代發展的物理學裏，如量子論（這是關於小宇宙的物理學，相對論是關於大宇宙的物理學），就已傾向於不把「自然底秩序」認為是因果的秩序，而認為是統計的秩序（statistical order）。這大體是根據「量子底位置與其放射底速率不能同時決定」這「不定原理」（principle of indetermination）而來的。如果我們固定了量子底位置，對於它有確定的知識，則對於它放射底速率即不能確定。如果固定了它放射底速率，對於它有確定的知識，則對於它的位置不能有確定的知識。此即為「不定原理」。此即表示：我們對於量子底位置與其放射底速率之間的因果關係之真相不能有所知。不過這也許因為這種小宇宙的現象太微妙，不是我們的粗笨的知識程序所能如實地去把握。所以這「不定原理」很可以是認識上的，而不是客觀存在的。但是如果我們不能達到「兩俱確知」底境界，則認識上的「不定原理」總可說，而在此說它是「統計的」，也是可以的。

還有一個顯明的例子，就是鐳底放射。我們知道鐳以及其他放射的原子遲早都會分解為鉛原子與氦原子。所以一塊鐳底質量可以繼續減少而變為鉛與氦。管轄這些物質減消率的定律是很特別的。鐳底質量之減消正猶之乎一羣沒有生殖能力的人口之減少，或者就

像一隊士兵在絕對亂放砲火之下的死亡率一樣。這就表示說鐳底滅消之原因完全不得知的。鐳原子並非度過它的一生，由衰老而死。衰老對於它完全無意義。這好像命運之神忽然把它帶走一樣。

　　試設想一間房子裏有兩千個鐳原子。科學並沒有方法預料一年以後這兩千個鐳原子還能剩下多少。只能說一個大概：兩千，或是1999，或是1998等。實際上最可靠的數目是1999。所以一年以後，被分解的鐳原子只有一個。但是我們不知道用什麼方法從二千個鐳原子裏單單提出這個特別的原子來。開始我們設想一年中受撞擊底次數最多，或者所處的地點最熱的那個原子最易被分解而消失。但是並非如此。因為假若熱度與撞擊可以分解一個原子，則也可以分解其餘的1999個，而且如果我們要加速鐳底分解，只要將一塊鐳壓緊或者加熱就行了。但是物理學家認為這是不可能的事。他們比較還是相信，每年有個命運之神輕輕地走來，敲擊那二千個鐳原子中的一個，使它分裂。這就是路德福（Rutherford）和騷逯（Soddy）在1903年所提出的「自動分裂」之假設。

　　這表示鐳底分裂，質量之減消，完全是統計的，並找不出其中的因果關係。所以統計法在自然科學裏也成為很有意義的事。

　　關於統計方法，有統計學來講。本書可不涉及。我們所知的也很少。

　　歸納所成的命題，其值是概然的，由統計所成的預測當然更不必說。所以「概然」（probability）在科學知識中是很重要的一個概念。縱然我們相信因果秩序（普遍因果律）或自然齊一律（uniformity of nature），但由經驗而決定的特殊因果關係，由之以成推概命題，這總是概然的。這因為(1)每一推概命題概括的事例

數是無限的。假若有限，就用不著推概，亦用不著歸納。此所以說「完全歸納」並非歸納。⑵事象底變化無窮。普遍因果律只說事象底變化總有因果性，但並不說一定形式的特殊因果永遠不變。「吃砒霜」這件事總引生一結果，但不能保必是「死」這結果。從形而上學上，我們很可以講出一切都是有定的（固然不必是「死」，但所有的可能都已含於「吃砒霜」這件事底本質中），如來布尼茲、斯頻諾薩之所想。如是，我們的知識（不限定是科學形態），在原則上，都可成爲「定然的」（categorical）。但是不管由形上學所達到的客觀存在方面是如何，而在經由感覺經驗以行歸納推概的科學認識之形態上，其所成的知識總是概然的。此蓋爲科學形式底知識之本性所限定的。科學形式底知識離不開經驗、歸納、抽象、數學這幾個條件。也許上帝了解萬物不經由這個方式。但科學的了解則必須經由這個方式。而此方式就注定它是「概然的」。

關於「概然值」的討論及演算，是邏輯中一部專學。這叫做「概然邏輯」。其初有范恩（Venn）的《機遇邏輯》（*The Logic of Chance*），後來又有鏗士（J. M. Keynes）的《概然論》（*Treatise on Probability*），最近十餘年來，又有萊茵巴哈（Reichenbach）的《概然學》（*Wahrscheinlichkeitslehre*），這是專講概然的最有成就而形式最新的一部殿軍書。關此，本書亦不必涉及，而我所知的也是很少。

邏輯學，作爲一個完整的學問看（有其自身領域與題材，不可亂），其最基本而爲初階的一套，講至此爲止。

附　錄

第十三章　辯證法

第一節　講辯證法的基本觀念

　　純邏輯是講推理自己底結構之學，它不要牽涉著具體事物或眞實世界（real world）而講。歸納法是科學的方法，它足以使我們獲得科學的知識、經驗的知識，所以它是獲得關於外物的知識底一個程序（procedure）。它一定要牽涉著外物（具體事物）講。即是說，它之爲方法或程序一定要牽涉著「如何獲得關於外物的知識」而顯示。至於辯證法（dialectic），它旣不是純邏輯，亦不是科學方法，而乃是形而上學中的方法，我們亦可以叫它是「玄學的方法」（metaphysical method，或 method of metaphysics）。

　　在邏輯學中，本可不牽涉到這方面。但是因爲共產黨講唯物辯證法的緣故，把世界鬧成這個樣子，尤其把中國人的心思騷擾得不堪，所以爲應時代的需要、社會上的需要，亦須把這方面講一講，以確定其意義，以釐淸其分際。這只算是本書的附錄。

　　所謂確定其意義，釐淸其分際，要作此部工作，必須首先了解以下幾個基本觀念：

(1)辯證法旣是一種玄學方法，所以它必須牽涉著「眞實世界」說。歸納法牽涉著經驗事實說，辯證法則牽涉著「形而上的眞實」（metaphysical reality）說。即，講這種方法時，必須要透視到形而上的眞實，對之有透徹的了悟與肯定，而關聯著它講。這，旣與講純邏輯不同，因爲它不能只作形式的陳列；亦與講歸納法不同，因爲它的對象不是知識底對象。

(2)辯證法中的基本概念只是：原始諧和（primary harmony），正反對立（opposition of thesis and anti-thesis）（此爲對於原始諧和的否定，第一次否定），對立底統一（此爲否定底否定），在統一中言奧伏赫變（Aufheben，消融 reconciliation）與再度諧和（secondary harmony）。若說爲法則，只是「正反底對立」與「對立底統一」兩者，即第一次否定與否定之否定兩者。這些概念都有其確定的眞實方面的涉及。若對於其所涉及的眞實方面的意義不清楚、不確定，則這些概念都是極無謂的。所以講辯證法不但要涉及眞實，不能只就這些名詞作形式的陳列，因爲這樣全無意義，而且要把所涉及的眞實之意義與分際弄清楚與確定，否則將完全成爲無謂的比附。

(3)邏輯、數學、科學、歸納法，這都是「知性」（understanding）中的事。知性是人心底理解活動。其中邏輯是最根本的。它規定理解活動是邏輯的（遵守邏輯法則），全部數學推理是邏輯的，科學知識底形成以及歸納法底運用，其中所涉及的概念，都是依照下定義的手續而完成的，每一概念有其確定的意義，都要不矛盾。知性之所以爲知性，就在它的理解活動、它的成爲思想，是邏輯的。它的活動之成就邏輯、數學、科學，以及歸納法，

亦仍都是邏輯的。這四者是相連而生。決不能對於科學數學無異
辭，而卻單單反對邏輯，反對它們最根本的東西。依是，講唯物辯
證法或甚至辯證法者反對邏輯（思想律）全無是處。同時，講辯證
法而不能意識到知性之本性及其獨特之範圍與成就，而混亂地以
「知性形態」去講，並從知性形態所涉及的對象上去講，這也全無
是處。這不能以「看事物的變動、關聯與發展」以爲辭，因爲看事
物的變動、關聯與發展並不就是辯證法的。

　　(4)辯證法底表現處一定是在知性領域以上，即超知性層。此
「超知性層」可確定地指爲「精神表現底發展過程」與「形而上的
絕對眞實」，即對於「精神表現底發展」之踐履的體悟與對於「形
而上的絕對眞實」之踐履的思維是辯證法的。除此以外，俱不得說
辯證。這就是辯證法所涉的「眞實」。

第二節　就「精神表現底發展過程」以言辯證

　　我們先就「精神表現底發展過程」以明辯證法底意義。

　　首先，精神表現是道德踐履上的事。離卻道德踐履，便無精神
生活可言。精神生活亦是個綜合名詞，亦須予以分解。它預設著一
個虛靈的、涵蓋的、主宰的、絕對無待的、普遍的「道德心靈」。
這個便是「體」。這個普遍的道德心靈，當一個人在不自覺的時
候，譬如說「赤子之心」，它是個渾然一體。「渾然一體」是一個
具體的、渾淪的整全（concrete whole）。它是心靈，亦是生命，
亦是物質（自然、氣質、情欲、動物性），然卻是渾然的、很天眞
的，無分裂的表現。這種狀態，便叫做「原始諧和」。停在原始諧

和上，不可說有精神生活，不可說有精神表現。必須通過「自覺」，將那具體的整全打開而予以分裂，始可言精神生活、精神表現。在這打開分裂中，是想把那普遍的道德心靈從糾纏夾雜中提煉出來而予以重新的肯認與表現。即在這重新肯認與表現上，始有精神生活可言。

重新肯認是從渾然的生命中認識一個異質的超越的成分以爲體，知道什麼是「眞我」（ real self ），什麼是假我、非我（ non-self ）。這個體，眞我，是光明、理想、正義，價值之源。肯認它而又表現它，是想在我們的踐履中實現理想、正義與價值。

在此步肯認中，普遍的道德心靈已提煉出，純淨化，而歸於其自己，這個是眞我。於是，自然、氣質、情欲、動物性等，便經由自覺而成的分裂，被刺出去而成爲「非我」。此「非我」便是「客體」。如是，有主體（眞我）客體之對立。主體就是普遍的道德心靈自己，這便是「正」，而客體（非我）便是「反」。正反之對立是對於「原始諧和」的否定，經由自覺而成的破裂（ schism ）就表示這個否定，是謂第一次否定。在此否定中，顯出正反來，就知「正」必須是主體，（泛言之，此主體亦曰精神），而「反」必須是客體。此決不可移。此正反皆有確定的意義。若只是從物質的外物一面說，則決無所謂正反，亦不可說辯證。此義下面再說。

正反對立是暫時的，是待克服的。因爲與客體對立的道德心靈自己是抽象的、隔離的，這是我們的一步反身工夫所逼成的，使它歸於它自己。但是普遍的道德心靈不能永遠停滯於它自身中，它必然要表現、要流行、要呈用，因爲它本性就是具體活潑的，是不容已地要發用的。它之發用流行不能不在情氣中，不能不在自然中

（身體以及才、情、氣、欲，都是自然）。如是它不能安於與客體為對立，它必融攝客體於其自身而消化之或轉化之。消融客體即是消融對立，使客體不復為障礙，而全成為普遍的道德心靈之顯現處。如是，身體、自然、才、情、氣、欲，都成為載道之器，而一是亦皆為普遍的道德心靈所貫徹所潤澤，而情不為惡情，欲不為私欲。如是，便是天理流行之大諧和。此即為再度諧和，否定之否定，對於第一次否定再施以否定。在此否定之否定中，道德心靈已不復是抽象的、隔離的、對立的狀態，然而卻仍保持其主宰性、虛靈性與涵蓋性，而自然、情欲等亦不復是其原來之對立狀態、障礙狀態，然而卻仍保持其從屬性與被動性。這便是奧伏赫變，有保留、有淘汰。惟在此奧伏赫變中，道德心靈湧現其虛靈性、涵蓋性與主宰性，而自然、情、欲等表現其從屬性，始可成一較高級之綜和。故再度諧和表示一步發展，比原始諧和尤為可貴。

　　這一個辯證的發展，在道德實踐上，將是一個無限的繼續。這就是古人所謂健行不息，學不可以已。故辯證發展只是工夫歷程上的事。吾人脫離「赤子之心」底境界，而若守不住「主體」，完全順客體而縱欲，這便是絕對陷溺，此時不但否定原始諧和，且也否定主體。此為純否定狀態。道德心靈從陷溺中躍起而恢復其主體性，藉以轉化消融那惡情私欲，也是辯證的發展。道德心靈全體彰顯而至大諧和的境界，所謂「從心所欲不踰矩」，所謂「天理流行」，這當然是「絕對圓滿」，是心靈之虛靈性之如其為虛靈而實現，普遍性之如其為普遍而實現，涵蓋性主宰性之如其為涵蓋為主宰而實現。然一念耽溺停滯於此圓滿，欣趣住著於此圓滿，則即為此圓滿之否定，而轉為不圓滿，即道德心靈之如其性而實現者即成

爲不如其性而轉爲其自身之否定。如是具體活潑的普遍的道德心靈
又必須在踐履中如其性而躍起以化除此耽溺停滯、欣趣住著，以精
進不已。此亦是辯證的發展。主體，一經欣趣而思之，便是執著，
便是對於它的一種限制，如是它便轉爲客體。它是客體即不是它自
己，即爲它自己底否定，而不復爲一虛靈涵蓋主宰之道德心靈。是
以此普遍的道德心靈之在踐履中全體呈現必須是由自覺而至超自覺
的。所謂在踐履中全體呈現即是吾人意識生活全體放下，一任那普
遍的道德心靈自然流露，渾然是天，此即羅近溪所謂「性體平常，
捧茶童子是道」也。若是在對立中而復橫撐豎架，把那主體由注視
欣趣而成爲懸空，或是耽溺住著於心靈之圓滿實現而不捨不化，則
便是羅近溪所謂「沉滯胸襟，留戀景光，幽陰旣久，不爲鬼者亦無
幾。」故又云：「豈知此一念炯炯（即沾滯那光光晶晶之心靈），
翻爲鬼種，其中藏乃鬼窟也耶？」（見《盱壇直詮》）。沾滯那炯
炯，即是留戀光景。光景不是那具體活潑的道德心靈自己，而是它
的一個影子，此是個死體。故欣趣炯炯而成爲光景即是主體之否
定。故由自覺而對立，即須在踐履中化除此對立，成爲否定之否
定，使之一體平鋪，拆穿光景。如此精進，工夫無已，此皆是辯證
的發展。

第三節　就「形而上的絕對眞實」以言辯證

上節所述之辯證的發展，縱貫則精進無已，橫貫則隨時擴大，
如歷史、家、國、天下等，俱可由踐履中精神之辯證的發展以說明
而肯定之。惟在講此義以前，須再就「形而上的絕對眞實」以明辯

證之運用。

　　關此，吾可就老子《道德經》中對於「道」之體悟以明之。
《道德經》開頭就說：「道可道，非常道。名可名，非常名。」這
就表示：有可道（說）之道（眞理），有不可道之道；有可名之
名，有不可名之名。可說的眞理是可以用一定的概念去論謂的眞
理。這種論謂就是知性形式底了解，所以必是遵守邏輯的，而其所
成功的了解就是科學知識，或云知性所得的知識。不可說的眞理就
是不能用一定概念去論謂的眞理。這種眞理就是「形而上的絕對眞
實」。對於這種「眞實」之踐履的思維或體悟是超知性的，所以也
不是邏輯的，而是辯證的。因爲所謂不能用一定的概念去論謂，就
是在可說範圍內所使用的概念，在此皆無所當。在可說範圍內，每
一概念有其確定的意義，而每一概念亦有其所當之事實。例如，方
當方的、白當白的，上下一多皆有所當，而不可亂。不可亂即是遵
守邏輯法則。但是在這絕對眞實上，任何一定概念皆不能用，亦無
固定的一面爲其所當。此其所以爲不可道之道也。至於可名之名，
我們可解爲「可以下定義之名」，在可說範圍內的一切概念都是可
名之名。不可名之名可以解爲「不可下定義之名」，譬如「道」這
個表示絕對眞實之名，便是不可下定義的，也就是不能用一定概念
去論謂的。可名不可名只是陪襯語，我們可統於可道不可道以言
之。

　　何以說道不能用一定概念去論謂？因爲道不是一個「有限
物」。就《道德經》的體悟說，「道」當該是「無限的妙用」，是
個「無」。無就等於說不是任何一個有限物。它是宇宙萬物的實
體，而此實體是經由「無限妙用」去體悟，不是經由「有限物」去

了解。所以它是「獨立而不改，周行而不殆」，它是「有物混成，先天地生」。因此它不能是任何一定的概念，我們也不能用一定的概念去限制它或範圍它。如果我們用上一個概念說它是什麼，它實不就是這個概念之所是，所以它並不「是」什麼。如果我們固執地說它一定是什麼，這便成為它自身的否定，與它自身相矛盾，而轉為不是「道」。所以要真想在踐履中體悟道，把道如其性而湧現出來，就必須把你所用上的那一個概念拉下來，即是說，由否定那個概念而顯示。這就是：「是而不是」。它是 A 而又不是 A。你若固執它「不是 A」，它就不是「不是 A」。那就是說，任何概念著不上。著上去就等於對於道的否定而不是道，所以必須經由「否定之否定」這辯證的發展而顯示。甚至你說「道就是道」，這也不對。因為道不能由任何一個肯定的陳述去指示。指示它就是限制它，限制它就不是它自己。所以它是它自己而又不是它自己方是它自己。這種辯證的思維完全為的防止執著。我們以「無」定道。可是你若固執它就是無，而與「有」為對立，那便不是道。它是亦有亦無，非有非無。所以它是無而不是無，是有而不是有，方真顯示道之自己。

《道德經》裏說：「其上不皦，其下不昧。」「迎之不見其首，隨之不見其後。」這就表示說：道，從其上而言之，它無所謂皦；從其下而言之，它也無所謂昧。它也無所謂首尾，它也無所謂前後。即無所謂終始。在可說的有限事物上，有上下之別，有皦昧之分，但是道無所謂上下，無所謂皦昧。它的上就是下，即是上而不上，它的下就是上，即是下而不下。它的皦不是普通的皦。普通的皦與幽昧為對立。而它的皦，則皦而非皦。非皦，你說它昧，也

不對。它昧而不昧。普通事物有終有始，終就是終，始就是始。然而道終即是始，始即是終。馴至亦無所謂終始。執定任何一個概念都不是它，所以也就等於否定它。故必須經由否定之否定而顯示它。這就表示對於道之體悟，不能是邏輯的，而須是辯證的。

　　由此下來，道之境界中許多詭詞（paradox）都是辯證的。如大辯不辯、大言不言、大仁不仁、大德不德等都是「辯證的詭詞」，而「無聲之樂，無體之禮，無服之喪」亦然。這種辯證的詭詞就是藉消融普通所謂矛盾以達到另一種較高的境界。在可說範圍內，即知性範圍內，辯必須函著辯說，言必須函著言說，仁必須函著仁愛，德必須函著恩德，樂必須函著有聲音，禮必須函著有實物，喪必須函著有服（親親之殺），是以「辯而不說」是矛盾的，「言而不說」是矛盾的，「仁而不愛」是矛盾的，「德而不恩」是矛盾的，「樂而無聲音」是矛盾的，「禮而無體」、「喪而無服」亦皆是矛盾的。然而大辯不辯、至仁不仁，在大辯至仁底境界上，辯而不說、仁而不愛，是不矛盾的。即，「辯」與「不說」乘積在一起所成之矛盾，在此境界上是消融了，而成一超越於普通之辯說以上之較高境界。此較高境界即是絕對無限之境界，而普遍之辯說、仁愛等，乃是相對有限境界。在相對有限境界，辯而不說、仁而不愛，是矛盾的。然超越相對之仁而至絕對無限之仁時，則特定有限之愛亦被超越了，此即仁遍萬物而無偏屬之愛，令其各得其所，各正性命，是絕對無限之大仁。此絕對無限之大仁，不能以任何有限之德目以限制之，限制之即是它的否定，而不是它自己。故體悟絕對無限之至仁必須超越一切有限有定（有一定方向）之愛德而泯化之，亦即必須經由「否定之否定」而顯示之。故以上諸詭詞

皆函有一辯證的發展，故得名爲辯證的詭詞。此種智慧，即藉消融矛盾以達圓境，中國儒道以及後來的佛教，皆甚深透徹，西學罕能及之。若從方法學觀之，展示出來，便是辯證法的。因藉消融矛盾而達圓境，故對於圓境之體悟，便不能以相對有限範圍之概念以限之，限之便是圓境自身之否定，故顯圓境亦必須經由「辯證的遮撥」去執以顯之。此在佛家證眞如、證圓覺，尤其彰著。《大般若經》言「般若波羅密非般若波羅密，是之謂般若波羅密」，此種詭詞話頭即是經由辯證的遮撥以顯眞實般若波羅密。天台宗一心三觀：觀空、觀有、觀中道，亦是由辯證的遮撥發展而達圓覺。而禪宗的棒喝以及語無倫次的話頭，尤其隱示一「辯證的遮撥」。關此見下章。

凡此辯證的發展或辯證的詭詞，必須於絕對眞實以及踐履工夫中的精神生活有痛切的體悟與肯定，然後始見其有意義，而且爲必然。否則徒成玩弄字眼。此明辯證法不可空言。若離開絕對眞實及精神生活，而將辯證法平面地泛用於外在的事物上，則全成無意義。

第四節　辯證法不能就外在的平鋪的事象之變動與關聯以言

我們說辯證的發展，縱貫則精進無已，橫貫則隨時擴大。蓋第二、第三兩節所述，只限於個人的道德修養，即只表示道德心靈、道德理性之實現於個人自己。但道德心靈、道德理性不只實現於個人自己，潤一己之身，而且它也要潤人間一切之事。所以本道德心靈、道德理性之本性之不容已，它必須要客觀化而成全人間組織之

超越根據，此即是歷史、家、國、天下，乃至政治、法律之所由立。從前言道德心靈之實現，大體只由個人之踐履入，由個人之踐履而體悟道體，直至潤遍萬物之宇宙心靈，而於歷史、家、國、天下，乃至政治、法律等，則不甚彰著。由個人之踐履而體悟道體，黑格爾（Hegel）名曰「主觀精神」（subjective spirit，亦譯主體精神）；而由此直達宇宙心靈以為天地萬物之本，則曰「絕對精神」（absolute spirit）；而客觀化而成全歷史、家、國、天下等，則曰「客觀精神」（objective spirit）。此客觀精神一面，中國以前儒者不甚能彰著。我們這裏不論古今學術之內容，只注意辯證法之運用。

　　須知道德心靈、道德理性，如只封於個人而通不出去，則道德的可以轉為非道德的，而成為其自身之否定。故必須通出去而及於他人。「及於他人」就是個人方式之自覺的否定。他人之最直接者就是骨肉之親情。骨肉之親情如只是生物學的，則家庭沒有超越的道德理性、道德心靈之根據，而亦不成其為家庭。道德理性之通出去而首先及於他人之最直接的，便是給生物現象的骨肉親情以超越的道德理性上之安立，這便是孝弟之天倫。故孝弟之天倫亦是客觀的，此是道德理性之初步客觀化。由個人方式之自覺的否定而進至孝弟之天倫，這也是辯證的發展。蓋不經由此自覺的否定，則道德理性即不能如其性而披露，而轉為其自身之窒息。故要完成其自身，則必須經由此否定而通出去。

　　再擴大就是社會、國家、政治、法律，這些都可由道德理性之辯論的發展實現而完成之，而肯定之。因為每一步解析，都要涉及每種現象之內容的了解，故在此不能詳述。但有一點須注意，即：

在這些現象上，如想給以辯證法的說明，必須能透視到它們內在的道德性上的根據，把它們拉進踐履過程（客觀的集團的踐履）中，知其爲精神底表現，而後可。如不知此義，而只把它們推出去，視爲平鋪的、旣成的外在現象，脫離道德理性之貫注、精神發展之貫注，而只平面地由它們的關聯變動以言辯證，則全無意義。豈只牽強比附而已，乃根本無道理。其所以無道理，乃是因爲這樣視爲平鋪的、外在的、旣成的現象，而平面地以觀之，乃根本是在「知性方式」底了解下，故它們亦只是知性了解底對象。旣如此，就當服從知性底法則以成科學知識。今不如此，而卻自它們表面的、外部的那些關聯變動上（因爲任何一具體現象都有關聯變動）以侈言辯證，故兩面不著，全成虛浮無實之廢辭：旣不成科學，亦不能明其道德理性上之必然與價值。故辯證發展只能從對於這些現象之精神表現的內容的強度的了解上成立，而不能在外在的平面的廣度的了解上成立。共黨的所謂唯物辯證法正是這種在外在的、平面的、廣度的了解上成立，此無論矣，最可悲的是反共的人亦順這種方式而講辯證法。辯證法對於這些人是雞肋。他們又反共而批駁唯物辯證法，又襲取唯物辯證法而立於同一方式上講辯證。對於道德理性以及踐履中精神之表現一無所窺，是其意識尙只停滯於「知性之方式」，根本未轉動，故妄言辯證，未有不虛浮無實者。

　　對於社會、國家、政治、法律是如此，對於歷史亦如此。於歷史而言辯證，亦必須知道歷史是精神表現底發展的過程。蓋歷史是集團生命（民族生命）演成的。道德心靈、道德理性底內容無窮無盡。在個人生命上，須經由辯證的發展以充實擴大，在民族生命上亦然。蓋人有物質性之限制（此其所以爲有限存在），其心靈之內

容不能一時全體呈露，故必待在發展中曲折以顯。民族生命之演成
歷史亦復如此。民族生命之活動亦必由其普遍的道德心靈以抒發理
想與正義以曲折實現之於歷史。其所以曲折實現，正因人有動物性
之夾雜，隨時可以墮落。故理想、正義、光明之實現必是曲線的，
而不是直線的。亦正以此故，始有歷史。動物性之夾雜無論如何
深，而人之道德心靈總想透出其理想與正義以向上、向善，故歷史
總是發展的，而不只是演變的，總期向更高、更多價值之實現。政
治形態之前進是如此，經濟制度之前進亦是如此。茲以春秋戰國秦
之否定貴族政治而下開君主專制政治以及兩漢四百年為例以明之。
從時代精神上說，由春秋戰國而至秦，根本是一個墮落的、物化的
精神。這個便是否定底精神。這否定精神發展至秦與法家而至其
極。藉這個物化的否定把封建貴族政體否定了，亦把封建貴族底腐
敗否定了。如是下開為君主專制政體。此形式的政體，在政治底客
觀意義上說，是較封建貴族政治為進一步的，故亦為較高級的。然
秦與法家所代表的精神本身卻畢竟無可取，畢竟仍只是物化與否
定，其本身仍只是罪惡。然而在它物化的行動中卻透現出一較高級
之政體。此即王船山所謂天假秦之私以實現天理之公，亦黑格爾所
謂「理性之詭譎」（cunning of reason）也。秦之私並不知君主專
制政體之政治上的意義與價值，因彼之形成此政體只是由於其物化
的否定而拖帶出，並不是相應一積極之理想與正義而構造出，因秦
與法家並不表現「道德心靈」之主體。故彼終不能完成而持續此政
體，以為正面價值文化之實現，以造福於人民，而卻不旋踵而亡。
其使命已盡，彼之生命即隨之而亡。此足示其本身全無正面的意
義。道德心靈之主體，若不經過此痛苦之物化之至其極，亦不能超

拔而湧現出。故漢繼之而歸於正即示道德心靈之湧現。道德心靈恢
復其主體之地位而否定秦與法家之物化，消融而轉化之，此為較高
級之綜和。在此綜和中，始能繼承秦所拖帶出的君主專制政體積極
地完成而持續之，故有兩漢四百年，而且能有正面的價值文化之實
現，以造福於人民。此顯然是辯證的發展。秦本身並無價值，其價
值完全在奧伏赫變中，即於下一階段而見其有負面的價值。此如俗
語所謂「浪子回頭金不換」。浪子本身畢竟是罪惡。其價值乃在其
回頭後可有更深、更徹之覺悟。其以前之罪惡，在其回頭後，可助
成更深、更徹之覺悟，故見其有負面之價值。

歷史，若抽掉道德理性及精神之表現，而只視作外在的、平鋪
的事象，決無可說辯證：不能深入其內部而為精神表現之內容的、
強度的了解，而只作平面的、廣度的了解，即不可言辯證。如是，
馬克斯既依唯物史觀將歷史純視為外在的、平鋪的物質事象，把道
德理性、精神底表現，盡行抽去，而又在此物質事象上講辯證，以
成其所謂唯物辯證法，乃根本不可通者。即唯物論唯物史觀之本性
即是否決辯證法者。以唯物論唯物史觀作底子而又講辯證，乃是自
相矛盾者，故根本不可能。故不但否決辯證，而且也毀滅歷史。要
講辯證，正視歷史，即須否決唯物史觀。要講唯物史觀，即須否決
辯證，毀滅歷史。唯物辯證法乃不可通者。以下試申言之。

第五節　論唯物辯證法之不可通

馬克斯的唯物史觀就是「歷史之經濟解析」，亦曰「歷史之唯
物辯證觀」。歷史是人或一個民族底集團實踐過程，如何能只是唯

物的，即，只是經濟的看法？就使只是經濟的，而經濟活動也是人的實踐之所表現，也不能如外在的自然現象之爲現成的，擺在人的實踐以外。但是馬派的人卻把它看成如「外在的自然」一樣，完全是外於人的實踐之物類（把人的成分予以抽掉，或至少完全忽視），只把它擺在那裏，看其自身之發展，美其名曰客觀。依是，社會集團底活動完全沒有「精神的提撕」在其後，完全不以發自道德心靈的理想正義爲其調節，爲其指導。依是，在生產關係中所分成的各集團完全是物類底概念。他們所謂「階級」就是一個物類概念，完全是「非人格的」。階級當然是人集成的。但是在他們所謂階級中的人之「人性」又只是其階級的私利性，各爲其階級的私利而保存、而爭取、而改變。毫無所謂道德、理想、正義之可言。依是，人完全是一個自私自利、形而下的軀殼的人，聰明才智只成就一個壞，比其他動物還要壞。依是，雖有聰明才智亦只是物類。

在這種物類的集團觀，有時對立，有時不對立，其對立也，有時矛盾、有時不矛盾。其對立而矛盾是以「利害衝突」定。如是，當然可以說「矛盾」，矛盾只是利害衝突，不能並立。（這種矛盾既不是邏輯的，亦不是辯證的。）但是物類概念底集團（階級）何以必是辯證的發展，無窮的發展下去，是沒有理由的。它可以有若干階段的對立統一（這種對立統一也不是辯證的），顛倒下去，但不必能無窮地發展下去。一個物類的集團很可以墮落腐敗，完全停滯下去，由停滯也可以完全毀滅死亡。同時，一個階級私利的集團，順其仇恨的狠愎之心推至其極，也很可以完全消滅對方，所謂斬盡殺絕。而凡此種完全消滅對方的狠愎之心自己亦必流於瘋狂狀態而毀滅自己。必流於全體毀滅而後已。這就是徹底的虛無主義。

這不只是推論，亦是事實。現在的共黨正向此趨。它的理論與行動
都是向此趨。若是人類眞的只是如此，則只能有一時的對立統一之
顚倒，而決不能無窮地發展下去，也決不是辯證的發展。辯證的發
展必扣住道德理性、精神底表現而爲言，故爲生息向上豐富廣大之
道，不是毀滅之道。生產力與生產關係，若只是物質概念，沒有人
的成分參與在內，其對立統一的顚倒，決不能無窮地亦不是辯證地
發展下去。停滯不進而至於消滅的民族多得很。有何理由光從物質
的觀點看生產力與生產關係自身的矛盾對立，即斷定其是無窮地辯
證地發展下去？以往的歷史，從經濟方面說，若眞是由原始共產社
會進到奴隸社會，再進到封建社會，再進到資本主義社會，而將來
且向較爲合理的社會主義的社會趨（決不是共黨的共產主義所能達
到，其所達到的只是毀滅），而此種轉變若眞是向前發展、向上進
步，而且是辯證的發展、無窮的發展，則社會集團決不只是物類，
其中的個人之人性亦決不只是階級的私利性，必有「精神的提撕」
在其背後，必有發自道德心靈的理性、理想、正義，爲其行動之調
節與指導；而生產力與生產關係所成的經濟結構亦決不能如「外在
的自然」一樣，擺在那裏而外於人的實踐，亦必是內在於「人的實
踐」，而不只是物質的概念。如其然，則歷史觀即不能是唯物史
觀，而必須是集團實踐中精神表現底辯證觀。因爲表現到外部的物
質生活背後有精神的提撕爲其支柱，有發自道德心靈的理性、理
想、正義，爲其調節與指導。亦惟如此，人的活動才可說實踐。實
踐單是屬於人的：旣不屬於上帝，亦不屬於動物，自然現象更說不
上。精神的提撕，發自道德心靈的理性、理想、正義，因爲人有動
物性，雖是不純、有夾雜（若是純了，人間便是天國，但人的動物

性不可免），但它卻是社會發展向上的唯一動力。就因為這個動力，才說歷史是精神表現底發展史，而其發展才是辯證的發展，而且是無窮的發展。

　　若把精神的提撕，發自道德心靈的理性、理想、正義抽掉了，而把社會現象視作外在的、平鋪的物質現象，則既不可說無窮的發展，亦不可說辯證的發展。只是物類集團底「利害衝突」並無所謂辯證的。若貫之以道德心靈、精神之表現，則辨證亦不在此外部的利害衝突之現象上說，而是在精神表現之內容的、強度的貫注上說。其所貫注的、呈現於外的外部現象，雖有種種紛歧、衝突、不衝突，然亦正因有精神表現之辯證的貫注而得調節，而其本身決無可說辯證。只是外部現象之種種樣相，其本質上就是「非辯證的」（non-dialectical）。馬克斯把社會現象推出去視為外在的、平鋪的，而平面地以觀其關聯變動，妄施比附，名曰「唯物辯證法」，世人不察，不明所以，亦順其「平面地以觀外在事象之關聯與變動」之方式而言辯證，其為無謂之廢辭自甚顯然。故「唯物辯證法」一詞決不可通。

　　事象之關聯與變動，無人能否認，但不是辯證的。馬派於此言唯物辯證法，所以使人覺得其有意義而聳動世人者，並不在其辯證的意義（因為它根本不是辯證法），而在其靜觀事物之「幾勢」之意義。故吾謂其唯物辯證法只是事物之「幾勢觀」，而不是辯證法。因為人有其動物性一面、物質一面，故其每一發心動念所成之行動，皆必落於其物質一面而成一「物勢之機括」。此物勢之機括，有其初成之「幾」，有其既成以後之「勢」。社會歷史亦復如此。從事政治的人最易而且最須默觀其幾之動，如何而來、何由而

來；以及其勢之成，如何而成、何由而成；以及其勢之趨與變，如何而趨而變、何由而趨而變。如是默觀，因勢利導，而得制敵。此在以前道家、法家最精此道，而今之共黨以其逆詐之心，更復擅長。人生落於「物勢之機括」（此為不可免者），乃最可悲。然既不可免，而總有此一面，則從事政治的人即易單注意此一面；而共黨攜其唯物論唯物史觀之物化思想，遂把天下事只看成此一面，只是一物勢之機括，而並無其他。並套之以辯證法之格式，莊嚴其事，名曰唯物辯證法，以示其於學術上有承遞。遂聳動世人而禍亂天下。政治運用家觀「幾勢」可也，然不可不立其本。人之可貴、歷史之向前，正因人一念警策而可自「物勢機括」中超拔，而不為其所陷溺。自己完全陷於物勢機括中，正敵人之所欲、魔鬼之所喜。自己能超拔，則彼無所施其計。要者在能立其本。故君子道其常，小人計其變。

歸納法使吾人獲得科學知識。辯證法使吾人開闢價值之源，樹立精神主體，得以肯定人文世界。幾勢觀則一時之權用，而必以常道為其本。此吾言名理而終結於此者。

第十四章　禪宗話頭之邏輯的解析

傅成綸　作

傅君成綸從予遊。稟質渾樸，才氣浩瀚，精思名理。其所成非吾所能及。數年前，彼撰成此文。吾發表之於《理想歷史文化》第二期。民三十八年，予來台，彼不得出。音信渺隔，不知彼之造詣又如何。此文目的即在從邏輯上解析禪宗方法之理路。吾人由之可知其必然含有一「辯證的遮撥發展」在內。故附錄於此以饗讀者。以下便是傅君原文。間有不明處，稍加疏導。

第一節　對答底三種方式

有問「達摩東來意」，曰：「鎮州蘿蔔重八斤。」

這類型式的對答，在禪宗是很普遍的，也就是所謂用以參悟禪機的當頭棒喝。在此，單從邏輯的解析上來追索這個對答的內函意義。

這種既經獲得真實成立的單純的對答型式，可從下列三類命題來想：

(1)有意義的命題。

(2)含有絕對性的有意義的命題。

(3)無意義的命題。

Ⅰ.若是第一類的命題，則答語總是緊扣在問語之上的。問語之獲建立與否，即以答語之如何斷定爲決定因：答語斷之爲是，問語之內函即獲建立；反之，爲否，不獲建立。或者是：問語之內函之獲建立乃以答語之內函爲其充足因。即是，問語之內函之所以爲如此者即由於答語之內函之爲如何之故。如此，答語爲眞，問語必眞：答語眞而問語假，是不可能的。問語與答語連結成一整體，而爲一個完整的落實性的概念。這一種對答式之獲成立，必須是緊扣住問答兩端的。單是孤離地取其一端，即無完整的意義可言。至於這一個對答中的答語，「鎭州蘿蔔重八斤」，顯然不是論斷問語「達摩東來意」爲是爲否的決定因。而且答語之內函亦並非是問語之內函之所以獲得成立之充足因。「達摩東來意」決不能與「鎭州蘿蔔重八斤」接連成一個整體。就是鎭州蘿蔔重不重八斤，與達摩東來意是了不相干的。依此，這一個對答不會是屬於有意義的命題的。

Ⅱ.第二類命題與第一類命題的相同點是在答語均可成爲一個落實的概念。不同點是在：第一類命題的答語必須與問語連結成一整體而爲落實的概念，而第二類命題的答語卻是可以擺脫與問語之間的牽連，而自成爲一個完整的落實概念。如此，第二類型命題的答語既不能是斷定問語之爲是爲非的決定因，亦不能是問語之內函之所以成立的充足因，而是窮盡問語之內函之相反建立的涵蓋因，或是透示問語之內函之自性展現的綜攝因。這樣型式的對答之獲得眞實成立是僅繫於答語這一端，至於問語的一端是附帶地掛搭在那

裏的，是不足輕重的，所以稱之爲含有絕對性的有意義的命題。在此，這一個答語「鎮州蘿蔔重八斤」卻是不能有這樣的性能。既不是窮盡「達摩東來意」的相反建立的涵蓋因，亦不是透示「達摩東來意」的自性展現的綜攝因。因爲在「鎮州蘿蔔重八斤」的函義上既是解析不出「達摩東來意」與「非達摩東來意」的成分來，而且亦無關於「達摩東來意」的自性的正面展現。以此，這一個對答當亦不是這一類型的命題。〔案：此段所述是以代值學中：「任何類 a 含在1中」（ a⊂1 ）爲根據的，或者是以路易士嚴格函蘊系統中：「一必然眞的命題爲任何命題所函」（ ～◇～p.≺.q ≺p ）爲根據的。」「1」（全類）或「必然眞的命題」就是傅君所說「含有絕對性的有意義的命題」。關此，細讀第二部第九章即可明白。〕

Ⅲ.第三類命題與前二類命題迥然有別的地方，就在它根本不承認問語是能站得住的，不承認問語是有眞實成立的可能，即是不承認問語之內函是可以成爲一個落實的概念的。至於答語，那完全是隨意性的，愛怎麼樣答，就怎麼樣答。既可以如此說，又可以如彼說。就是問答語之間是兩不相涉，毫不相干。這樣的一個答語既不能如第一類型的答語之爲問語之決定因或充足因，亦不能如第二類型的答語之爲問語之涵蓋因或綜攝因，而只表示一個莫名其妙，一個使問語無從掛搭起的莫名其妙，一個對於問語之向外落實的企圖加以封閉的莫名其妙。這一個答語來得如此突兀，莫名其妙與無理可喻，即爲反顯所扣的問語是一句站不住的絕對假話。〔案：此有類於代值學中「零含在任何類中」（ 0⊂a ），或嚴格函蘊系統中：「一不可能的命題函任何命題」（ ～◇p.≺.p ≺q ）。〕在問

語自身卻是無任何正面的意義可說。是以問語之爲絕對假亦並不能以答語之內函爲其決定因，而只在其自身之中。如此，爲這樣一個莫名其妙的答語所扣的問語既不能向外落實而獲確立，亦不能向外尋求其所以爲假的根由：所有的向外落實的路全遭封閉，只有從自家身上來找尋自家的病痛。要是這一種對答之獲眞實成立就僅繫於問語一端之爲絕對假，而答語是不足輕重的，則此答語即只是表示問語之爲絕對假的反顯因。在此，「鎭州蘿蔔重八斤」這一個對答正是屬於這一類命題的型式。因爲在叩詢「達摩東來意」之後，會扣上這樣一句沒頭沒腦的話，鎭州蘿蔔之重不重八斤與「達摩東來意」究有什麼相干呢？這一個答語既不是斷定「達摩東來意」之爲眞爲假的決定因，又不是它之所以如此的充足因，亦不是窮盡其一切意義的相反建立的涵蓋因，更不是透示它的自性展現的綜攝因。以此，答語之所以如此，豈不是就表示一個莫名其妙，無理可喩，用以反顯出所扣的問語是一個大渾沌，是一句站不住的糊塗話，是決無眞實的絕對假。倘若問者未能因此而覺察他的問語上出了大問題，還「自以爲是」地去玩弄「鎭州蘿蔔重八斤」的象徵意義，那就得給他當頭一棒。棒頭之爲莫名其妙，無理可喩，豈不是較之話頭來得直截了當。如果還有把住棒頭癡想的呆漢子，那就無怪禪宗大師一時興起，打他一個頭靑皮黑，遍體鱗傷，敎他曉得個厲害，趕緊回轉頭去，尋找自家病痛所在。

第二節　「達摩東來意」—問語表意方式上之自相矛盾

　　叩詢「達摩東來意」這一個問語之爲大渾沌、之爲站不住的糊

塗話、之爲絕對性的假，這些都是描述詞。至於要推究這一個問語
之所以能接受這些描述詞而無異議之故，那一定是由於其自身犯了
自相矛盾的錯誤。因爲，不然的話，這一個問語明明白白地已經問
了出來，那在事實上是確實地眞了。這樣，至少在事實上不得名之
爲假，似乎它不應該再接受那些絕對假、大渾沌等的描述詞。所以
唯有在「即因其自身之爲眞之中恰恰可以牽引出一個正適足以否定
其自身，使自身爲假」的情形下，才得成就其爲大渾沌、大糊塗、
絕對性的假。〔案此即：「一命題如函其自身之假，則它是假的」
（ p ≺ ～p. ≺ . ～p ），此假即是絕對的假，因自相矛盾而假。〕

　　如此，這一個問語之所以爲大渾沌、絕對性的假之唯一的根本
因是在自相矛盾，已歸確定。那末，進一步就得問在這一個叩詢
「達摩東來意」的話頭裏怎麼會形成自相矛盾呢？這上面的可能
性，單就一般性的對答情形而論，是相當多的。有的只繫於問話人
的態度上的，譬如：

　　(1)問話人辭氣不遜：叩詢達摩東來意是從師求道的一等大事，
態度倨傲者絕不足以承當此事。如此求道，適足以見其無求道之誠
意。

　　這種態度豈不是與求道之本心相違背？就是說，這樣的一個問
題，而在這樣的一個人用這樣的態度問來，顯得是自相矛盾。於
是，這一個問語就含有自相矛盾的屬性。再或者是由於：

　　(2)越次而問，

　　(3)率然而問，不了經心，

　　(4)挾能相詢，

　　(5)諂媚以從，

(6)前語未了，更番轉詢，

(7)歸而不思，

等等緣故的任何一種。這些都是由於問話人個人態度上而引起的糾纏，有的是關係於問話人的學識能力上的，譬如：

(8)問話人學力未達，尚差一間：其自身就蘊藏了不少麻煩的葛藤，任你怎樣明白地告訴他一個正確的答案，他總會把它想走了樣，心不由主地亦把這一個答案連人帶馬捲進葛藤中去。如此，這一個答案雖有客觀的明確性，可是一遇到聽話人的主觀的了解力上，就轉成了一個因附於無數葛藤上的新葛藤。這樣，未可與言而與之言，但落得一個貶損了「言」自身的價值性，而助長了對方以葛藤逞能的猖獗性。以此，但有求道之心，而無求道的根底，亦是落歸於自相矛盾。再不然，就由於：

(9)問話人的根器太薄，能小知，不足以大受，任你如何不憚煩地詳爲解說，他總曚曚然茫茫然不能了徹箇中密意。如此求道。亦是自相矛盾。亦可能是由於：

(10)這一個問題自身無價值：求眞理而來問一個全無價值的問題，這又是自相矛盾。自當不屑以答。又可能是由於：

(11)這句話自身的表意方式上有問題：就是說，這一個問語的內涵確是有價值的，可是它之所以爲有價值就在破除純粹從這一種問語的表意方式上所透出的一種屬性。如是，既來求「此」，又沾染了「非此」，這亦是自相矛盾。

雖然構成一個問答中的問語之爲自相矛盾的原因之可能性會這麼多，可是，統括說來，要不出以下三類：

Ⅰ.關於問話人個人的態度、學力、根器上的問題。

Ⅱ.關於這句問語自身的含義與價值上的問題。

Ⅲ.關於這句問語所用以表意的方式上的問題。

現在就得討論一個特殊的問答中的問語之為自相矛盾究竟是屬於那一類型的問題。

假使是第一類型下的任何一項情形,那末禪宗大師之如此地扣了一句荒謬話,只表示否定了這一個參禪人的這樣的一種求道態度,或者否定了這一個參禪人現有的學識,或者是否定了這一個參禪人內具的根器。假使這個參禪人善自反省,能因此而痛改前非,則這一個對答之價值是在教好了一個參禪人的求道態度,使其勤勉好學,與發心向道,卻決不能說直接地參悟了禪機。因為這些只是求道,求達摩東來意的「質料因」,並非是「形式因」。換言之,這一些求道態度、學力、根器等,祇是求道的必要條件,並非是充足條件:沒有它們是決不成的,有了它們還是未必成。因此,具備了這些,還是不能與徹悟禪機同一化。這樣,這一個對答決不可能成為參悟禪機的大話頭。這與原意不合。所以我們敢斷定這一個對答是不會屬於第一類型下的任何一項情形。

如果是第二類型下的情形,那末禪宗大師對這問話如此地扣了,就表示否定了這一句問話──達摩東來意──自身的函義與價值。連求「達摩東來意」之自身函義與價值都遭否定了,那還談什麼參悟禪機。因為從外來的知識上,我們已經知道求「達摩東來意」與「參悟禪機」是同一的。依此,求達摩東來意之自身函義與價值既遭否定,那末參悟禪機又安能為確實地真?如此,這一個對答之為參悟禪機的大話頭又從何談起呢?所以這一個對答亦決不會是屬於這一類型下的情形。

假如以上的解析是沒有錯誤的話,那末這一個問語之爲自相矛盾,必然地屬於第三類型下的情形。因爲這一個答語之自身既爲參悟禪機的大話頭,就應該不會在參禪人個人的態度上、學力上、根器上出問題,而應該承認這樣的一個人,這樣的態度,來問這樣的一個問題,那是站得住的。惟是求達摩東來意這一句問話之函義所屬與價值所在,即在於破除這一句問話的表意方式。因此,求這一個「達摩東來意」,而出之以爲這一個「達摩東來意」所必須否定之表意方式,是爲自相矛盾。這亦就是這一個求達摩東來意的問語之所以爲大渾沌、大糊塗、絕對的假的唯一根本因。若然,問話人因答話人之如此扣而能覺察個中病痛所在,否定其所以必須否定者,則其自身豁然而契。這就是參究禪機而透悟了禪機,求達摩東來意,而確實地獲得了達摩東來意。惟有如此,這一個對答才得稱之爲徹悟禪機的大話頭。

第三節　其所以爲自相矛盾由於其向外執著的關連性

純粹從這句問語的表意方式上說,這句問語之出現,隱然間預先肯定了一種「向外執著」的關聯性。因爲,既如此問,就希望有一個明確的答案。這答案之爲明確的,就在於確實地透視現出一個或多個外在的落實概念,好讓問話人有力地把捉住,從中探索與訪問達摩東來意的踪迹。如此,這一個或這一些外在的落實概念與問話人之求達摩東來意的那一副願望之間,豈不是構成了一種對待性的關連?至於就問話人企望那一種概念之應願出現,而可以勇往直前地去把捉它,去推敲它的情形上所構成的關連性說,那一定是向

外的，是沾滯於落實性的概念上的。在佛家，就稱這種關聯性為
「向外執著」，或是向外捕捉。如此，旣如此問，就得肯定這種向
外執著的關連性。亦可以說，這一個向外執著的關連性就是這種問
語的表意方式之自性，而且是唯一的自性。依此，所謂這句問語之
內涵意義與問語的表意方式二者之間之為相互矛盾者，實就是在求
達摩東來意與向外執著的關連性二者之間是相互矛盾的。因此，這
一個參禪人旣來叩求「達摩東來意」，而卻出之以「這一種含有向
外執著的關連性」的表意方式，豈不是說的糊塗話？無怪乎禪宗大
師要給他扣上一句乖謬話。驟然一看，以為來得突兀，細加分析，
實是理所當然。一套上禪宗思路，是必然要如此扣的。這裏的意思
當然不是說，在叩詢「達摩東來意」之後，必須如此這般地扣上這
麼一句「鎮州蘿蔔重八斤」，禪宗大師也儘可以隨意地答，「問取
露柱」、「庭前柏樹子」、「後園羊吃草」等等，乃至於其他任何
一句乖謬話，甚至是把塵尾抬一下，當頭給他一棒，臨面喝他一
聲，以及其他任何一種乖謬動作，只要能表示出一個用以反顯出所
扣的問語是自相矛盾的話即得。是以禪宗大師對付來問，是靈活異
常，隨機應變。乍見是神妙莫測，實底是萬變不離其宗。任他答得
怎樣出奇，總不外是透示一個莫名其妙與無理可喻而已。此所以參
禪人一旦心靈竅開，覷破個中玄奧，這些話頭就得盡行刊落。收拾
頭面，重見大師。相對一笑，共證禪悅。要是參禪人如此地來叩求
「達摩東來意」，禪宗大師不如此扣，卻扣上一句有意義的話，那
末就無異於承認這個問語是站得住的。非但這個問語的內涵意義是
站得住的，而且這個問語的表意方式亦是站得住的。而且內涵意義
與表意方式之間至少是相一致的，不至於起衝突。然而事實並不如

此。由此可以斷定，求「達摩東來意」與「向外執著的關連性」二
者之間是必然地相互矛盾的。而且它不只與如此這般的一個向外執
著相矛盾，而是遍與任何向外執著相矛盾，亦即與向外執著之自性
相矛盾。

　　既然求達摩東來意是與向外執著之自性相矛盾，是以破除執
著，東來意即獲呈現；留下執著，東來意湮沒難彰。同樣，否定東
來意，向外執著之自性即告建立；肯定東來意，向外執著之自性乃
遭幻滅。這種相互矛盾，通常有兩種可能。一種是非絕對性的相反
建立，另一種是絕對性的相反建立。前一種的相互矛盾式是說：二
者同樣地有是真是假的可能，只是二者既不能同真又不能同假而
已。後一種相互式是說：二者中任何一個都只能有一個屬性，是真
的，就不可能再為假；是假的，亦不可能再為真。就是說，兩個中
有了一個是真，另一個就是絕對假；有了一個是假，另一個就是絕
對的真。不能說兩個中任何一個是會有真假兩屬性的可能性。求達
摩東來意與向外執著二者間的矛盾，究竟是屬於那一種呢？若是前
者，則求東來意與向外執著二者當該是等量齊觀的，彼此均有真實
的可能。既可以掃蕩執著以顯東來意，亦可以拉掉東來意以成就執
著。這樣，佛家又何必厚此薄彼，對「東來意」志求必伸，對「執
著」力加破除呢？因為孰為必真，孰為必假，亦無從斷定。這一個
對答亦不能妄自尊大地稱為參悟禪機的大話頭。這顯然與禪宗思路
不合。是以，二者之為矛盾，必是絕對性的相反建立。又因為這一
個對答是參悟禪機的大話頭，所以求達摩東來意是絕對的真實，向
外執著之自性是絕對的虛妄。

第四節　無意義的對答是必然的

　　以上的解析，是從這一個叩詢「達摩東來意」的對答之爲參悟禪機的大話頭上，來剖示禪宗大師之所以作如此的話頭，在思想進路上所必須函具的幾個重要論斷。而這些論斷統括說來，就是：

　　(1)禪宗大師之所以會在叩詢「達摩東來意」的問語之後，如此沒頭沒腦地扣上一句莫名其妙的話頭者，只是表示用以反顯出所扣的這一個問語是一個站不住的糊塗話。

　　(2)這一個問語之所以會站不住的糊塗話者，只因爲這句問語的內函，求東來意，與這句問語的表意方式所透示的向外執著的關連性是絕對地相互矛盾的。而且求東來意是絕對地眞實，是以求東來意之道，並不在遠，即在破除這一種向外執著的關連性。執著一經破除，東來意立獲全體呈現。

　　假設這兩個論斷無錯誤，而且即以這兩個論斷爲首出概念，那末我們往往很容易作如此想：參禪人旣如此地來問了，禪宗大師又何苦故弄玄虛，如此地採用無意義的命題來答話呢？答上一句悠天忽地的乖謬話，害得參禪人一時摸不著頭腦，四面碰壁，多走不少黑巷子路。爲什麼不直接明白告訴他：(1)這一句問語是一個站不住的糊塗話；或者是說(2)達摩東來意即在掃蕩執著上才獲透路。這樣，對於東來意之闡揚，豈不是更直接而確當嗎？實際上，大謬不然。這兩種答法貌似直接而確當，實是旣不必要又不可能的答法。而用無意義的命題來答覆，卻是闡揚東來意之最直接最確當的答法。其理由如下述。

　　假使改用上述第一種答法，即，明白地告訴參禪人這一句問語是一句站不住的糊塗話，那末，這一句問語之爲糊塗話的決定因即掛搭在這一個如此答法的答語之上。如是，這一個參禪人必是緊隨不捨地進一步來盤問這一個問語之所以爲糊塗話之故。禪宗大師當不憚煩地再與他說。可是任憑說得如何明白詳盡，參禪人總是還可以無魘地問下去的。因爲參禪人之來叩問「達摩東來意」的願望是在求道成佛，是在覿體承當，全是工夫中事。非可如我輩局外人只著眼於理論上的探討，拘拘於以辨解鋪陳爲事。在他們，不歸到身心上，他們的求東來意的問題總是放不下來的。唯有掃盡言詮，歸於身證，才能平實地全體放下。因之，禪宗大師任如何說，總是隔的，總是不能了結叩詢「達摩東來意」這個公案，而是徒然增添了一些終究須遭遮撥的法執。以此，禪宗大師之如此樣答法，是不必要的。非但此也，這種答法的毛病不僅是白繞圈子而已，而且是牴觸了佛家的宗趣。蓋如此樣答了，就形成爲有意義命題的對答。問語之爲假，是由於答語之如此樣斷定。而這一個答語之所以如此樣斷定者又是由於如何如何的緣故。而這一些如何如何的緣故之所以爲如何如何者，又是由於另一個或另一些如何如何的緣故。依此類推，乃至無窮。這樣，就無異承認這一句問語的表意方式是站得住的，是可以與「東來意」相一致的。依照禪宗的思想進路上說，這豈不是大矛盾？是以，如此答來，但爲多添幾句糊塗話，是與叩詢「達摩東來意」這一個問語載在同一條船上的糊塗話。未能自了，爲能了他。就其爲破妄顯眞透示東來意的立場說，這是不可能的。

　　同樣，改用上述第二種答法的結局，亦歸如此。就是正面地告訴參禪人，東來意之呈現即在破除執著。如此，這一個答語是自足

無待地眞，絕對地眞。至於問語之爲如何，對於這一個答語之爲眞，是並無絲毫影響的。這樣的對答就歸屬於含有絕對性的有意義命題類型的對答。可是這種答案亦同樣地只能滿足局外人的辨解上的要求，而不能滿足個中人參禪證道的願望。因爲它終究只是一種言詮而已。以此，亦只是一個多餘的須被割除的贅疣，不必要的法執。再者，禪宗大師如此說了，就無異承認東來意是可以向外落實的，是可以整個地轉成爲外在的落實的概念，而與參禪人之求東來意的那一副意望之間是可以構成對待性的關連的。這樣，向外執著的關連性，豈不是又可以站得住了？從禪宗的思想進路上說，這樣的答法亦是一句自相矛盾的糊塗話。旣是糊塗話，怎麼會可以承當破妄顯眞的大事？以此，這種答法非但不必要，而且亦是不可能。

至於就無意義命題的方式來應答，在叩詢「東來意」之後，給他扣上一句乖謬話。如此，向外執著之念一起，即遭打掉，再起再打，終至於向外奔竄的路全遭封閉。求東來意，在外旣是全無掛搭處，是以只有打自家身心上來，細下體認，一旦豁然開朗，立地肉身成佛。非如是，不足以了斷向外執著的糾纏，非如此，不足以啓示反身自證的密意。此所以禪宗自稱「不立文字，不著言詮，密意難宣，但憑心傳。」而我們亦敢依此斷定禪宗的棒喝是闡揚「東來意」最直接最確當的大手法。

最後，我們還有一點須待交代明白，就是禪宗旣不許立文字著言詮，而我們卻說了如許話語，這豈是禪宗所能認許的？誠然，在禪宗當是作如是觀。可是我們如此樣說，並不是爲了參禪證佛，而是只負責以邏輯性的辨解來剖示禪宗的參禪證佛的思想進路。即是，我們的話並不是套在禪宗的思想路數中說的，而是禪宗的思想

路數套在我們的話中說的。以此,在他固然是不許我如此說,在我卻可以如此地說他。我們之所以如此說者,即在,我們是以邏輯性的辨解爲首先建立的概念,並不是以成佛證禪悅爲首出的概念。至於邏輯性的辨解究竟是否可以先成佛證禪悅的概念而建立,對於這問題,茲姑不論。

牟宗三先生全集⑫

理則學簡本

牟宗三　著

《理則學簡本》全集本編校說明

鄺錦倫

　　1953年臺灣東方書店出版了由四位作者合撰的《哲學‧理則學‧倫理學‧心理學概要》一書，其中哲學與倫理學部分由范錡撰寫，心理學由錢頻撰寫，理則學部分由牟宗三先生撰寫，討論傳統邏輯。茲將此書之〈理則學〉部分抽出，名爲《理則學簡本》，以別於牟先生於兩年後出版的《理則學》。

目　次

一、引言

　　邏輯（logic），孫中山先生譯爲理則學，東譯爲論理學，邏輯爲音譯。在中國通用「邏輯」一名，理則學爲官定之名。此學在西方，其大端規模成於亞里士多德，因此名曰亞氏邏輯，亦曰傳統邏輯。後來英人培根、米爾（即嚴復所譯之穆勒）繼起，特講歸納法。因此「普通邏輯」中遂含有兩部：一爲演繹邏輯，一爲歸納邏輯。實則亞氏邏輯尙屬「純邏輯」，亦曰「形式邏輯」，而歸納法則屬於方法學。近人講邏輯的態度，是以純邏輯爲邏輯，而方法學則屬於另一範圍，故向將此兩者分開的路上走。此處所講的，爲字數所限，亦只限於亞氏邏輯，而歸納法則從略。

　　亞氏邏輯爲邏輯學之開端，亦是其基本。純邏輯順此路發展，遂有近代初期之「邏輯代數」（algebra of logic），再轉而爲後期之「數理邏輯」（mathematical logic），此則爲高級邏輯，此處自不涉及。

　　此處所講，正文中對於「邏輯」一詞未下定義。讀者從頭至尾細讀一遍，即可了解邏輯學之本性、意義及其作用，不必先下一簡單而仍令人不解之定義。又讀者若往復細讀，則於思想之訓練，思考方式之運用，必可得一門徑。於通常最有用而關係亦重大者，此

部已大體具備。

二、概念論

　　傳統邏輯以概念論為起點。概念（concept），普通亦曰名詞（term）。現為明其切實原義，先曰概念。後符號化，亦得曰詞。邏輯中的概念與心理學的「觀念」不同。後者表示主觀的態度，前者則代表客觀的義理。觀念是動態的，表示主體對於外物的反應或聯想，由之以引起指點於未來的行動。譬如見橘子引起可以吃的觀念，見筆引起可以寫字的觀念等等，它不必表示外物「是什麼」的確定認識。概念則表示外物「是什麼」的確定認識，它是靜態的，它表示認識的對象，是客觀的義理。對於外物有了概念，即表示有了確定的認識，認識了一個客觀的義理。譬如這顏色是「紅的」，這圖形是「方的」，人是「有理性的」、「可死亡的」等等。這裏所謂紅的、方的、有理性的、可死亡的，都是概念，都代表客觀的義理。當然，心理學的觀念亦可逐漸轉化而為概念，在主觀的態度、反應或聯想中漸漸透露出「客觀的義理」，但這一層在這裏可不討論。現在要說邏輯中的概念，可分以下三節來論。

㈠共相與殊相

邏輯中的概念旣是指客觀的義理而言，則概念就是這裏所謂的
「共相」。「共相」（universal）就是指「普遍的東西」而言，即
「有普遍性的東西」。什麼是「有普遍性的東西」？「普遍性的東
西」指什麼言？你不能從「具體的物件」上說這個是普遍的，那個
是普遍的。西哲有云：「天下無兩滴水是相同的」（來布尼茲
語），這是眞理。依此，普遍性的東西決不從具體的物件上說，亦
不指具體的物件言。它必須是指「義理」言，必須是從「義理」上
說。義理亦可簡稱曰「理」。「方的物件」不是普遍的，而由「方
的」一形容詞所意指的「方性」即是普遍的，此就是「方的」之所
以爲「方的」之「理」，此理即曰共相，亦曰概念。紅的、圓的、
有理性的、可死亡的等，都作如此解。依此，共相有以下三種特
性：

　　1.是「抽象」的　抽象是說從具體的物件中單提出其特性之某
一面。譬如從「方物」中單說其「方性」之一面，即爲抽象。故抽
象有將一具體物打開之意。所謂打開，當然不是用手去打開，而是
用「思想」去分解。依此，抽象是思想上的事。抽象的理（共相）
即是所思的對象。因爲它是抽象的，所以是掛空的。它原是附著於
具體物中，因爲用抽象把它提出來，所以它掛空。

　　2.是「普遍的」　普遍是說它不爲某一具體物所限。譬如「方
的」一形容詞不只可用來單形容某一方物，所有的方物都可用它來
形容的。「有死的」一形容詞不單只用來形容孔子、孟子，所有具

有此性的存在都可用它來形容。由方的、有死的諸形容詞之可一般
應用，即可顯示「方性」、「有死性」諸理之普遍性。故「因明」
（佛教的邏輯）說共相：「如縷貫華，義通於他。」意即謂：如一
條線將眾華貫穿起來，其義不只爲某物所限，而可以通於他物。因
爲它有普遍性，所以它不爲空間所限；它無空間性，這亦正因爲它
是抽象的理。

　　3.是「永恆的」　永恆是說它不會變化、變動。具體的東西會
變，理不會變。具體的東西會動，理不會動。具體的個人有生老病
死的變化，而人的「性」（即理）則永在那裏不會變動。縱使沒有
人類了，而曾經存在過的人類所依以成其爲人類的「人性」，仍然
在那裏不變不動，不過沒有具體的人來表現它就是了。假若現在的
人類變成另一個樣子，則亦必有其成爲另一個樣子的人類之理，而
現在這個樣子的人類所依以成之「理」，則亦不過無具體的人來表
現它就是了。再如：「太陽繞地球轉」這一句話所表示的理（亦是
一個概念），人們都說它變了。其實並不是這個理會變，乃是我們
對於它的態度變了。我們不信它了，它是個假理。故理無論眞假，
一成永成，一在永在，永不會變。因爲不會變，故亦無時間性。

　　上述三種特性是共相的特徵。明白共相，反而即可了解殊相。
殊相（particular）即特殊的東西，此即指具體的物件言。具體的個
人、具體的紅色、具體的方形，乃至一切物理現象、心理現象，都
是殊相；此則無有相同者，故曰殊相。依此，殊相的特性如下：

　　1.是「具體的」，此與「抽象的」相反。

　　2.是「特殊的」，此與「普遍的」相反。

　　3.是「變化的」，此與「永恆的」相反。

總之，殊相可定爲：在時空中存在而可變化的具體的特殊物。共相則定爲：無時空性而永恆存在的抽象的理。是則共相指「理」言，殊相指「事」言。（此所言的理當然只限於邏輯中的概念所表示的理，外乎此，譬如形而上學的、道德的，則當別論。）

(二)五謂與定義

五謂即五種謂詞：1.曰綱（genus），2.曰目（species），3.曰差（differentia），4.曰撰（property），5.曰寓（accident）。本來謂詞只是謂詞，何以有此五名？此種分別完全在「定義」中表現。定義的公式如下：

目＝差＋綱

「目」是所要界定的，凡是被界定的地位即爲目。「差」加「綱」是能界定。凡能去界定的必須有一個「差謂」與一個「綱謂」。爲表示這個公式的運用，可舉例於下以明之，如：

「人等於理性的動物」

「人」是所要界定的「目」。何以知其爲目？即下定義的手續，首先須把所要界定的東西劃在一個類裏而爲其一目，如先把人劃在動物類裏面爲其一目。依此，「動物」這個類名即爲「綱謂」（亦曰類謂）。而「人」即爲此「綱」下的一目，亦可曰此類中的一種，故目謂亦曰種謂。其圖如下：

動物

這圖即表示：「人是動物」。但這句話雖是真的，卻不是人的定義，亦與「人是有死的」雖是真的，卻不是人的定義同。因為它缺少了一個「差」。所以定義的第二步手續即為：再用差將類中的目與目區別開。因為既先劃在一個類裏，則此類就不只包含一個目。上列定義中「理性的」一形容詞即表示差，故曰差謂。其圖如下：

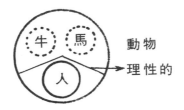

這圖即表示：「人等於理性的動物」，是人的一個定義。「理性」這個「差謂」即區別開人與牛、馬的不同。若對於牛或馬下定義亦然。用差須恰當，既不可太狹，亦不可太廣。如說「人等於會打球的動物」，則太狹。「人等於有死的動物」，則太廣。

或曰：差與綱是謂詞，目何以亦說為謂詞？曰：「人」這個概念在未下定義時，只是一個無意義的符號。下了定義，它的意義即是差與綱所表示的。因此它也是一個意義。我們拿這個意義去論某某具體的存在，說「它是人」，或「這是人」。依此，凡概念俱是謂詞，而最後的主詞當即是「這」。當然謂詞亦可作主詞，如「花是紅的」、「人是有死的」。但層層下推，最後的主詞必只是「這」。復次，作為主詞的概念如花與人，亦不取其為共相義，而取其為殊相義。花是說的某棵具體的花，而不是說的「花」這個概念；人是說的人概念下的各個分子，而不是說的「人」概念本身。

依此可解「目」何以爲謂。

綱、目、差是在下定義的程序中表示。下定義時有兩步警告，此即在說明五謂中之撰與寓：

　　1.須分別本質與偶然，即必具特徵與偶有特徵　下定義時須把握事物的「本質」（essence），用它的本質來規定它，不要用它的偶有特徵。本質即一物之「體性」，即此物所以成其爲此物之理。如「人等於理性的動物」，此中「理性的動物」即爲人之本質。如說「人等於會打球的動物」，則「會打球」一差即不表示人之本質，乃是偶然有的。偶然有的特性即名爲「寓」。寓者「暫時寄寓」之謂。寓對本質而言。差與綱必須表示本質，不可表示寓。

　　2.須分別根源特性與引申特性　下定義時要用根源特性，不要用引申特性。因爲所謂引申者，是從根源特性中推出之謂。當然須用其根本的，不能用其後來的。如「三角形等於三內角之和等於二直角」，「三內角之和等於二直角」固亦是三角形之本質，但這卻不能成爲「三角形」的定義。因爲它是引申特性，由更根本的特性而推出的特性。此推出的特性即名曰「撰」。撰者推撰之謂，由根源特性推撰而成的。

　　以上五謂在下定義時的作用及意義俱已說明。茲復有應知者，即邏輯只告訴吾人如何下定義，至於所下定義之對不對，則靠吾人之知識程度及思想立場。此則非邏輯之事也。是以每一定義皆有可爭辯者。惟邏輯所告吾人之程序，則不可爭辯。讀者試依此程序以爲利器，則審思明辨，層層追問，即可以決疑似，摧邪謬，而正理漸顯矣。

㈢概念之內容與外延

內容（intension）即概念之「意義」（meaning）。意義之來源有二：或由於經驗，此為關於外物的概念之意義；或由於「約定的賦與」，此為關於數學符號之意義。後者「約定的賦與」，即表示此符號（亦是概念）之意義純由吾人主觀的定義所給與，亦即純由「隨意約定」所成之定義而形成。依是，其意義之形成即其「內容」之形成。前者關於外物的概念之意義，則光說是來於經驗，尚不能成為概念之內容。由經驗得來的意義，必須通過定義的手續，才能確定為概念之內容。依是，如就普通概念言（數學符號除外），內容可定為：「它是概念的意義，來於經驗，通過定義的手續而確定」。或說：「通過定義的手續所確定的經驗意義即為概念之內容」。譬如「人」這個概念，它的內容即是定義中「理性的動物」所表示者。

外延（extension）即概念所應用之範圍。每一概念有其所應用之「分子」。依是，範圍即指它所應用的分子之全體言。如果沒有分子為其所應用，則為一空概念，如「龜毛」、「兔角」；或為一假概念，如華盛頓被刺；或為一絕對假（即自相矛盾）之概念；如「圓方」，或「白馬不是白的」。依是，外延可定為：具有定義所確定的內容之概念所應用的分子之全體。

由概念之外延可以成「類」（class）。如果一個概念所應用的分子只有一個，則為「單一類」，此如「孔子」一概念。如果沒有分子，則為「空類」，此如上面所說的空概念、假概念、絕對假的

概念。如果其分子爲有限，則爲「有限類」，此如現實世界中的「國家」，或數學中的「有限數」。如果其分子爲無限，則爲「無限類」，此如萬物的「物」（假若宇宙是無窮地連續下去），或數學中的無限數。

　　概念的內容以及其外延之層次俱由定義而確定。每一層止於其所當，皆不可亂。譬如：孔子、人、動物、生物、物，其內容與外延皆依定義層層確定。由是言之，內容與外延的關係成反比例：內容愈多，外延愈狹，此如孔子。內容愈少，外延愈廣，此如「物」。

三、命題論

　　命題（proposition）即是一個句子，亦曰「辭」。其意為「斷定」，或「置定」。以前的人常用「判斷」，現在則通用命題。依亞里士多德的邏輯（即傳統邏輯），謂詞表共相，則主詞即是殊相。拿共相來論謂殊相即是一個命題，此種命題名曰「主謂式的命題」。亞氏邏輯以主謂式的命題為主。近代數理邏輯興，始講關係式的命題。依是，吾人先略說命題的分類。

(一)命題的分類

　　1.主謂式的命題與關係式的命題　譬如這枝花是紅的、人是有死的，都是主謂式的命題。花與人是主詞，它一方固表示殊相，一方亦指示一個「本體」。「紅的」與「有死的」是謂詞，它一方固表示共相，一方亦表示一個「屬性」。屬性者，即隸屬於本體而為其性之謂。故主謂命題必引至「本體屬性」的概念，而即以此概念為其存在學上的根據（ontological status）。今講邏輯只注意其為主謂式即夠，至於「本體屬性」一層則可不論。現在須知除主謂命題以外，尚有關係命題。此如「a 大於、等於、小於 b」、「b 居

於 a 與 c 之間」等，都是關係命題，而不可以主謂論。「大於」、「等於」、「小於」、「居間」，都代表一種關係。依此，吾人不能說 b 是 a 之謂詞，亦不能說 a 是 b 之主詞。

2.分析命題與綜和命題　分析命題（analytic proposition）如就主謂式命題言，意即：謂詞即含在主詞中，單從主詞中抽出來而置於謂詞之地位，故曰分析。此如「白筆是白的」。「白的」一謂詞即已顯明地含在「白筆」一主詞中。尚有不是主謂式的，如「甲是甲」此為重言式的分析命題。分析命題有二特性：甲、不能增益新知識，因為謂詞即含在主詞中，知道「白筆」，即知「白的」。乙、其值（value）為「必然真」。「必然真」的意思是以「反面不可能」來規定，即「白筆而不是白的」是不可能的。而「不可能」則以「自相矛盾」來規定。故「必然真」即由其反面之自相矛盾之絕對假（不可能）而反顯。

綜和命題（synthetic proposition）：如就主謂式命題言，則謂詞不含在主詞中，乃因經驗把它們放在一起，故曰綜和。此如：「這枝粉筆是白的」。在這裏，「白的」一謂詞不含在主詞中，我們看見它是白的，才說是「白的」。尚有不是主謂式的，如表示「自然現象的關係」的命題亦是綜和命題，此如「吃砒霜可以致死」、「水可以滅火」。綜和命題亦有二特性：甲、增加我們的新知識。乙、其值不是必然真，乃是「概然真」或「實然真」，因為它的反面是可能的，即並不是矛盾的。

依此，分析命題亦曰先驗命題，綜和命題亦曰經驗命題。分析命題的真假值以矛盾律來決定，綜和命題的真假值以經驗來決定。凡自然科學裏的命題都是經驗的綜和命題，此代表「知識」；凡數

學或邏輯裏的命題（指推理式所成的命題言）都是先驗的分析命題，此不代表「知識」。

　　3.存在命題與非存在命題　命題從主詞之量方面說，有一個、多個、全體之別。主詞是一個的，爲個體命題，或曰專稱命題，此如「孔子是聖人」，或「這一塊石頭是方的」。主詞是多個的，則爲偏稱（或云特稱）命題，此如「有些人是有死的」、「有些石頭是方的」。主詞是全體的，則爲全稱命題，此如「凡人是有死的」、「所有的石頭都是無機的」。在邏輯的推理系統內，專稱命題不重要，重要而有用的是偏稱命題與全稱命題。這裏所謂存在命題與非存在命題即指偏稱與全稱言。

　　存在命題（existential proposition）是說：一個偏稱命題的主詞有存在的意義，即其所指的東西須肯定其存在。如果主詞所指的東西無存在的意義，或現實上根本沒有存在，即根本沒有這東西，則偏稱命題根本無意義。無意義是說無眞假可言。譬如「有石頭是方的」，石頭必須存在，或現實上有石頭，此命題才可說眞說假，才有意義。假若根本沒有這個東西，則說方說圓，說有死無死，說有理性無理性，皆無不可，亦皆無意義。譬如對鬼、金山或圓方作偏稱命題，即皆無意義。所以「有鬼是方的」這個偏稱命題，如想其有意義，必須肯定「鬼」之存在。凡偏稱命題的主詞皆須有存在的意義。依是，偏稱命題是指說事件的命題。「有石頭是方的」就等於說：在某些 x 上，x 有「爲石頭」的特性而且有「方」的特性。「有人是瘋子」亦同此解。

　　非存在命題（non-existential proposition）是說：一個全稱命題的主詞無存在的意義，或不必肯定其存在，而此命題仍有意義。

全稱命題是普遍命題，它是陳說一個「原則」，不指說一個事件。我們也可以說它是說理命題，不是說事命題。譬如「殺人者死」，這是代表一項法令，而法令都是一個原則。若翻爲命題形式，則必是全稱命題，即「凡是殺人者都要受死刑」，而此命題即等於說：不拘是誰（或不拘 x 如何變化），如果 x 有「殺人」一特性，則它即有「受死刑」一特性。此表示「殺人」與「受死刑」兩概念之間的必然連結，即表示一個原則，並不必肯定現實上非有「殺人者」不可。根本沒有殺人者，此命題仍有意義。「水到一百度沸騰」，並不是說這一點水，那一點水，不管是那裏的水，只要它是水，它到一百度就沸騰。這是說「水性」與「沸騰性」之間的必然連結。所以它是陳說一個原則，不是指說一個事件。故曰「非存在命題」，亦曰「原則命題」。「凡人是有死的」亦同此解。即不拘 x 如何變化，如果 x 有「是人」的特性，它即有「變滅」的特性。是以凡全稱命題皆實是「如果則」的假然命題，故爲一普遍命題而表示一原則也。

此項分別甚爲重要，務必仔細認取。

4. 內容命題與外延命題（intensional proposition and extensional proposition） 邏輯裏所使用的命題都是命題形式（或云命題架子），即把內容統統抽掉而只剩下一架子。此命題形式亦即外延命題之極致，或云純粹的外延命題。所謂內容，有以下五種：

甲、知識內容 如「凡人有死」一命題，對「孔子有死」、「孟子有死」等命題言，固是外延命題，但對「凡 S 是 P」言，則又是內容命題，而「凡 S 是 P」才是純粹的外延命題，亦即命題架

子也。因爲孔子、孟子就是由「人」而代出的，故成爲一表示「具體的知識」之命題。而「人」與「有死」又是由 S 與 P 而代出的，故成爲一表示「一般性的知識」之命題。但是邏輯裏並不討論「人」與「有死」，亦不須有這點知識，而「人」與「有死」究竟亦是些有意義的概念，故亦爲「內容」也。故「凡 S 是 P」是外延命題，或命題架子，而「凡人有死」則是從「凡 S 是 P」中套出的一個內容命題或知識命題。而「孔子有死」則又是從「凡人有死」中套出的一個具體知識命題。邏輯裏只用命題架子，而不用有知識內容的命題。依此，嚴格言之，命題架子實不可謂爲命題，而一言命題，皆實是有知識內容之命題，亦即表示「知識」也。把命題架子中的 S、P（此爲變項）代上有意義的概念或具體的東西，即成爲 一 知 識 命 題， 而 此 知 識 命 題 即 是 該 架 子 的 一 個「 值 」（value）。依此，每一代即成一命題，成一值。

乙、道德內容　比如「我不應當吃酒」，此表示一個道德的命令，實不是一命題也。前言凡命題皆表示知識。而此不表示知識，而表示道德情感，故非命題。但對「凡吃酒者有中酒毒之可能」言，則「不應當吃酒」亦曰內容命題，而前者則爲外延命題（表示知識的外延命題）。

丙、宗教內容　此如「上帝救我」，此表示宗敎情緒，亦得稱爲內容命題。實非命題也。

丁、審美內容　此如「因爲畫水，所以看起來似乎是濕」，此表示美感所會，亦稱爲內容命題。實非命題也。

戊、繫屬於主體之信或想　此如「我相信凡人有死」、「我想世界有末日」，此只表示主觀的心理狀態，不表示一客觀的知識。

此曰命題態度，亦得稱爲內容命題。亦實非命題。

上列乙、丙、丁、戊四種之爲內容命題，皆對知識命題言而爲內，實則非命題也。邏輯裏的命題架子既須排除知識、情感（道德、宗敎、審美），亦須脫離主體。知識命題則既須排除情感，亦須脫離主體。

㈡AEIO 的構造及其對當關係

1.A、E、I、O的構造　亞氏邏輯以主謂式的全稱、偏稱兩類命題爲其系統之骨幹。此兩類命題依以下兩組基本概念而構造成：

甲、量的概念　全體（凡、所有），部分（有或有些）。

乙、質的概念　肯定（是），否定（不是）。

茲以 S 代表主詞，P 代表謂詞，則配合上這兩組概念，即構成四種命題如下：

A：「凡 S 是 P」（全稱肯定）。

E：「凡 S 不是 P」（全稱否定）。

I：「有 S 是 P」（偏稱肯定）。

O：「有 S 不是 P」（偏稱否定）。

此四種命題之簡稱爲 A、E、I、O，自中世紀以來即已然，此普天下之所同也。其中 S、P 爲主謂，名曰「變項」，即有「可代之以任何東西」之變化。凡、是或不是，有、是或不是，則名爲「常項」，此即爲「架子」（或形式）之所在。A 與 E 即前所說之「非存在命題」，I 與 O 則爲「存在命題」。惟在亞里士多德則無此分別，A 與 E 的主詞亦都有存在的意義，即肯定其存在。茲依

近人的認識，承認存在與不存在的分別，詳解如下：

A：「凡S是P」＝「凡是S者是P」（把S與P都視爲謂詞，最後主詞爲「者」字。）＝「不拘x如何變化，如果x有S特性，則x有P特性。」（此爲肯定的非存在命題。）

E：「凡S不是P」＝「凡是S者不是P」＝「不拘x如何變化，如果x有S特性，則x無P特性。」（此爲否定的非存在命題。）

I：「有S是P」＝「有是S者亦是P」＝「在有些x上，x有S一特性而且有P一特性。」（此爲肯定的存在命題。）

O：「有S不是P」＝「有是S者而不是P」＝「在有些x上，x有S一特性而無P一特性。」（此爲否定的存在命題。）

2.A、E、I、O中的主謂周延與不周延　周延（distribution）是說一個概念能不能周遍於或舉盡了它所應用的分子之全體。如能則爲周延，不能則爲不周延。此若孤立地看一個概念，設若其定義恰當而無太廣太狹之弊，則它總是周延的。但在A、E、I、O中，即套在一個常項架子中的S、P，則不能如此說。我們現在是從S、P套在常項架子中而看S與P之周延或不周延。如是，S、P之周延不周延如下：

A：「凡S是P」，此中S爲主詞，周延，因爲明說「凡S」，故盡也。P不周延，因爲P的外延廣，不只包括S，而且亦可有其他，但在此命題中沒有盡舉出來，故爲不盡。此如「凡人是有死的」，「人」盡，「有死的」不盡，因爲其他動物亦可是「有死的」。A命題圖表如下：

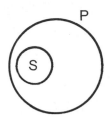

〔附識：如照前解，S、P 俱視爲謂詞，則在 A 命題中，S 與 P 俱不周延，而「者」字所代表的主詞即 x 則周延。又 A 命題的謂詞原則上總是不周延，但隨定義而來的 A 命題，其謂詞周延。其所以周延，是因爲此時主謂的外延相等。〕

E：「凡 S 不是 P」，S 與 P 俱周延。S 有「凡」以限之，其爲周延自顯。P 之爲周延，是因爲在否定命題中，否定是排拒 P 之全體，故盡也。E 命題圖表如下：

I：「有 S 是 P」，S 與 P 俱不周延。偏稱，故 S 不盡，P 之不盡如同 A 解。I 命題圖表如下：

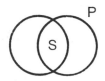

O：「有 S 不是 P」，S 不周延，P 周延。圖表如下：

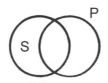

周延原則，在傳統邏輯中甚重要。以後推理俱要用之。

3.A、E、I、O 的對當關係　對當關係是說 A 與 O、E 與 I、A 與 I、E 與 O、A 與 E、I 與 O，各對間的真假關係。此中 A 與 O、E 與 I 同爲矛盾關係，應先講；A 與 I、E 與 O 同爲「函蘊」（舊名爲差等關係），應次講；A 與 E 爲「不相容」關係（舊名爲「大反對」），應列爲第三步；I 與 O 爲「相容」或「析取」關係（舊名爲「下反對」），應最後講。茲依次說明如下：

甲、A 與 O、E 與 I：A：「凡 S 是 P」，O：「有 S 不是 P」。前者爲「非存在命題」（原則命題），如真，則其反面之存在命題（事件命題，即 O）即假；前者如假，則其反面之事件命題 O 即真。反之，如 O 真，則其反面之原則命題 A 必假；如 O 假，則其反面之原則命題 A 必真。此可列爲四句如下：

①不能同真。

②不能同假。

③因不能同真，故一真另一必假。

④因不能同假，故一假另一必真。

此爲矛盾關係（contradiction）。E 與 I 同。

乙、A 與 I、E 與 O：A 爲非存在命題（即 S 等於零），而 I

爲存在命題（即 S 不等於零），故欲從 A 推 I 不能直接推下來，須肯定「S 存在」，然後才可以說：如 A 眞，則 I 亦眞；如 A 假，則 I 不必假（即「不定」）。反之，如 I 眞，則 A 不必眞（不定）；如 I 假，則 A 必假。如不肯定「S 存在」，則天地間也許根本沒有 S，如是，則「有 S 是 P」之爲眞爲假，皆不能說，故推不下來也（此在古時，未意識到這一層。而於不自覺中，已肯定 A 中的 S 有存在矣）。此亦可列爲四句如下：

①可以同眞。

②可以同假。

③由 A 假不能推知 I 必假。

④由 I 眞不能推知 A 必眞。

此爲函蘊關係（implication），舊名爲「差等」。E 與 O 同。

丙、A 與 E：此兩者俱爲「非存在命題」，如不肯定 S 存在，則兩者間無確定的關係。如肯定 S 存在，則 A 眞，E 假；A 假，E 不定。反之亦然：E 眞，A 假；E 假，A 不定。此可列爲四句如下：

①不能同眞。

②可以同假。

③因爲不能同眞，故由一眞可知另一必假。

④因爲可以同假，故由一假不能推知另一必眞。

此爲「不相容」關係（incompatibility），舊名爲「大反對」。

丁、I 與 O：此俱爲存在命題。兩個偏稱命題無確定的邏輯關係，此恰如「道並行而不悖，萬物並育而不相害。」這一對當之眞假關係不能直接建立，必須由間接推理而建立之，如下：

　　我們已知 A 與 O 為矛盾，A 與 I 為函蘊，即通過 A 即可知 I、
O 之間的關係：O 真，A 假；A 假，I 不定；故 O 真，I 不定。O
假，A 真；A 真，I 真；故 O 假，I 真。從 I 到 O 亦然：I 真，A
不定；A 不定，O 不定；故 I 真，O 不定。I 假，A 假；A 假，O
真；故 I 假，O 真（根據 E 與 I、E 與 O，通過 E，亦然）。此可
列四句如下：

　　①可以同真。

　　②不能同假。

　　③因為可以同真，故由一真不能推知另一必假。

　　④因為不能同假，故由一假可以推知另一必真。

此為相容或析取關係（disjunction），舊名為「小反對」。

　　以上四種對當關係，可以列圖如下：

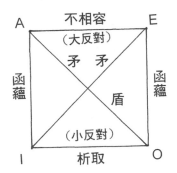

四、*AEIO* 的直接推理

直接推理（immediate inference）是說由 A 或 E 等為前題，用一種辦法，直接可以推出一個結論來，並不需要一個媒介詞之加入而成兩個前題（三段推理即是間接推理，見後）。這種辦法共有七種，其實根本上只「換主賓之位」（conversion）與「換賓之質」（obversion）兩種也。其餘五種俱可由此推出。

1.換主賓之位　此只把主賓詞的位置對調，命題之質（肯定或否定）不動。換法如下：

A：「凡 S 是 P」→「有 P 是 S」。因為 P 在原命題中不周延，故換過來只能是偏稱。簡單化，用符號表之如下：

A：SaP→PiS〔I〕

E：「凡 S 不是 P」→「凡 P 不是 S」；　SeP→PeS

I：「有 S 是 P」→「有 P 是 S」；　SiP→PiS

O：「有 S 不是 P」。此則無換。因為我們既不能說：「有 P 不是 S」，因也許「有 P 是 S」，究竟是那個不定；也不能說：「凡 P 不是 S」，一則因由偏稱前題推不出一個全稱結論來，一則因也許「有 P 是 S」，究竟是那個不定。

或問：I 命題何以能換？答曰：因為 I 命題是 S 與 P 共在或重

疊，故「有S是P」亦即「有P是S」也。設S代表一區，P代表
一區，圖表如下：

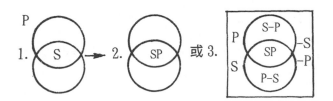

I命題，如圖1所示，固亦有P不是S，但因為P不周延，又因為
是肯定的說法，故「是S」之P即與S共在之P也。此如圖2所
示。凡I命題皆是指兩區共在或重疊處說。此如圖3所示：S與P
共在之區，即為「有S是P」→「有P是S」；S與−P共在之
區，即為「有S是『非P』」→「有『非P』是S」；P與−S共
在之區，即為「有P是『非S』」→「有『非S』是P」；−S與
−P共在之區，即為「有『非S』是『非P』」→「有『非P』是
『非S』」。而O命題則如下圖：

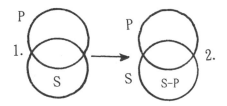

它是個否定的說法，不表示S與P共在，而表示S與−P共在，如
圖2，而S與−P共在，即上面所謂「有S是『非P』」→「有
『非P』是S」。此為O命題換「賓詞之質」後之「換位」，此即

下一種辦法所說者。單是 O 命題本身（圖1），則不能換也。因爲 P 方面與 S 的關係不淸楚故也。

又須注意者，A 命題換位爲 I 命題，此爲「限量換位」。此如注意到存在命題與非存在命題之區別，則亦直接推不下來。必須肯定 A 命題之主詞 S 存在，然後由 A 命題之眞推知「有 S 是 P」眞，再推知「有 P 是 S」眞。此爲間接推理矣。以前傳統的講法未注意及此，故現在須提及之。至於 E 與 I 之換位則爲「對稱換位」，無問題。

2.換賓之質　此則只換賓詞之質，位不動，但卻牽動命題之質。無論命題之質爲肯定或否定，賓詞一律視爲肯定，換質即於賓詞上加一否定。故影響命題之質也。此換法的基本原則實即數學上之「重負原則」（principle of double negation）。即兩否定等於肯定。換法如下：

A：「凡 S 是 P」→「凡 S 不是『非 P』」；　SaP→SeP̄

E：「凡 S 不是 P」→「凡 S 是『非 P』」；　SeP→SaP̄

I：「有 S 是 P」→「有 S 不是『非 P』」；　SiP→SoP̄

O：「有 S 不是 P」→「有 Ṡ 是『非 P』」；　SoP→SiP̄

3.換賓之質位　此則先換賓之質，然後再換其位。此後各種，俱可從換質起或從換位起連換而得證明。所謂連換者，即：如從換質起，則換質換位，再繼之以換質換位，連續換下去，達目的即止；如從換位起，則換位換質，再繼之以換位換質，連續換下去，達目的即止。如兩起點俱不能達目的，該命題即無有該種換法。茲先言「換賓之質位」：

A：「凡 S 是 P」→「凡 S 不是『非 P』」→「凡『非 P』不

是 S」

$$\underline{SaP} \to Se\bar{P} \to \bar{P}eS$$

E：「凡 S 不是 P」→「凡 S 是『非 P』」→「有『非 P』是 S」

$$\underline{SeP} \to Sa\bar{P} \to \bar{P}iS$$

I：「有 S 是 P」→「有 S 不是『非 P』」→無。（因 O 命題不能換位。）

$$\underline{SiP} \to So\bar{P} \to 無$$

O：「有 S 不是 P」→「有 S 是『非 P』」→「有『非 P』是 S」

$$\underline{SoP} \to Si\bar{P} \to \bar{P}iS$$

4.換主之質位　此則先換主賓之位，然後再換賓之質即得：

A：「凡 S 是 P」→「有 P 是 S」→「有 P 不是『非 S』」

$$\underline{Sap} \to PiS \to Po\bar{S}$$

E：「凡 S 不是 P」→「凡 P 不是 S」→「凡 P 是『非 S』」

$$\underline{SeP} \to PeS \to Pa\bar{S}$$

I：「有 S 是 P」→「有 P 是 S」→「有 P 不是『非 S』」

$$\underline{SiP} \to PiS \to Po\bar{S}$$

O：「有 S 不是 P」→無。（因 O 命題根本不能換位。）

5.換主賓之質位　此則主詞之質與位及賓詞之質與位俱換。此亦須從換質起連換推證：

A：「凡 S 是 P」→「凡 S 不是『非 P』」→「凡『非 P』不是 S」→「凡『非 P』是『非 S』」

$$\underline{SaP} \to Se\bar{P} \to \bar{P}eS \to \bar{P}a\bar{S}$$

E：「凡 S 不是 P」→「凡 S 是『非 P』」→「有『非 P』是
S」→「有『非 P』不是『非 S』」

$$\underline{SeP} \to Sa\overline{P} \to \overline{P}iS \to \overline{P}o\overline{S}$$

I：「有 S 是 P」→「有 S 不是『非 P』」→無

$$\underline{SiP} \to So\overline{P} \to 無$$

O：「有 S 不是 P」→「有 S 是『非 P』」→「有『非 P』是
S」→「有『非 P』不是『非 S』」

$$\underline{SoP} \to Si\overline{P} \to \overline{P}iS \to \overline{P}o\overline{S}$$

6.換主之質　此則只換主詞之質，只 A、E 兩全稱命題有。
I、O 無。惟 A 命題須從換質起，E 命題從換位起。爲簡化起見，
只用符式推之如下：

A：$\underline{SaP} \to Se\overline{P} \to \overline{P}eS \to \overline{P}a\overline{S} \to \overline{S}i\overline{P} \to \underline{\overline{S}oP}$

E：$\underline{SeP} \to Pe\overline{S} \to Pa\overline{S} \to \underline{\overline{S}iP}$

I：$SiP \to So\overline{P} \to 無；\quad SiP \to \overline{P}iS \to PoS \to 無$

　　　　換質起　　　　　　　換位起

O：$SoP \to Si\overline{P} \to \overline{P}iS \to \overline{P}oS \to 無；\quad SoP \to 無$

　　　　換質起　　　　　　　　換位起

7.換主賓之質　此亦只 A、E 有。

A：$\underline{SaP} \to Se\overline{P} \to \overline{P}eS \to \overline{P}a\overline{S} \to \underline{\overline{S}i\overline{P}}$

E：$\underline{SeP} \to Pe\overline{S} \to Pa\overline{S} \to \overline{S}iP \to \underline{\overline{S}o\overline{P}}$

此第 7.種就 A 命題言，實即第 6.種中推證過程之第四步。就
E 命題言，則即第 6.種中推證過程最後一步之再推進一步。故此第
7.種實已含於第 6.種中。但即此第 6.種似有問題發生。試檢查如
下：

　　從邏輯上說，任何一項 a 如加以否定，即得一反項 ā。依此，a
的否定即是 ā，ā 的否定即是 a。這兩者可以窮盡一全體，即再無第
三者：不是 a 就是 ā，不是 ā 就是 a。依此，可有以下之式：

$$a + \bar{a} = 1 \text{（全體）}$$

注意：此「1」（即全）為一邏輯概念，有層次，有限制，由 a 與
負 a 兩項合成，而 a 與負 a 亦是有層次的。依是，如照此式言，我
們套之以事例，如「紅」加以否定，即得一「非紅」，「人」加以
否定，即得一「非人」，「對的思想」加以否定，即得一「非對的
思想」。如果「非紅」的範圍仍限於顏色，則

　　　　「紅」+「非紅」=顏色之全體

如果「非紅」的範圍不限於顏色，而通於其他一切，則

　　　　「紅」+「非紅」=宇宙之全

人與非人亦然。非人亦可限於動物，如是，則人加非人等於動物之
全。如不限於動物，而通於其他一切，則人加非人即等於宇宙之
全。惟「非對的思想」後尾仍有思想字樣，故只好限於思想範圍
內，不能通於其他一切。依是，「對的思想」加「非對的思想」等
於思想之全。設此義已明，則依照正反兩項相加等於全之公式，可
得以下之命題：

　　　A：「凡紅是顏色」，或「凡紅是宇宙的分子」。

　　　A′：「凡『非紅』是顏色」，或「凡『非紅』是宇宙的
　　　　　分子」。

　　　A：「凡人是動動」，或「凡人是宇宙的分子」。

　　　A′：「凡『非人』是動物」，或「凡『非人』是宇宙的
　　　　　分子」。

A：「凡對的思想是思想」。

A'：「凡『非對的思想』是思想」。

這一對對的 A 與 A' 似皆可同時成立。但若照第 6.種換主之質推理，則又表現出不能同時成立的樣子。如下：

A：「凡紅是顏色」→「有『非紅』不是顏色」，而此與「凡非紅是顏色」相矛盾，即如果前者之 O 眞，則此後者之 A'即假。但 A' 與 A 原本同時成立，而今則不能同時成立。此將如何解？

A'：「凡非紅是顏色」→「有『非非紅』（等於紅）不是顏色」，而此與「凡紅是顏色」相矛盾。

A：「凡紅是宇宙的分子」→「有『非紅』不是宇宙的分子」。

A'：「凡『非紅』是宇宙的分子」→「有『非非紅』（等於紅）不是宇宙的分子」。

其餘各對亦然。

關於此，吾人解析如下：紅加「非紅」等於宇宙之全，或等於顏色之全。此全爲有層次，有限制，因而紅與「非紅」亦有層次，有限制。依是如以紅與非紅爲主詞，作成 A 命題，而說「凡紅是宇宙的分子」，或「凡非紅是宇宙的分子」，依周延原則，則「宇宙的分子」一賓詞俱係不周延。因爲不周延，如就「紅」言，則即不只包括「紅」，亦包括紅以外的其他東西，而此紅以外的其他東西固有是「宇宙的分子」的，亦有不必是「宇宙的分子」的，因而亦不必就是「凡非紅是宇宙的分子」中的「非紅」。同時，如照「非紅」言，則「凡非紅是宇宙的分子」中的「宇宙的分子」，因

不周延，亦不只包括「非紅」，而且包括「非紅」以外的東西，而此「非紅」以外的東西亦不必就是「凡紅是宇宙的分子」中的「紅」。此凡作成 A 命題，則就 A 命題本身言，由否定其主詞所成的反項皆然。即皆可出入於原來那個層次上的全，因此它屬於另一層次上的反項。依是，「凡紅是宇宙的分子」換主之質後，而成爲「有『非紅』不是宇宙的分子」，此中的「非紅」不必就是「凡『非紅』是宇宙的分子」中的「非紅」。同理，「凡『非紅』是宇宙的分子」換主之質後，而成爲「有紅不是宇宙的分子」，此中的「紅」不必就是「凡紅是宇宙的分子」中的「紅」。如果如此，則兩個「非紅」不同類型，兩個「紅」亦不同類型。類型不同，則不矛盾也。或可說：然則尚有不是「宇宙的分子」的紅與非紅乎？曰：照邏輯上講，誠然有。照邏輯上講，「宇宙」是一項，加以否定，得一「非宇宙」，亦是一項，即反項。此反項，從現實上說，是不通的，那裏會有個「非宇宙」？然邏輯上確有此一層。此層也許完全是空的，但不要緊。因爲邏輯講理，是照原則行事，是極其「可能」之所至，不必爲現實所限。如果「宇宙」是指現實的宇宙。則「非宇宙」這一反項即爲非現實的宇宙，即可能的宇宙，此只有邏輯意義，而無現實意義。如是，有現實宇宙中的紅與非紅，也可能有非現實宇宙中的紅與非紅，這可能都是空的，但卻不是無邏輯意義的。因爲任何一項加以否定得一反項，此是邏輯上的「對偶性原則」（principle of duality）。

　　以上所說，試將「凡紅是宇宙的分子」換主之質，詳細推出，即可明白。如下：

A：「凡紅是宇宙的分子」

　　　　↓
E：凡紅不是「 非宇宙的分子 」　　　第1步
　　　　↓
E：凡「 非宇宙的分子 」不是紅　　　第2步
　　　　↓
A：凡「 非宇宙的分子 」是「 非紅 」　第3步
　　　　↓ 如「 非紅 」不等於零
I ：有「 非紅 」是「 非宇宙的分子 」　第4步
O：有「 非紅 」不是宇宙的分子　　　第5步

此推理過程中，顯然在第 1 步 E 命題中即有「 非宇宙 」一反項出現。而在第 3 步 A 命題中又有「 非紅 」一反項出現。此「 非紅 」顯然不是原意宇宙中的「 非紅 」，即不是「 凡非紅是宇宙的分子 」中的非紅。第 4 第 5 兩步，即隨此非紅與非宇宙而說有「 非宇宙 」中的「 非紅 」，有非紅不是現實宇宙中的分子，即不是原意宇宙中分子。如就「 凡非紅是宇宙的分子 」，推出「 有紅不是宇宙的分子 」，亦如此解。此可圖表如下：

「 凡紅是顏色 」與「 凡非紅是顏色 」，「 凡對的思想是思想 」與「 凡非對的思想是思想 」，均同此解。只要明白邏輯中的「 對偶性原則 」與「 反項 」不必有現實的意義，而且皆有層次，即可解除

「換主之質」中所表現的貌似的矛盾。

五、*AEIO* 的關係的解析： 八種關係

以前是把 A、E、I、O 作主謂命題著。現在可以把其中的 S、P 只看成是兩項，暫不作主謂觀，看其間有何種關係出現。由 S、P 兩項看出關係來，有一定的路數。其法如下：

1.從「有 S 有 P」方面想　有 S 是否必有 P？對此問，可有兩答：(1)必有 P；(2)不必有 P。

2.從「無 S 無 P」方面想　無 S 是否必無 P？亦有兩答：(1)必無 P；(2)不必無 P。

3.從「有 S 無 P」方面想　有 S 是否必無 P？(1)必無 P；(2)不必無 P。

4.從「無 S 有 P」方面想　無 S 是否必有 P？(1)必有 P；(2)不必有 P。

每一答可以決定出一種關係，故共有八種關係。茲依次說明如下：

(1)「有 S 必有 P」→「不拘在什麼情形下，只要 S 出現，P 就出現。」→「不拘在什麼情形下，只要有了 S，就有 P」。這個說法是表示充足條件關係，即 S 是 P 的「充足條件」。此相當於 A 命題，也可以說由 A 命題開出，也可以視為 A 命題的解析。所謂「充足」者，「有之即然」之謂。例如「仁者必有勇」、「有德者

必有言」，仁是勇的充足條件，有德是有言的充足條件。

(2)「有 S 不必有 P」→「有時 S 出現而 P 可以不出現」→「有時有了 S 而可無 P」。此種說法是表示不充足條件關係，即 S 不是 P 的充足條件。此相當 O 命題，也可以說由 O 命題開出，也可以視為 O 命題的解析。例如「勇者不必有仁」、「有言者不必有德」，勇不是仁的充足條件，有言不是有德的充足條件。不充足者，「有之而不必即然」之謂。

充足為 A 命題，不充足為 O 命題，A、O 相矛盾，充足、不充足亦為矛盾的一對。故對於一問之兩答，必須是互相否定的。此否定為邏輯的否定，故兩答即盡。此種開列是純邏輯的開列。下同。

(3)「無 S 必無 P」→「不拘在什麼情形下，只要沒有 S 就沒有 P。」→「不拘在什麼情形下，只要 S 不出現，P 就不出現」。此說法表示必要條件關係，即 S 是 P 的必要條件。此相當於「反稱」的 E 命題，即「凡非 S 不是 P」（「非 S」為反稱，亦曰反項）。「必要」者，「無之不然」之謂。例如：「如無恆產則無恆心」、「無空氣則無生命」，恆產是恆心的必要條件，空氣是生命的必要條件。推之，「道德」亦是「人」的生活的必要條件。

(4)「無 S 不必無 P」→「有時沒有 S 亦可有 P」→「有時 S 不出現而 P 亦可出現」。此說法表示不必要條件關係，即 S 不是 P 的必要條件。此相當於反稱的 I 命題，即「有非 S 是 P」。不必要者，「無之不必不然」之謂。例如「無恆產而有恆心，惟士為能」。即在士一特殊情形上，恆產不是恆心的必要條件。如人只過動物的生活，則道德亦不是必要條件。反稱的 E 與反稱的 I 亦如正

稱的 E、I，同為矛盾對當。

又充足條件與必要條件相連而現，須仔細認取。在「雙有」的形式下，即為充足；在「雙無」的形式下，即為必要。此不可移。復次，充足者不函其是必要，此如仁者必有勇，不函無仁即無勇。必要者亦不函其是充足，此如無空氣即無生命，不函有空氣即有生命。沒有道德固不成人的生活，但僅有道德亦不必即能成人的生活。沒有經濟條件固不行，但只有經濟條件，也未必即行。此皆表示必要者不必即充足，即皆是必要條件，而不是充足條件也。此依前所講的直接推理亦可表示其是如此。充足為「凡 S 是 P」，此換主之質，只為「有非 S 不是 P」，而不能為「凡非 S 不是 P」（此為必要條件的命題）。同樣，必要為「凡非 S 不是 P」，換主之質，只為「有 S 是 P」，而不能為「凡 S 是 P」（充足）。此即其在邏輯上不相函也。

或問：有無既充足又必要的條件呢？曰：不但可能有，而且亦可實有。假使某甲是某乙的獨一無二的原因，則某甲既是既充足又必要的條件。吾人現在且不管事實上有沒有，可依一原則邏輯上決定 S 是 P 的既充足又必要的條件。此原則即為「等價關係」（equivalent），即 S 與 P 同真同假時，S 為 P 既充足又必要的條件。

充足與必要這一對邏輯關係甚為重要，可以引導我們發見因果關係。

(5)「有 S 必無 P」→「不拘在什麼情形下，只要 S 出現，P 就不出現」。此則 S 與 P 相違。此表示排斥關係，即 S 與 P 互相排斥。此相當於 E 命題，即「凡 S 不是 P」。凡排斥皆互相排斥：凡

S不是P→凡P不是S。此爲普通之全稱否定命題，不必舉例。

(6)「有S不必無P」→「有時S出現P亦可出現」。此表示不排斥關係，即S與P不排斥。此相當於I命題：「有S是P」。

E與I爲矛盾，排斥不排斥爲矛盾。

(7)「無S必有P」→「不拘在什麼情形下，只要S不出現，P就出現。」→「不拘在什麼情形下，只要沒有S就有P，只要不是S就是P」。在此，S與P亦相違，但不同於排斥之相違。此表示「窮盡關係」，即不是S就是P，S外的統統是P。反之，不是P就是S，P外的亦統統是S。此表示沒有第三者，S與P窮盡了一個全體。故「S加P即等於一」（「一」爲全）。如不窮盡，則S、P相加不等於一。此相當於反稱的A命題：「凡非S是P」。其例爲「不歸於楊，則歸於墨。」孟子說此話時，即表示「楊、墨之言盈天下」，楊、墨窮盡了天下的思想。當然事實上不窮盡，但此語本身卻表示窮盡意。

(8)「無S不必有P」→「有時沒有S亦可無P」→「有時S不出現，P亦可不出現」。此表示「不窮盡關係」，即不是S不必就是P，不是P亦不必就是S，可能有第三者，故S與P不能窮盡一全體。此相當於「反稱的O命題」。此一時無成語可爲例。

反稱的A與反稱的O亦同爲矛盾對當。

排斥與窮盡亦相連而現。排斥的說法是：甲不是乙，是甲就不是乙，有我無你。窮盡的說法是：不是甲就是乙，不是你就是我。排斥不函其是窮盡，因只表示甲乙不同或不相容而已，不表示甲外的就只是乙。窮盡亦不函其是排斥，因爲「不是甲就是乙」，並不表示甲乙定然不同或不相容也，也可能兩者共在重疊。譬如：不是

國民黨，就是共產黨。此表示窮盡（現在當然也排斥），但在容共時，一個人既是共產黨，亦是國民黨，跨黨分子亦然，此即所謂重疊也。排斥的窮盡與不排斥的窮盡如下圖：

然窮盡本身的意義總不函其是排斥也。此在直接推理中，亦可表示其是如此。排斥：「凡 S 不是 P」→「凡 P 不是 S」，但換主之質，只為「有非 S 是 P」，而不能為「凡非 S 是 P」（窮盡）。窮盡：「凡非 S 是 P」→「凡非 P 是 S」，但換主之質，只能為「有S 不是 P」，不能為「凡 S 不是 P」（排斥）。

　　或問：在什麼情形下，既排斥又窮盡？曰：在「確定的二分」之情形下，即既排斥又窮盡。反之，我們可以說，排斥與窮盡這一對邏輯關係，可以使我們決定「二分法」（dichotomy）。故此對關係甚為重要。下面即由之以論二分法與思想律。

　　以上八種關係，充足、必要、排斥、窮盡，俱為全稱命題，不充足、不必要、不排斥、不窮盡，俱為偏稱命題。依是，A、E、I、O四種命題，依此法即開出八種命題。即正稱的 A、E、I、O 與反稱的 A、E、I、O 是也。其實從主謂命題之質量方面言，無論正稱反稱，皆 A、E、I、O 也。然卻成為八種關係。

六、二分法與思想律

二分法，從命題之「值」（value）方面說，為真與假。真與假，從邏輯的立場上說，再向裏收，即為肯定與否定，此為理性之二用（即兩種運用）。真的否定即為假，假的否定即為真，此為真假之對偶性。「肯定」的否定即為否定，「否定」的否定即為肯定，此為肯定否定的對偶性。或真或假即窮盡命題之值之全，此即同於「真加假等於一」。或肯定或否定即窮盡「理性運用」（function of reason）之全。此種兩分的對偶性，皆不是從對象方面想，故其既排斥又窮盡，皆甚顯明而無疑問：肯定當然不是否定，否定當然不是肯定，此是排斥。不是肯定就是否定，不是否定就是肯定，此是窮盡。真假方面亦然。

但是在對象方面的二分，就不如此簡單。對象的二分是說把表示外物的一個概念，依照排斥與窮盡兩個條件分成兩分。此如把物分成有機物與無機物，再順有機或無機向下分。但是，對象方面常互相出入，參伍錯綜。即照有機無機而言，假若有機無機的界限不甚清楚，即二分即不能確定：不是有機，不必即是無機；不是無機，不必即是有機。而有機與無機亦不一定相排斥。既不窮盡，又不排斥，二分不成。

普通從對象的二分之成立方面說思想律。思想律共有三條：

1.同一律（law of identity）　此是說一物皆自身相函，即每一東西皆任持其自性而不捨，或：如果其意義一經確定，則即是此意義而不是他。如以 a 代任何物，其式即為：

$$a \supset a \,;\, a = a$$

此兩式前式讀為「a 函 a」，即 a 自身相函也。後式讀為「a 等於a」，或說「a 是 a」。

2.矛盾律（law of contradiction）　此是說「一物 a 不能既是 a 又不是 a」。矛盾者禁止有矛盾之謂。此是同一律之反面表示。其式如下：

$$-(a \cdot -a) \,;\, a \cdot -a = 0$$

此兩式前式讀為「a 而又 ā」是假的。後式讀為「是 a 而又不是 a」等於零。或說「a 與非 a 積在一起」是不可能的。中間的點讀為「與」。用普通話讀出來，即是「既是而又不是」。

3.排中律（law of excluded middle）　此是說「一物 a 或是它自己或不是它自己」。不是 a，就是「非 a」；不是「非 a」，就是a。沒有第三者，故曰排中。其式如下：

$$a \vee -a \,;\, \quad a + -a = 1$$

此兩式前式讀為「或 a 或非 a」，後式讀為「a 加 ā 等於1」。

從此排中律看，顯然是由二分法而來。依此，思想律的邏輯根據是二分法。有了二分法，自然有排中律，因為這就是二分中的「既排斥又窮盡」之意。排中成立，則二分中的兩行（a 與非a），每一行自己當然皆自身相函，任持其自性而不捨：a 是 a，非a 是非 a，這就是同一律。亦當然每一行自己皆不能既是它自己又

不是它自己：a 不能既是 a 而又不是 a，非 a 亦不能既是「非 a」而又不是「非 a」。此就是矛盾律。排中律照顧著兩行，是說只有這兩行，同一律矛盾律皆就每一行自身說。

　　以上是從對象方面說二分法及思想律。從這方面說，如果「二分」分不清，則思想律即不能成立。而對象方面亦實有分不清處，且亦實有各方面之意義。如果有分不清處，亦有分得清處，此尚不是普遍的要害。如果順「實有各方面之意義」而作普遍的致疑，亦是可能的。此則大體順兩義而入：

　　1.從變動方面想　任何一物皆變動不居。依此義可以攻擊同一律及矛盾律。即一個東西如果瞬息在變，無一剎那可以停住，則即無可說「是」。既無可說「是」，則即不能說同一。既無可說「是」，則是而不是，即不能說矛盾律，很可以既是 a 而又不是 a。

　　2.從關聯方面想　世界上的東西皆可以參伍錯綜，互相出入。每一細胞皆可與全身的血脈相貫通，而全身的血脈亦皆與此一細胞相牽連。依是，「一入於一切，一切入於一。」如依此義，則二分法不成。二分法不成，則三條思想律皆不能成。此觀點可攻擊整個的思想律：二分既分不清，則不能說：或 a 或非 a，很可以既不是 a 又不是非 a，此則推翻排中律。一入於一切，一切入於一，則任何東西皆不能即是其自己，皆是其自己而又不是其自己，此即推翻同一律及矛盾律。

　　講唯物辯證法的人，即從以上兩觀點攻擊邏輯中的思想律。

　　對此疑難，吾人答辨如下。

　　1.關於變動方面　吾人可如此說：任何事物如真能成其為一事

物，則必有兩面：一是體性方面，此爲不變者，此事物之所以成其爲此事物者；一是情態或現象方面，此爲變化者。如從對象方面說二分法及思想律，則必就事物之體性方面說，而不就其變化方面說。如果任何物只是「變」，而沒有足以使其成爲此物之不變者，則不能說任何物，而任何物亦只是一虛無流。如能說任何物，則必有足以成其爲一物者。孔子的心理、生理、情態無論如何變，他究竟還是孔子，而沒有變成孟子。此即有其個性處。任何物皆有其所以成個之性。即依此義而說自身同一，因而同一律矛盾律皆有效。只要有自性，即可有二分。事物誠然有互相出入，不易分成二分處，然事物之面相本有多方，單看從那方面說也。依是只從變動方面批評思想律，無有是處。

2.關於關聯方面　吾人如此說：任何事物，當然有關係。關係當然也是事物面相之一面，然關係必有關係者。如果關係者能成其爲關係者，則即有自性可言。如果只是關係，而無其他，則關係亦不可能。如是必流於神秘主義，而不能說任何話。因此從關聯方面批評思想律，無有是處。承認思想律，並非不知或不承認事物之關聯性與變動性，而言關聯性與變動性亦不能推翻思想律也。

以上尚是從對象方面答辯。現在須應知者，即對象方面不過是思想律之應用處，而思想律本身並不自對象方面成立。對象方面是「存在學」的事。對象有變與不變兩面，這不過是說思想律可應用而已。如世界眞是只有變之一面，則亦不過思想律不應用而已。然應用不應用，於思想律之眞及其成立性，無所損益。思想律本是思想之律，不是存在之律。這如「二加二等於四」，並不靠世界上有兩個人，兩個桃。世界整個毀了，它還是眞。思想律亦然。依是必

須將思想律收回來,而從理性的思想之運用方面成立。凡有理性的思想,如其能進行,則必有肯定否定兩行之開出,依是每一行皆必須任持其自性而不失。順每一行之自身說,同一律、矛盾律成立。照顧到此根本對偶性之兩行,排中律即成立。這是永遠在上而超越的律則:肯定它也得用它,否定它也得用它。即由此反顯而見其為必然。這就表示不能把它推出去視為一個可思量考慮疑問討論的外在物:你討論它,疑問它,它馬上即隱回來而藏於你的討論疑問中。它永遠跟在你後面。故有人滔滔不絕的說了一大套反對思想律的道理,另一人即說:你說的很好,頭頭是道,皆合邏輯。某人頓時爽然若有所失。僅此即可表示思想律乃至全部邏輯之意義及其不可反駁處。如是,則不必從對象方面糾纏矣。

如二分法及思想律根本是在理性思想之運用處成立,則上面所提到之「命題之值」之二分亦根本是由此運用之外在化而然。因邏輯推理中命題架子之真假,皆依矛盾律而決定,皆不是依經驗證實而決定知識命題之真假。故邏輯中之推理系統乃是無所說之純形式系統,而非知識系統也。此義深遠,不再詳說。凡稍讀近代邏輯者,類能知之。

七、間接推理

㈠間接推理之一：三段推理

三段推理（syllogism）即普通所謂三段論法。何以名爲三段推理？曰：前題兩段，結論一段，共爲三段。三段的構成須有三個詞（名詞或概念），曰大詞、中詞、小詞。大中小者是從詞之外延廣狹方面說。要想得一關於 S、P 的結論，必須加以中詞 M 爲媒介。使 M 與 P 發生關係，爲一段；再使 M 與 S 發生關係，又爲一段；然後 S 與 P 即有關係可言，此爲結論。在這一部推理裏，P 必爲大詞，M 爲中詞，S 爲小詞。其排成三段如下：

大前題：M——P 　　中詞與大詞合。

小前題：S——M 　　小詞與中詞合。

結　論：S——P 　　小詞與大詞合。

但是三個詞並不只有這一個排列法，共有四個。橫列如下：

（第一格）	（第二格）	（第三格）	（第四格）
M－P	P－M	M－P	P－M
S－M	S－M	M－S	M－S
S－P	S－P	S－P	S－P

格者，架子的意思。在每一格裏，可以套進去的命題，不出A、E、I、O的範圍。前題有兩個，因此只要把A、E、I、O配成對，兩個爲一組，套進去即可看出有結論與否。A、E、I、O的配對如下：

AA〔A〕	EA〔E〕	IA〔I〕	OA〔O〕
AE〔E〕	EE	IE	OE
AI〔I〕	EI〔O〕	II	OI
AO〔O〕	EO	IO	OO

共有十六對。但這十六對並不是統可以套用在四格裏。然則那幾個可以套呢？此有一般規律可作決定，如下：

1.中詞至少要周延一次。

2.前題中不周延之詞，在結論中不得周延。

以上爲錯誤律。

3.兩否定前題不能得結論。

4.兩特稱前題不能得結論。

5.大前題是特稱，小前題是否定，不能得結論（此指「I、E」一對言）。

以上告訴吾人如何不能得結論。

6.兩前題同為肯定，結論為肯定。

7.前題之一為否定，結論為否定。

8.前題之一為特稱，結論為特稱。

　　以上告訴吾人如何得結論。

依此八條一般規律，在上列前題對中，共有八對可得結論，可覆案。但是，就是這八對，也不是說統可以套在第一格，或統套在第二格、第三格、第四格。然則八對中那幾對可以套在第一格，那幾對可以套在第二格等，此則復有特殊規律作決定。即每一格有其特殊之規律，藉以決定那幾對可以套，那幾對不可以套。

　　第一格的規律：

　　甲、小前題必須肯定。

　　乙、大前題必須全稱。

$$M-P$$
$$S-M$$
$$\overline{}$$
$$S-P$$

按此兩規律，第一格可有四對可得結論，即可有四個推理式如下：

M－P	①	②	③	④
S－M	AA〔A〕	EA〔E〕	AI〔I〕	EI〔O〕
───				
S－P				

此兩條規律，可予以證明。證明很簡單，只要記住一般規律，並只看第一格之架子，即可證出。如下：

　　甲、小前題必須肯定　　如為否定，則大前題必肯定，因兩否定

前題不能得結論故。大前題爲肯定,大詞 P 不周延。如小前題是爲否定,則結論必否定,因前題之一爲否定,結論必否定故。如結論爲否定,則大詞 P 又周延,此則違背「前題中不周延之詞在結論中不得周延」一規律。如是,小前題必須肯定。

乙、大前題必須全稱 如爲偏稱,則 M 不周延,而小前題既必須肯定,則小前題中之 M 即不周延,是則兩 M 無一周延,此則違背「中詞至少要周延一次」之規律。故大前題必須全稱。

依此兩條規律,列四式如下:

	①		②
A:	凡 M 是 P	E:	凡 M 非 P
A:	凡 S 是 M	A:	凡 S 是 M
A:	凡 S 是 P	E:	凡 S 非 P
	③		④
A:	凡 M 是 P	E:	凡 M 非 P
I:	有 S 是 M	I:	有 S 是 M
I:	有 S 是 P	O:	有 S 非 P

此爲第一格之四式,最爲通常所用。亦不必舉例,讀者可任取一例以試之。但必須命題形式確定,大中小詞意義確定。一有模糊,則推理不成。試看下例:

　　中國人是多的。

　　孔子是中國人。

　　∴孔子是多的。

此推理好像形式無誤,但實不通。其故即在「中國人」一中詞兩見

而意義不一致。意義不一致，則為兩個不同的概念，非一個概念矣。又有人舉下例以駁邏輯之無用：

凡魚類皆卵生。

凡鯨魚是魚類。

∴凡鯨魚皆卵生。

此推理形式無誤，但不合事實。實則係取例之不當，非邏輯之過，蓋知識有誤也。邏輯豈能負此責乎？

第二格的規律：

甲、前題之一必為否定。

乙、大前題必全稱。

$$P-M$$
$$S-M$$
$$\overline{}$$
$$S-P$$

按此兩規律，第二格亦有四式：

P－M	①	②	③	④
S－M	EA〔E〕	AE〔O〕	EI〔O〕	AO〔O〕
S－P				

規律的證明：

甲、前題之一必為否定：如同為肯定，則 M 無一次周延。此則違反一般規律中之第一條。

乙、大前題必全稱：如為偏稱，則大詞 P 不周延；而如前題之一為否定，結論必否定，是則 P 在結論中又周延。此違反一般

規律中之第二條。

第三格的規律：

甲、小前題必肯定。

乙、結論必特稱。

$$M-P$$
$$\frac{M-S}{S-P}$$

按此兩規律，第三格有六式：

$$M-P$$
$$\frac{M-S}{S-P}$$

	① AA〔I〕	② EA〔O〕	③ IA〔I〕
	④ AI〔I〕	⑤ OA〔O〕	⑥ EI〔O〕

此六式中，①②兩式前題俱爲全稱，而結論爲偏稱，此則依存在命題與非存在命題之分，爲不合法者。蓋前題俱全，俱爲非存在命題，推不出一個存在命題也。如要推出，必須補上「S存在」（S不等於零）一前題。是則有三前題矣。此爲傳統講法所未注意者。依近代邏輯家的講法，則必須注意之。

規律的證明：

甲、小前題必肯定 如爲否定，則大前題必肯定，因兩否定前題不能得結論故。如大前題爲肯定，則大詞 P 不周延。如小前題爲否定，則結論必否定。因兩前題之一爲否定，結論爲否定故。如結論否定，則大詞 P 又周延。是則違背一般規律中之第二條。故小前題必肯定。

乙、結論必特稱 如小前題必肯定，則S不周延。如是，設結論爲全稱，則S又周延矣。此則違背一般規律中之第二條。故結論

必特稱。

第四格的規律：

甲、如前題之一為否定，大前題必全稱。

乙、如大前題為肯定，則小前題為全稱。

丙、如小前題為肯定，則結論為特稱。

P－M

M－S

─────

S－P

按此三規律，第四格有五式：

P－M	①	②	③
M－S	AA〔I〕	AE〔E〕	IA〔I〕
─────	④	⑤	
S－P	EA〔O〕	EI〔O〕	

此五式中，①④兩式前題俱全，而結論為偏，此按存在命題與非存在命題之分，亦為不合法者。說明同於第三格中者。

規律的證明：

甲、如前題之一為否定，大前題必全稱　此則就大詞 P 言。蓋前題有一為否定，結論必否定。結論為否定，P 周延。依是，P 在大前題中亦必須周延才行。而大前題中之 P 要周延，則必須全稱。

乙、如大前題為肯定，則小前題為全稱　此則就中詞 M 言。蓋大前題為肯定，則中詞 M 為賓詞不周延，而「中詞必須要周延一次」，故在小前題中 M 為主詞，必須全稱始能周延也。

丙、如小前題為肯定，則結論為特稱　此則就小詞 S 說。蓋如小前題為肯定，則小詞 S 為賓詞不周延，而「在前題中不周延之

詞，在結論中亦不得周延」，故結論中 S 為主詞，必特稱始不周延也。

以上四格共有十九個三段推理式。讀者可套上命題一一試之。至於一般規律中所說之錯誤律（即第一、第二兩條）以及所說不能得結論之前題組（如兩否定、兩特稱者等），讀者亦可一一試之，藉以作訓練也。三段推理尚有其他發展，本書為篇幅所限，不再詳列。

㈡間接推理之二：假然推理

假然推理就是以「如果—則」的假然命題為大前題而來的推理。「如果」處所引出的句子為前件，「則」處所引的句子為後件。前件為「根據」，後件為「歸結」。假然推理就是表明前後件間的關係。其推理式如下：

1.如 P，則 Q。（大前題）。
　今 P，　　　（小前題）。
　∴Q。　　　（結　論）。
2.如 P，則 Q。
　今 $\bar{P}$，
　∴$\bar{Q}$？（即非 P 不必非 Q）。
3.如 P，則 Q。
　今 Q，
　∴P？（即是 Q 不必是 P）。
4.如 P，則 Q。

今 $\overline{Q}$，

∴ $\overline{P}$。

此四式，1.式：肯定前件即肯定後件；2.式：否定前件不必否定後件；3.式：肯定後件不必肯定前件；4.式：否定後件即否定前件。此四句話普通認爲是假然推理的規律。實則只是「如果則」中前後件之眞假關係也。

何以「否定前件不必否定後件」、「肯定後件不必肯定前件」？蓋一套在「如果—則」中，前件即只爲後件的「充足因」，而不爲其「必須因」。只要明白此點，此兩句即明白矣，不須詳說。

假然推理的大前題有四個方式：

甲、「如 P 則 Q」：此爲充足條件關係。「如天雨則地濕」。

乙、「如 P 則 Q」：此爲必要條件關係。「如『無恆產』則『無恆心』」。

丙、「如 P 則 Q」：此爲排斥關係。「如共黨一面倒，則於蘇俄不利」。

丁、「如 P 則 Q」：此爲窮盡關係。「如共黨不一面倒，則共黨必變質」。

無論大前題本身爲充足、必要，或排斥、窮盡，但一套在「如果—則」中而作假然推理，俱依上列四式而進行。

(三)間接推理之三：析取推理或選言推理

析取推理即以析取命題（或交替命題、選言命題，皆可）爲大前題而來的推理。析取命題即「Ｐ或Ｑ」、「Ａ或Ｂ」式的命題。但作析取推理，必須了解「Ｐ或Ｑ」中，Ｐ、Ｑ兩端爲排斥否？爲窮盡否？析取本身的意義是：Ｐ、Ｑ兩端的眞假關係爲 1.Ｐ眞Ｑ眞；2.Ｐ假Ｑ眞；3.Ｐ眞Ｑ假。此爲「窮盡而不排斥」，亦曰「相容的析取」。或Ｐ或Ｑ，其本身的意義，就是只有Ｐ、Ｑ兩者，故窮盡；Ｐ或Ｑ兩者俱可，有一亦可，此即表示其不排斥也。依此「窮盡而不排斥」的關係，析取推理式如下：

不排斥		窮　盡	
Ｐ或Ｑ		Ｐ或Ｑ	
今Ｐ	今Ｑ	今$\overline{P}$	今$\overline{Q}$
∴$\overline{Q}$？	∴$\overline{P}$？	∴Ｑ	∴Ｐ

從排斥不排斥方面想，小前題必須是肯定的方式。排斥，有結論可得（結論必爲否定）；不排斥，無結論可得，即肯定Ｐ不必否定Ｑ，肯定Ｑ不必否定Ｐ。從窮盡不窮盡方面想，小前題必是否定方式。窮盡，有結論可得（結論爲肯定）；不窮盡，無結論可得，即否定Ｐ不必肯定Ｑ，否定Ｑ不必肯定Ｐ。

若Ｐ、Ｑ兩端排斥而不窮盡，而析取推理式如下：

排　斥	不窮盡

$$
\begin{array}{c|c}
\multicolumn{2}{c}{\text{P 或 Q}} \\
\text{今 P} & \text{今 Q} \\
\therefore \overline{Q} & \therefore \overline{P}
\end{array}
\qquad
\begin{array}{c|c}
\multicolumn{2}{c}{\text{P 或 Q}} \\
\text{今 }\overline{P} & \text{今 }\overline{Q} \\
? & ?
\end{array}
$$

（有結論可得）　　（無結論可得）

若 P、Q 兩端既不排斥又不窮盡，則小前題無論爲肯定或否定，俱無結論可得。

　　若 P、Q 兩端既排斥又窮盡，則小前題無論肯定否定，俱有結論可得。此爲矛盾的析取。

　　附識一、間接推理本尙有「二難推理」一種，但因此種推理，一方其形式即是假然推理之變形或複雜形，一方其爲二難之意義，是在辯論中顯，不是純邏輯所有的事，故從略。

　　附識二、平常言普通邏輯，本尙有方法學一部分，此中以歸納法爲主。但因歸納法本屬於方法學，不是形式邏輯或純邏輯中所有的事，近人都是想向分開的路上走，又因歸納法雖在獲得自然知識上甚重要，但其爲方法本身之意義卻很簡單，一般人都會用，其意義亦很易了解，爲此二故，亦可略而不論。歸納法的意義即是從觀察特殊現象歸納出普遍的通則，其觀察的方法，即所謂歸納法，不是從正面看，即合同法，從反面看，即差異法，以及合同差異並用法，還有剩餘法及共變法。法雖五種，意義很簡，無甚邏輯訓練作用也。歸納法的艱深與起爭辯處不在方法本身，而在使歸納所以可能的客觀根據，即因果律，此則屬於「知識論」問題，不屬於方法學本身也。又歸納所成的知識，即所謂經驗普遍化的命題，其值爲

「概然眞」，因此而有「概然邏輯」出現，此則爲專學，亦不屬於
普通歸納法本身也。歸納法惟向此兩支發展，始有專門之意義。

《牟宗三先生全集》總目